WENTI JIEJUE JIAOXUE
YU GUANJIAN NENGLI PEIYANG

问题解决教学与关键能力培养

——基于学科核心素养发展的高中化学教学研究

刘 翠 宋立栋 顾喜阅 著

山东科学技术出版社
·济南·

图书在版编目（CIP）数据

问题解决教学与关键能力培养：基于学科核心素养发展的高中化学教学研究 / 刘翠，宋立栋，顾喜阅著. --济南：山东科学技术出版社，2022.1
ISBN 978-7-5723-0993-9

Ⅰ.①问… Ⅱ.①刘… ②宋… ③顾… Ⅲ.①中学化学课—教学研究—高中 Ⅳ.①G633.82

中国版本图书馆CIP数据核字（2021）第163705号

问题解决教学与关键能力培养

——基于学科核心素养发展的高中化学教学研究

WENTI JIEJUE JIAOXUE YU GUANJIAN NENGLI PEIYANG
——JIYU XUEKE HEXIN SUYANG FAZHAN DE GAOZHONG HUAXUE JIAOXUE YANJIU

责任编辑：曲丕丞
装帧设计：孙　佳

主管单位：山东出版传媒股份有限公司
出 版 者：山东科学技术出版社
地址：济南市市中区舜耕路517号
邮编：250003　电话：（0531）82098088
网址：www.lkj.com.cn
电子邮件：sdkj@sdcbcm.com
发 行 者：山东科学技术出版社
地址：济南市市中区舜耕路517号
邮编：250003　电话：（0531）82098067
印 刷 者：山东潍坊新华印务有限责任公司
地址：潍坊市潍州路738号
邮编：261031　电话：(0536)2116806

规格：16开（184 mm × 260 mm）
印张：18　**字数：**291千
版次：2022年1月第1版　**印次：**2022年1月第1次印刷
定价：58.00元

实施问题解决教学　落实关键能力培养

（代　序）

《普通高中化学课程标准（2017年版2020年修订）》（以下简称化学课程标准）在“课程性质与基本理念”中指出，“普通高中化学课程是与义务教育化学或科学课程相衔接的基础教育课程，是落实立德树人根本任务、发展素质教育、弘扬科学精神、提升学生核心素养的重要载体；化学学科核心素养是学生必备的科学素养，是学生终身学习和发展的重要基础；化学课程对于科学文化的传承和高素质人才的培养具有不可替代的作用”；在“学科核心素养与课程目标”部分进一步强调，“学科核心素养是学科育人价值的集中体现，是学生通过学科学习而逐步形成的正确价值观、必备品格和关键能力”。根据课程标准的要求，化学学科关键能力的培养成为高中化学教学的重要任务之一。

能力，从心理学的角度来看，是保证人成功地进行实际活动（包括认识活动和实践活动）的一系列稳定心理特征的综合，是人参与一定活动或完成一定任务的本领，它决定着人参与活动或完成任务的效率。能力对于一个人、一个民族、整个人类，都是至关重要的。“人类的一切成就之所以有意义，只是由于这些成就是人类能力的表现，是理性和自由意志的产物。”19世纪瑞士现实主义作家凯勒写在《绿衣亨利》中的这句话，生动地体现了人类能力的巨大作用；而企业管理名言“唯一能持久的竞争优势是胜过竞争对手的学习能力”，则从一个侧面说明了学习能力对于一个人的发展是何等重要。

正是基于能力的重要性，在教育教学中培养学生的能力越来越引起人们的重视。科学大师爱因斯坦早就指出过：“发展独立思考和独立判断的一般能力，应当始终放在首位，而不应当把获得专业的知识放在首位。如果一个人掌握了他的学科的基础理论，并且学会了独立思考和工作，他必定会找到自己的道路，而且比起那种主要以获得细节知识为其培训内容的人来，他一定会更好地适应进步和变化。”著名物理学家劳厄在讨论教育问题时也曾说过：“重要的不是获得知识，而是发展思维能力。教育无非是一切已学过的东西都遗忘掉的时候所剩下来的东西。”这剩下来的东西，显然就是能力和素质。在现代教育中，从20世纪80年代开始，我国的基础教育就在关注学生能力的培养，只是受某些因素的影响，能力培养的任务没有得到很好的落实。实施素质教育，特别是课程标准颁布以来，我国教育界关于能力培养的研究越来越深入、学生能力培养的任务落实得越来越到位；随着中国学生发展核心素养研究成果的发布和立德树人教育根本任务的确立，学生关键能力的培养又重新被提到教育教学的核心任务上来。

关键能力是学生核心素养的重要组成部分，是在现代社会中对于每个人的个人发展和社会发展都至关重要的能力。《关于深化教育体制机制改革的意见》指出，要培养学生四个方面的关键能力，即“培养认知能力，引导学生具备独立思考、逻辑推理、信息加工、学会学习、语言表达和文字写作的素养，养成终身学习的意识和能力。培养合作能力，引导学生学会自我管理，学会与他人合作，学会过集体生活，学会处理好个人与社会的关系，遵守、履行道德准则和行为规范。培养创新能力，激发学生好奇心、想象力和创新思维，养成创新人格，鼓励学生勇于探索、大胆尝试、创新创造。培养职业能力，引导学生适应社会需求，树立爱岗敬业、精益求精的职业精神，践行知行合一，积极动手实践和解决实际问题”。

每一个学科都有自己独特的属性和教育内容，因而也就具有本学科的关键能力。化学学科关键能力是化学学科核心素养的组成部分之一，必定要反映化学学科核心素养的本质属性。化学课程标准在“学科核心素养与课程目标”中规定，化学学科核心素养包括“宏观辨识与微观探析”“变化观念与平衡思想”“证据推理与模型认知”“科学探究与创新意识”“科学态度与社会责任”五个方面。这也就是说，化学学科关键能力是与这五个方面核心素养密切相关的能力。

那么，学科教学如何实现对学生关键能力的培养呢？应当说，途径很多，但最根本的途径就是实施问题解决教学。这是因为问题与问题解决始终伴随着人类的生存与发展。远古时期火的发现与利用，高度文明的今天航天器升空探索宇宙奥秘，哪一样不是问题解决的辉煌成果？在各种各样的问题解决过程中，科技发展了，经济繁荣了，社会进步了，人类的问题解决能力也越来越强了；人类问题解决能力的增强，又进一步加快了人类社会方方面面的变化，促使人类文明程度不断提升。著名社会活动家泰戈尔曾说，“世界上使社会变得伟大的人，正是那些有勇气在生活中尝试和解决人生新问题的人”。问题解决需要人具有一定的能力，而人的能力又是在问题解决的过程中形成与提升的。因此，就学科教学中关键能力的培养来说，问题解决既是途径又是目的。

为了尝试回答如何通过问题解决教学来培养学生化学学科关键能力的问题，刘翠、宋立栋和顾喜阅三位教师根据对问题解决教学理论的学习、研究以及多年来问题解决教学的实践，倾心推出了《问题解决教学与关键能力培养——基于学科核心素养发展的高中化学教学研究》一书。

翻开这本书我们会清楚地看到，它要讨论的内容是“问题与问题解决”“关键能力与问题解决”“化学教学与问题解决”；仔细阅读这本书我们又可以体会到，它的逻辑线索就是“认识问题的界定、特征与作用，以及问题解决的路径、方法与意义——理解关键能力的内涵、呈现形式，以及关键能力培养与问题解决的关系——实施以问题解决为导向的化学教学，培养学生的化学学科关键能力”。

“问题与问题解决”是该书立论的基础，也就是说，要想通过问题解决教学来培养学生的化学学科关键能力，首先要弄清楚什么是问题、如何进行问题解决。虽然学者们对于问题概念的诠释不尽相同，但问题具有定向功能（人对于事物的认识方向、思维视角和所涉及的范围），组织功能（把思维与知识、思维与经验、思维与行动、思维与情感等组织起来形成一个互相联系的整体），推动功能（推动知识的进步、推动人类的学习），以及评价功能（评价知识水平、思维能力、行为举止、思想境界），却是学界的一种共识。谈到学习，古今中外学者的经验之谈都集中到一点，即“疑者，思之始，学之端也”，也就是“现代法国小说之父”奥·德·巴尔扎克所说的，“打开一切科学的钥匙都毫无疑问的是问号，而生活的智慧大概就在于逢事就要问个为什么”。问题是普遍存在的，科学问题都具有一定的构成要素、属性特征和呈现方式。认识了这些，才有科学解决问题的可能。

化学教学所讨论的问题是一类用于引导学生激发思考动机、巩固和理解所学知识和技能、构建和完善认知结构、形成良好的思维习惯、提高有关能力、发展核心素养的问题。这些问题与人们平时所要发现和解决的问题以及科学家在科学研究过程中要解决的问题有所区别，是为学生的化学学习服务的，但它们的提出和解决与生活中、科学研究中问题的提出和解决在实质上是一致的。因此，只有厘清了问题是什么、问题是怎样构成的、问题都有哪些类型、各类问题的作用是什么，教师才能高屋建瓴地把握化学问题的实质，从而充分发挥化学问题的教学功能。

问题只有在解决过程中才能体现出它作为问题的意义和价值。问题的发现、提出、分析和解决总起来可称为问题解决，它是认知心理学最主要的研究领域之一。从教学的视角来看，问题解决的内涵是在教学过程中，教师利用有目的、有计划地设计的一系列问题以及课堂教学中生成的问题，引导学生积极主动地进行问题解决，并在问题解决的过程中，深层次地理解、掌握有关知识，建立或完善认知结构，实现从知识、能力到品格的整体发展。

问题解决既是一个复杂的内在思维过程，又是一个一系列行为外现的过程。学者们从不同的视角提出了不同的问题解决模式。对于问题解决模式的探究，可以使我们深刻地认识问题解决的一般特征、基本过程和内在规律，从而在化学教学中积极主动地采取适当的策略来提高学生的问题解决能力。值得注意的是，问题解决离不开问题意识。问题意识是发现问题、提出问题、分析问题、解决问题的重要前提，是一个人创造精神形成和创新能力提升的催化剂。在化学教学中，引导学生掌握问题解决的策略固然重要，但也绝对不能忽视通过问题解决来强化学生的问题意识。没有强烈的问题意识，哪来的问题解决的积极性，又怎能科学有效地探究问题、提升问题解决能力呢？学生问题意识的增强应是学科教学的目标之一，因为它不仅会影响学生在当前学习中进行问题解决的积极性，而且会影响他们在将来工作、生活中应对并解决所面临的各种问题的主动性。

“关键能力与问题解决”是该书立论的核心，这是因为该书要探讨的主要问题就是如何通过问题解决教学来提升学生的化学学科关键能力。要想落实好学生关键能力的培养任务，需要做好两方面的准备。首先，要了解关键能力是一种什么样的能力、关键能力有着什么样的提出背景。关键能力是核心素养的重要组成部分之一，包括关键能力在内的核心素养培养任务的提出反映了经济社会与科学技术发展对人才的要求，说明了教育必须使学生具有创造与创新、信息技术、国际视野、沟通与交流、团队合作、社会参与及社会贡献、自我规划与自我管理等方面的素养。其次，要明确学科关键能力包括哪些具体内容。现在，关于包括化学学科关键能力在内的学科关键能力的研究方兴未艾，这为各个学科加强学科关键能力的培养创造了良好条件。理论探讨和实践研究都证明，关键能力培养与问题解决教学有着密切的关系。简而言之，问题解决教学就是以问题解决为导向，实施问题解决策略的教学。所谓问题解决教学策略，指的是以问题探究为中心，以问题发现、问题提出、问题生成、问题分析、问题解决、问题评价为主线，以教师引导学生进行自主学习、合作学习为主要教学方式的一种高效教学策略。它能够促进大概念教学（强调真实性学习，关注学生能否将所学迁移到真实问题解决中去），实现深度学习（基于人工智能和脑科学理论，沉浸于知识的情境之中，运用批判性思维并注重实现知识的内在价值的学习），引领探究学习（在学习者本能的好奇心驱使下产生学习动机，按照类似科学探究的方式去发现问题、分析问题和解决问题的学习），推动项目式学习（在多种先进教育理论的指导下，以学生的探究学习、自主学习和合作学习为基础，教师组织学生通过实施项目活动来进行的学习）等。不难看出，问题解决教学是一种十分关注学生内在成长的教学，有利于培养学生的包括关键能力在内的各种能力。

“化学教学与问题解决”是该书立论的实践依据，即该书通过具体的教学案例来说明实施问题解决教学提升学生化学学科关键能力的可行性。在“项目式教学”部分，该书给出了“探秘84消毒液”的项目式教学、以“含硫物质”为例的项目式教学、基于“黄花菜中硫元素的测定”的项目式教学、基于“硫酸工业”的含硫物质新授课及复习课项目式教学、基于“硫酸工业”实验的项目式教学的教学设计，主要探讨了项目式教学如何进行项目确定（物质性质的实验、工业生产流程模拟设计、物质转化方案可行性探讨）与目标制定，情境素材收集（身边的化学素材、化学实验素材、文本素材、新闻事件和科研成果素材）与问题设计，工具支持（硬件资源、软件资源——学习支架）与活动组织，过程评价（核心活动的评价、阶段性成果及项目作品的评价、项目总结评价）与目标达成，以及如何实施操作流程（分析教学内容，确立项目主题；根据项目主题，选择项目素材；确定项目内容，进行问题拆解；设计活动任务，实施科学探究；设计学习支架，提供实施保障；设计评价方案，诊断素养水平）等问题。在“研究性学习”部分，该书给出了“海水电池”的研究性学习等案例，主要探讨了研究性学习方式有哪些（广义——研究性学习方式和狭义——研究性学习活动），研究性学习方式的特点是什么（重过程方法、重问题解决、重自主探究、重发现创新），研究性学习活动的特点是什么（主体性、过程性、开放性、实践性、创新性、成长性），研究性学习遵循什么样的基本程序（学习：提出问题、形成假设、收集证据、给出解释、评价结果、交流检验；活动：选题确定、研究实施、学习评价、成果交流）等问题。在“实验教学”部分，该书给出了社会和日常生活中化学情境、化学史重现情境、工业生产情境、科学前沿情境的实验教学设计，主要探讨了高中化学实验教学主要包括哪些内容，在对实验的问题情境的解读和实验实施过程中如何培养和提升学生的问题解决能力等问题。在“教学情境创设”部分，该书给出了硫的转化、解酒药的研制与开发、探究久置补铁剂成分的检测、重走探苯之路等的情境创设案例，主要探讨了化学情境有哪些特征（明确的知识指向性、科学性和真实性、问题属性），问题情境设置原则是什么（适度性、层次性、启发性、完整性和复杂性、联系生产生活实际、源自化学实验、源自化学史材料）等问题。在“习题教学”部分，该书给出了工艺流程专题复习（初探化学工艺流程题、硼酸的制备、立德粉的制备、立德粉生产厂的筹建）教学设计，主要探讨了习题有哪些功能（知识和技能巩固、深化功能，知识视野拓展功能，素养发展功能，习惯、态度等形成功能，学习评价功能），习题选择和设计原则如何确定（情境性、针对性、层次性与开放性），习题分析策略等问题。

通过以上分析不难看出，《问题解决教学与关键能力培养——基于学科核心素养发展的高中化学教学研究》一书立意清晰、论证深入、条理分明、知行合一，全面展现了问题解决教学与化学学科关键能力培养的理论框架和行动方案，并介绍了各种先进的教育理论、教学理念、教学方式以及教育教学研究成果，充分反映了刘翠、宋立栋和顾喜阅三位教师锐意改革、潜心研究、善于学习、勇于实践的化学教学探索者的风范！

以上文字是我读《问题解决教学与关键能力培养——基于学科核心素养发展的高中化学教学研究》一书的感想，也许对该书有点导读的作用。在此，我衷心地祝愿老师们喜乘新时代教育改革的东风，加强对包括关键能力在内的学生核心素养发展的理论探讨与实践研究，为促进中学化学教育立德树人根本任务的落实做出新的贡献。

刘宗寅

2021年6月

目　录

第一章 问题与问题解决

无论是古人类发现火、发明工具改善生存状态，还是现代人发射航天器探索宇宙奥秘，都离不开问题与问题解决。问题与问题解决始终伴随着人类文明的发展，正如著名诗人、社会活动家、哲学家泰戈尔所说，“世界上使社会变得伟大的人，正是那些有勇气在生活中尝试和解决人生新问题的人”。

第一节 问 题

早在20世纪30年代，人民教育家、思想家陶行知先生就说过，创造始于问题，有了问题才会思考，有了思考才有解决问题的方法，才有找到独立思路的可能，有问题虽然不一定有创造，但没有问题一定没有创造。

问题是创新的前提，也是学习的导向。就化学教学来说，要讨论的问题有很多，不仅有化学习题和试题，还有含义更为广泛的一般性问题，如来自自然现象、生活和生产实践的情境问题等。应当说，化学问题只是问题世界的一个组成部分，是一些富有化学特色的问题，但它们与问题世界中的其他问题在本质上是一致的。对于问题与问题解决普遍规律的研究，可以加深我们对于问题的构成、类型、属性和功能的理解，从而科学地选择、设计和评价化学教学问题，自觉地发挥问题在化学教学中的作用，引导学生从化学学科的问题解决走向一般性的问题解决，为他们将来在工作、学习和生活中有效地进行问题解决奠定良好的基础。

一 什么是问题

我国学者幸小勤在《“问题”及其构成要素的哲学考察》一文中提出：“‘问题’是科学认识论或方法论中的一个十分重要的基本概念或范畴，对‘问题’概念的研究，有助于认识科学的本质，为科学问题的评价研究奠定基础。”

《现代汉语词典》（第7版，商务印书馆，2019年）对“问题”的解释为：“① 要求回答或解释的题目。② 须要研究讨论并加以解决的矛盾、疑难。③ 关键，重要之点。④ 事故或麻烦。⑤ 有问题的；非正常的；不符合要求的。”显然，我们所要讨论的是《现代汉语词典》关于“问题”解释的第①义和第②义。自然科学和社会科学发展的情况表明，知识的形成、理论的发展不是简单地来源于人类的实践活动的经验，而是来源于人类在社会实践活动中不断发现问题和解决问题的过程。这其中，明确“要求回答或解释的题目”以及“须要研究讨论并加以解决的矛盾、疑难”就显得格外重要。

人类在社会生活中，不能本能地、自然地把握自然变化和社会发展的规律。当人类已有的知识和理论不能解释自然变化或社会发展过程中出现的新事实时，有待于人类解决的新问题就出现了，这些问题的解决会加深人类对于自然变化和社会发展的认识和理解，从而推动人类文明的进步。

基于此，对于“问题”这一概念学术界给出了多种界定。

（一）从哲学的角度看

1. 问题是理论与事实之间、理论与理论之间的矛盾

毛泽东同志在《反对党八股》一文中指出：“什么叫问题？问题就是事物的矛盾。哪里有没有解决的矛盾，哪里就有问题。”

英国学术理论家、科学哲学家波普尔认为，问题就是背景知识中固有的预期与其所提出的观察或某种假说等新发现之间的冲突。他在《猜想与反驳——科学知识的增长》一书中指出：“众所周知，我们的预期从而还有我们的理论，在历史上甚至可能先于我们的问题，但科学只能从问题开始。问题会突然发生，当我们的预期落空或我们的理论陷入困难、矛盾之中时，尤其是这样。这些问题可能发生于一种理论内部，也可能发生于两种不同的理论之间，还可能作为理论同观察冲突的结果而发生。”

我国学者魏发辰在《关于问题哲学的基本问题探讨》一文中指出：“问题相对于已知和未知，是认知主体对认知对象已知状态与未知内容之间的差距、矛盾的主观反映。其客观内容，是主体关于认知对象未知内容的欲知部分，其主观表述为疑问句形式。问题求解，即主体设法消除对认知对象已知状态与未知内容之间的矛盾、差距，将欲知部分转化为已知的求知、认知过程。”他认为，“问题”是已知与未知的统一体。

我国学者潘世墨在《科学问题初探》一文中指出：“科学问题，就是科学发现、科学研究过程中，理论与事实（这里指的是经验事实）之间，理论与理论之间的矛盾。在科学研究中有疑难、有困惑，说明面临问题；疑难越大、矛盾越难解决，就越成为问题；认识矛盾就是认识问题；解决矛盾，就是解决问题。当经验事实与现有理论之间，或者在不同理论体系之间发生矛盾时，必将引起疑难，产生问题。”

哲学家们认为，问题是认识主体根据社会实践活动提出来的；客观世界存在的各种矛盾反映到认识主体的头脑中，就形成了认识主体认识活动或理论研究的问题。

2. 问题是解释的理想与目前的能力之间的差距

英国科学哲学家和教育家图尔敏在《人类理解》一书中给出了这样一个公式：科学问题=解释的理想-目前的能力。他认为，科学问题是解释的理想与目前的能力之间的差距，即问题是科学家通过认识他们目前解释自然界有关特性的能力与他们目前关于自然秩序或充分可理解性的理想间的差距；在科学认识过程中，当认识主体不能合理解释某种自然现象时也就提出了一个问题，问题的实质是已有的理论存在缺陷。他强调，问题是一个动态概念，它随着认识主体的认知能力的变化而变化。

我国学者林定夷突破了英国科学哲学家斯蒂芬·图尔敏仅从自然科学角度对问题概念的界定，提出了一个更具普适性的关于问题的定义：问题乃是“某个给定过程当前状况与所要求的目标状态之间的差距”；简而言之，问题就是当前状态与目标状态之间的差距。相应地，林定夷将“问题解决”这一概念定义为“设法消除给定过程的当前状态与所要求的目标状态之间的差距”。

3. 问题就是困难或疑难

波普尔在《走向进化的知识论》一书中写道：“问题就是困难。”

英国科学哲学家波兰尼在《解决问题》的著名演讲中指出：“没有困难就没有问题，一个问题或发现本身是没有含义的。问题只有当它使某人疑惑或焦虑时，才成为一个问题；发现也只有当它使某人从一个问题的负担中解脱出来时，才成为一个发现。一个下棋方面的问题，对黑猩猩或低能人来说什么也不是，因为它并没有使他们疑惑。另一方面，一个高能棋手也不会被其迷惑，因为他能轻而易举地解决它。所以，只有对一个水平与之相当的棋手，才会被它所吸引，才会把对它的解决评价为一个发现。”

哲学家们认为，问题与困难或疑难有着密切关系，一个困难或疑难就是一个问题；困难或疑难是内在的，问题是外显的。

（二）从科学认识论的角度看

问题是一种“为解决某种未知而提出的任务”

日本哲学家岩崎允胤和物理学家宫原将平在《科学认识论》一书中指出：“问题是基于一定的科学知识的完成、积累（理论或经验上的已知事实，即它的各个阶段上的确实知识），为解决某种未知而提出的任务。”

从科学认识论的角度看，问题是对某一认识对象最初的认识成果。之所以说它是最初的认识成果，是因为它仅仅指出了对于这一认识对象进行认识和探索的必要性和可能性，并为认识主体认识和探索这一认识对象指出了方向。从这个意义上讲，那些有待探讨的自然现象或自然过程本身也可以被看作科学问题。

（三）从心理学的角度看

1. 问题是“一个智力上的愿望”

所谓“智力上的愿望”，是指认识主体对未知事物探究的愿望。对“问题”的这一界定说明，“问题”具有两个要素：一是“未知”，二是“欲知”，二者缺一不可。

2. 问题是“首次遇到且无现成可回忆的经验解决的一种情境”

美国教育心理学家加涅指出，“所谓问题必须是人首次遇到且无现成可回忆的经验来解决的一种情境”。

《教育大辞典》（上海教育出版社）指出，“问题是指人不能用现有的知识（包括概念、规则和方法）达到既定目标的刺激情境”。

《心理学大辞典》（上海教育出版社）指出，“问题是指在给定状态与目标状态之间存在某些障碍而需要加以克服的任务情境”。

现代认知心理学认为，当一个认识主体无法利用常规化方法或自己熟悉的策略缩小目前情境与目标情境或理想情境之间的差距而过渡到目标情境或理想情境时，问题就产生了；或者说，问题存在于认识主体所追求的目标与所具备的条件（如知识、技能、信息等）之间的差距中。这正如美国学者纽厄尔和西蒙所说，“问题是这样一种情境，个体想做某件事，但不能马上知道这件事所需采取的一系列行动”。

总起来看，问题是认识主体与认识对象之间存在的矛盾的具体表现，是认识主体在一定的时期内和特定的条件下，对于利用自己已有的知识经验无法解释的异常现象，经过一番思考后所提出的需要解决的疑难，如图1-1-1所示。

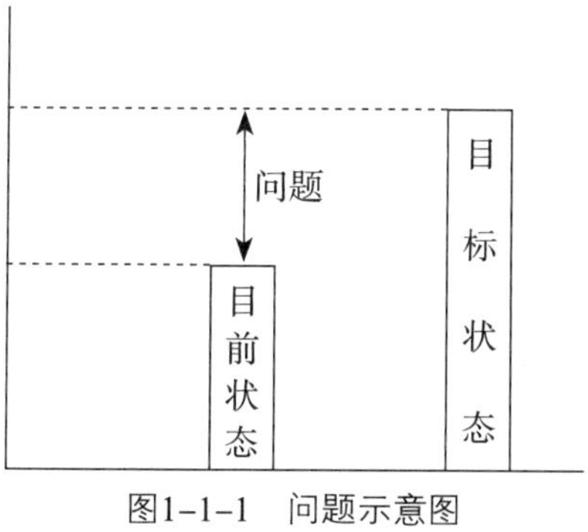

图1-1-1　问题示意图

二 问题的要素

问题尤其是科学问题包括不理想状态、注意力再分配、困难和真实且可解四种要素。

（一）不理想状态

所谓的“不理想状态”是指某种认识对象与认识主体已经拥有的知识经验、认识主体的目标期待等之间存在着不一致的状态，这种“不一致”及其作用主要表现在以下几个方面。

1. 认识对象的现有客观现象与认识主体已经拥有的知识经验冲突

现有客观现象与已有知识经验冲突造成的不理想状态对认识主体对客观世界的理解以及业已形成的观念是一种冲击，这种冲击产生的“不一致”会促进科学问题的产生、推动科学认识的发展。

2. 认识对象中的新事实或新现象与认识主体的目标期望矛盾

认识对象中的新事实或新现象的出现出乎认识主体的预料或与认识主体的目标期望相悖造成的“不一致”，会激发认识主体对新事实或新现象研究的欲望，实现新发现。

3. 对于同一认识对象的客观现象的理论解释或所提出的假设对立

对于同一认识对象的客观现象进行的理论解释或所提出的假设都被证实，但它们之间又存在着观点对立所造成的“不一致”，会促使人们进行更深入的理论研究，实现理论创新。

4. 一种理论对于认识对象的客观现象的解释逻辑不自洽

一种理论对于认识对象的客观现象的解释在逻辑上不能自洽或推理不甚逻辑所造成的“不一致”，会激励人们向原有理论发起挑战，从而使原有理论得以完善。

不理想状态是问题产生的根本原因，因此可以将是否具有不理想状态作为判断问题是否存在、是否是科学问题的一种标准。

（二）注意力再分配

人的认识活动具有选择性、转移性和可分解性特征，注意是人在认知活动中对认识对象的聚焦。对于问题，认识主体会把它列入当前或今后关注、探讨和解决的议程里给予极大的关注，期望能够使其得以解决。因此，认识主体提出了问题，就意味着他的注意力被再分配了。如果一种不理想状态没有引起认识主体的极大关注，即认识主体没有对一种不理想状态发生注意力的再分配，那么这种不理想状态对于这一认识主体来说就没有构成问题。

认识主体对于问题的注意力再分配程度既与他的知识经验有关，也与其价值观、兴趣爱好等有关。认识主体对问题的某些特定方面的兴趣，常常会造成他的注意力的再分配。

（三）困难

问题在认识主体看来是一种“不理想状态”，而改变或去除这种不理想状态是困难的，需要认识主体付出一定的努力，并常常为此而感到焦虑和棘手。这也就意味着，困难对于一个问题来说是不可或缺的，认识主体要克服困难才能使问题得以解决。

美国学者阿格雷指出，一个人解决问题所需要付出的努力程度必须在他完成常规任务所需付出的努力水平之上。有些问题只要借助一定的工具或方法很容易就解决了，这样的问题不能算作科学问题；一个问题如果已经有了经得起检验的已知解决方案，即使这种方案的制订超出了认识主体的认知能力或努力水平，但通过弥补有关知识即可解决，也不能算作真正的科学问题。

问题的困难要素是认识主体开展科学研究的动力，它会激发认识主体创新方法、变革程序去解决问题。

（四）真实且可解

科学问题应当是真实存在的，能够被科学事实证实或证伪；反之，凡是不能被科学事实证实或证伪的问题，一定不是科学问题。

科学问题都能够根据它的指向，在问题预设的应答域里找到答案，使其得以解决；否则，所谓的问题就是假问题。这就是问题的真实可解性。所谓的应答域，指的是一个问题的陈述方式中包含着的解答这一问题的参照系。应答域也就是问题预设的解的存在域。例如，“原子是由什么构成的？”这一问题的陈述方式意味着原子是可以再分的，也就是说，人们可以找到构成原子的更小微粒，比原子更小的微粒便是这一问题预设的应答域，即这一问题的解的存在域。科学问题是认识主体提出的或面临的在科学认知和科学实践过程中需要解决的问题，它们虽然尚未被解决但认识主体有解决它们的期望和目标，并会尽最大努力去探索，最终确定问题的答案或结论，使问题得以解决。这就是科学问题的待解性。

应当说，有一些问题属于假问题。物理化学家奥斯特瓦尔德曾说，“假问题，也就是说，导向仅仅在假设中是问题的问题，而不是导向实际的实在能够与之对应的问题。因此，这样的问题就其真正本性而言是不可解决的”。我们可以根据一个问题预设的应答域来判断这个问题是真问题还是假问题；要注意的是，一些问题对应答域没有任何限定，这样的问题也是假问题。英国数学家克利福德等学者说许多以问句形式陈述的句子并不是真正的问题，美国科学哲学家劳丹等学者甚至认为问题一般只有在获得解决后才可称其为问题。一个问题只有具备了真实可解性，才是一个科学问题，才具有研究的价值；如果一个问题完全不可解，那它就不是一个具有科学意义的问题。

总之，“问题”这一概念是从“不理想性”“注意力”“困难”“可解性”这几个方面来展现其内容和本质的。由某种认识对象的客观现象引发的问题，首先要显现出某种不理想状态，能够引起认识主体的注意力再分配，推动认识主体在当前或未来采取行动使其得以解决；这种不理想状态的去除是有困难的，但困难又是能被克服的。

三 问题的构成

问题都是有一定结构的，问题的结构指的是问题的构成成分及其之间的相互关系。

（一）内在结构

问题的内在结构是指问题的内部诸成分及其之间的相互关系。理解了问题的结构，认识主体就会明确问题的表达、问题的指向和问题求解的应答域，从而使问题得以解决。

美国教育心理学家梅耶指出，一个问题包含三个基本成分：一是“给定”，即一组已知的关于问题条件的描述，亦即问题的起始状态；二是“目标”，即关于构成问题结论的描述，亦即问题要求的答案或目标状态；三是“障碍”，亦即问题解决过程中所遇到的困难。因此，问题也可以被理解为在给定的条件和目标状态或理想状态之间存有障碍而需要加以克服的情境。

1. 关于给定

给定是指给出的信息，这些信息是已知的、现实的。

问题的给定往往蕴含在具体的情境之中，不过，给定与情境既有联系又有区别。给定是与问题解决目标密切关联的那部分情境，这部分情境中蕴含着问题解决的现实条件。情境既含有与问题解决关系很大的给定部分，也含有与问题解决关系不大的其他部分，它是一个包括知识、经验、态度、观念等在内的复杂的知识系统与心理系统。

2. 关于目标

目标是问题解决要达到的目的，具体表现为问题的答案，它是问题内部结构中最为重要且最为活跃的成分。没有解决目标即没有指向，这样的问题就称不上问题；目标变化了，所需要的给定成分和内含的有关障碍也要发生变化，这样问题就变成另外的问题了。

目标不仅决定着给定，还与给定一起决定着障碍，因而也就决定着问题解决的方法与策略。

3. 关于障碍

障碍是问题解决的困难所在，是影响目标达成的诸多因素所产生效应的总和。

障碍大致来源于三个方面。① 客体：客体本身具有的复杂性、模糊性、流变性，加之客体给出的信息不充分、不相关等，造成问题解决的障碍。② 主体：认识主体在知识经验、思想观念、思维方式、行为习惯等方面存在缺陷，造成思维不畅、方法不当等，形成问题解决的障碍。③ 环境：环境障碍主要包括传统习俗的影响、文化定式等。

问题障碍使得问题解决具有一定的难度。问题解决的难度与问题障碍的大小和程度密切相关。当认识主体不能从问题情境中找到解决问题的依据如理论、经验等或不能运用科学的方法形成正确思路时，问题障碍就显现出来了。

总之，给定（关于问题初始状态的描述）、目标（关于问题结果状态的描述）和障碍（问题解决过程中会遇到的并亟待解决的种种困难）三种成分组成了问题的内在结构。除此之外，还有的心理学家认为解决问题的方法策略、问题情境本身等也是问题内在结构的构成成分。

（二）外在结构

问题的外在结构是以问题解决涉及的已知背景知识域和未知潜在问题集之间的相互联系为基础的。

1. 已知背景知识域

问题总是在一定的已知背景知识的基础上经过质疑、研究而被提出来并得以解决的。已知背景知识域指的就是问题所涉及的一切已有知识的总和，其中主要包括直接背景知识和间接背景知识。

直接背景知识指的是问题所涉及的具体知识，包括它的形成与发展状况等。对问题的直接背景知识的分析，可以使认识主体将问题归属于某个科学领域和门类，以便于找到与解决问题相关的具体知识。

间接背景知识是指对问题解决具有启迪作用的哲学知识。问题解决总是在一定的世界观和方法论的指导下进行的，往往要涉及哲学知识。这正如恩格斯指出的，不管自然科学家采取什么样的态度，他们还是得受哲学的支配。问题只在于：他们是愿意受某种坏的时髦哲学的支配，还是愿意受一种建立在通晓思维的历史和成就的基础上的理论思维的支配。

科学问题源自对已知背景知识中的矛盾或疑难的发现。科学问题一旦形成，科学认识便有了“指向标”。在这一“指向标”的导引下，认识主体对科学问题所涉及的背景知识的分析为科学问题的解决提供了现实可能性。

2. 未知潜在问题集

未知潜在问题集是指问题解决所涉及的知识和方法上的困难以及由此引申出来的新问题的集合。无论是知识和方法上的困难，还是由此引申出来的新问题，在问题得以解决之前，它们都是潜在的、未知的，因而将它们称作未知潜在问题集。

四 问题的分类

（一）根据问题的内容特性分类

根据内容特性的不同，问题可分为概念性问题、经验性问题与价值性问题。

概念性问题：内容涉及学术性概念。

经验性问题：内容涉及生活、生产、社会经验等。

价值性问题：内容涉及伦理道德、是非判断等价值问题。

（二）根据问题的解决方式分类

根据解决方式的不同，问题可分为归纳结构问题、转化问题和排列问题。

归纳结构问题：给出几个成分，要求从这些成分中发现所隐藏的问题结构，从而使问题得以解决。

转化问题：需要从初始状态出发经过一系列操作，使初始状态不断逼近目标状态或理想状态，从而使问题得以解决。

排列问题：需要排列所给出的初始状态的所有条件，使初始状态逼近目标状态或理想状态，从而使问题得以解决。

（三）根据问题关注的焦点分类

根据关注的焦点的不同，问题可分为关系性问题与过程性问题。

关系性问题：关注事物发展或现象变化的结果，事物之间或现象之间的异同点和关联性。

过程性问题：关注事物或现象发生、发展的动态变化。

（四）根据问题探究的深度分类

根据探究深度的不同，问题可分为描述性问题、解释性问题与预测性问题。

描述性问题：描述事物的现状或变化过程。

解释性问题：解释事物变化或现象发生的原因。

预测性问题：基于因果关系预测事物或现象的发展变化。

（五）根据问题所涉及的领域分类

根据所涉及的领域的不同，问题可分为理论问题与真实问题。

理论问题：理论知识问题。

真实问题：生活、生产、自然界、社会中的问题。

（六）根据问题的概括水平分类

根据概括水平的不同，问题可分为概括性问题与特殊性问题。

概括性问题：指向具有某一特征的一群人或物，具有一定的普遍意义，适于抽样、定量研究。

特殊性问题：指向特殊的个体或现象，不具有普遍的概括性，适于个案、质性研究。

（七）根据问题领域范围分类

根据领域范围的不同，问题可分为学科性问题、跨学科问题与生活实际问题。

学科性问题：运用某一学科知识即可解决。

跨学科问题：需要运用多个学科知识进行解决。

生活实际问题：不直接隶属于学科知识而与生活实际有密切联系。

（八）根据问题有无固定答案分类

根据有无固定答案，问题可分为封闭性问题与开放性问题。

封闭性问题：定义明确，结构良好，具有唯一答案或结论。

开放性问题：结构不良，解决方法和结论都是开放的，即答案的结论不固定。

一般来说，开放性问题可以由封闭性问题过渡而来。例如，化学问题中的封闭性问题与开放性问题之间的过渡关系可用图1–1–2来表示。

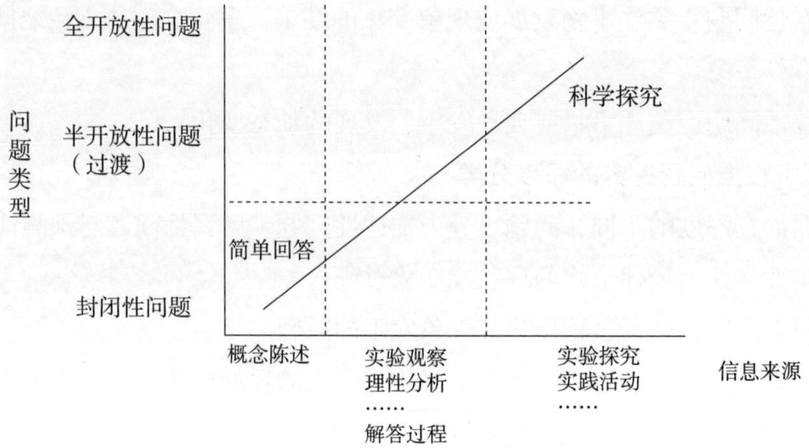

图1-1-2　封闭性问题向开放性问题过渡示意图

（九）根据问题的组织程度分类

根据组织程度的不同，问题可分为结构良好问题与结构不良问题。

结构良好问题：有明确的起始状态、目标状态或理想状态以及解决方法。

结构不良问题：没有明确的初始状态、目标状态或理想状态以及解决方法（只要有其中的一方面即可认定）。

结构良好问题的解答方案具有收敛性。这种问题具有已知的初始状态、明确的目标状态或理想状态以及一个确定的逻辑思路，认识主体只需要运用有关的规则、原理和方法就可以使问题得以解决。

结构不良问题往往有三种情况：或已知条件明确而目标要求不明确，或已知条件不明确而目标要求明确，或已知条件和目标要求皆不明确。这种问题因结构不良而表现出较差的可操作性，或问题答案多重，或求解路径不一，具有很多不确定性，解决起来较为困难。

结构良好问题和结构不良问题的主要区别见表1-1-1。

表1-1-1　结构良好问题与结构不良问题的比较

比较维度	结构良好问题	结构不良问题
条件	全部呈现	部分呈现
目标	清晰，确定	模糊，不确定
答案	标准，唯一，封闭	多样，开放
解决方案	固定	多种
涉及的知识	单一学科	跨学科

续表

比较维度	结构良好问题	结构不良问题
实践性	与实际情况无联系	来自真实情境
评价	标准单一	标准多样化

研究证明，结构不良问题普遍具有以下特点：

① 与具体的真实情境相联系；

② 描述比较模糊，给定的信息不够完全，目标界定含混不清；

③ 有多种可以操纵的参数与变量；

④ 不能确定哪些概念、规则或原理对于解决问题是有用的；

⑤ 解决途径不明确，具有不止一种的解决途径或根本没有解决方法，通常没有唯一的答案；

⑥ 需要认识主体表达出个人的观点或看法，解决问题的过程包括人际互动的过程；

⑦ 没有原型的案例可供参考；

⑧ 具有问题解决的多种评价标准。

一个结构不良问题不必具有以上全部特征，也就是说，结构不良问题的结构不良程度有所不同，有的是某一方面或某几方面结构不良，有的则是全部结构不良。

当今世界，人类所要解决的问题，不论是政治、经济、社会方面的问题，还是个人生活、工作、学习方面的问题，大都是结构不良问题。社会的发展要求人们具有解决问题尤其是结构不良问题的能力，因此作为构建学生走向未来社会桥梁的现代教育，高度重视结构不良问题对于发展学生的思维能力、创新能力和迁移能力等的重要作用。

五 问题的属性与功能

（一）问题的属性

一般来说，问题具有以下主要属性。

1. 问题具有建立在一定情境基础上的未知空间

未知空间指的是问题的目标状态或理想状态与当前状态之间的差距，它以情境为基础且所涉及的情境多种多样：可以是生活情境，也可以是生产情境；可以是自然情境，也可以是社会情境，等等。

2. 问题的解决具有一定的价值

问题的解决应当产生一定的社会价值、文化价值或智力价值。如果认识主体没有意识到问题应具有这种价值性，或者认识主体没有体现出问题的这种价值性，则这种问题的解决是没有实际意义的。

3. 问题是能够被不断深化认识的

相对于自然界和人类社会的不断发展变化及由此而产生的无穷无尽的现象来说，人类对客观世界的认识的局限性还很大。自然界和人类社会中存在着大量的、利用已有理论尚无法解释的异常现象和客观事实，从而产生了许许多多值得研究的问题。在这些问题中，有些问题利用已有知识尚无法解决，但这是暂时的、相对的，随着人类社会的发展、科学技术的进步，它们终究会被认识、被描述、被解决；有些问题利用已有知识已经解决，但随着时间的推移，对其的认识也会不断深化、解决方法也会不断优化。

（二）一般问题的基本功能

1. 问题具有定向功能

问题的定向功能主要表现在指出了人对于事物的认识方向、思维视角和研究范围。

美国科学哲学家劳丹在其代表作《进步及其问题》中指出，科学的本质是解决问题，应当把科学看作“一种解决问题和以问题为定向的活动”。学科问题的解决往往需要运用不同的思维方式，同一学科的不同类型问题如理论问题和经验问题、基础问题或应用问题等的解决也常常需要从不同视角切入。认识主体面对不同类型或同一类型但要求不同的问题，要根据问题的定向来确定认知切入点和思维角度，从而运用不同的方法策略使其得以解决。

美国存在主义心理学家罗洛·梅指出：“人所面对的问题，往往有一种我们尚未充分领悟的奇特性质，这就是它们能够预言未来。”这也就意味着，一个问题的产生往往蕴含着一种新的趋势，暗示着事物发展的新方向，提示着问题解决的新的可能途径。

2. 问题具有组织功能

法国哲学家利奥塔认为，“提问就是试图在某些事物之间建立联系”。

问题不仅能够引导人们去思考，而且能够让人们把思维与知识、思维与经验、思维与行动、思维与情感等组织起来，形成一个互相联系的整体，去寻求问题的答案。基于问题的这一功能，经济心理学家阿尔布明确提出，在科学研究中，“一个问题就是一个组织中心”。问题是一个中心，是一个问题解决过程的组织者。没有问题，思维不会被激活，方法不会得到改进，认知活动就会处于松散状态。

在人的学习过程中，问题的组织功能可以引导人们整合有关的知识，建立和改善认知结构，加强对于知识的理解、记忆、迁移和运用，从而使知识系统化、活化；可以将人们对知识和方法的运用与对情感因素的调动结合起来，久而久之便能使人们掌握科学的问题解决系统。

3. 问题具有推动功能

波普尔指出，问题“对于知识的增长起着决定性的作用。它激励知识的前进，它决定着它不断移动的边界”。

丹麦量子物理学家玻尔在科研过程中曾兴高采烈地说：“当我们遇到自相矛盾的问题时，真是太棒了！因为我们就有希望获得一些进展了。”

问题具有刺激性，它能激起人们的好奇心，推动人们去探究它、解决它，激发人们积极进取的情感。例如，问题可以推动学生由“学习状态”跃迁到“研究状态”。正如英国哲学家、历史学家柯林伍德所说，当一个学生在研究一个问题且处于“学习状态”时，他就必须相信事物都是解决了的，因为他的老师和教科书都把它们看作解决了的。当他从那种状态走出来并继续研究这个问题时，他就会发现没有什么东西是解决了的。他会抛开教条主义——他要对自己说：“我的老师和教科书告诉我，如此这般都是真的；但都是真的吗？他们有什么理由认为都是真的？这些理由是合适的吗？”

问题具有挑战性，人们只有具备坚忍的意志品质、良好的精神状态、一定的知识水平、科学的方法策略等，才能圆满地解决问题，这就推动着人们在各个方面磨炼自己、提升自己。没有问题，人的能力就会退化，世界也难以发展。这正如奥地利心理学家巴赫所说，“科学技术不再依靠偶然的发现，而是依靠系统地发现和解决问题”。

总之，人类社会就是在攻克一个个“问题堡垒”的过程中不断发展、进步的。因而，问题具有重要的推动作用，推动知识的进步，推动人类的学习。

4. 问题具有评价功能

德国数学家希尔伯特认为，只要一个科学分支能够提出大量问题，它就充满了生命力，而问题缺乏则预示着这门学科独立发展的衰亡或中止。即使像永动机问题这样的反问题，也有利于科学的进步。

波普尔认为，科学的进步可以通过把我们的旧问题与我们的新问题相比较得到最好的测定。如果取得的进步是伟大的，那么新的问题就具有以前梦想不到的性质，会有更深刻的问题，会有更多更深刻的问题。他说：“一个问题所产生的新问题的质量、丰富性和深度是衡量它内在科学意义的最好尺度。”

劳丹关于问题对于科学进步的影响程度提出了两个命题。命题一，对任何理论所做的首要而严格的检验，应视其能否为重要问题提供可以接受的（或满意的）解答。命题二，在评价理论的优劣时，我们应当问：它们是否为重大问题提供了合适的解答？而不是问：它们是否为“真”，是否得到“确认”或得到“很强的确认”？

问题不仅推动着人们观念的更新，而且推动着科学技术。

由这些论述可以看出，问题具有评价功能，问题是评价人们的知识水平、思维能力、行为举止、思想境界的标准和尺度。

（三）结构不良问题的教学优势

1. 有利于全面知识的学习

世界经济合作与发展组织（OECD），将知识分为四种类型：知道“是什么”的知识（Know-what），指关于客观事实的知识；知道“为什么”的知识（Know-why），指自然规律和原理方面的知识；知道“怎么做”的知识（Know-how），指技术诀窍、技能和能力方面的知识；知道“是谁的”知识（Know-who），指知道何人具有何种知识和能力的知识，涉及社会关系等方面。

涉及结构良好领域的问题的学习，主要指概念学习，概念可通过联系、反馈等方法来获得。高级学习是一种主要涉及结构不良问题的学习，要求学生把握概念的复杂性，并能将概念广泛地运用到具体情境中。

传统教学观点认为，教学就是让学生知道重要的概念和原理等知识，学生所接触到的是教师给出的大量结构良好问题，考试也多是通过结构良好问题来检查学生对习得知识的掌握情况。

结构良好问题条件明确、结论清晰、解法确定、远离学生的生活实际，对于学生对已有知识的理解具有一定的作用，但学生体验不到知识的形成、发展和应用过程，从中获得的是“是什么”和“为什么”的知识，或者说是“惰性知识”，其结果是对知识的片面理解，难以实现知识在具体情境中的有效迁移。

结构不良问题源于真实情境，情境复杂、多变且开放。面对这样的情境，学生要通过对于问题的准确表征、建立问题解决空间等，在自主建构问题解决方案的过程中完善知识体系、拓展知识视野。这样，学生不仅能获得“是什么”“为什么”的知识，还能获得“怎么做”“是谁的”的知识，所获得的知识是全面的。因此，从知识观的角度来看，结构不良问题的解决有利于全面知识的获得。

2. 有利于学生高阶思维能力的培养

思维是人类具有的一种整体性的品质与能力。

20世纪40年代，迈耶从不同学习行为的模式中区分出低阶思维和高阶思维。所谓的低阶思维对应的是通过重复性的训练或回忆有关规则就可以掌握的行为模式，所谓的高阶思维对应的是需要通过推理来综合以往经验并依靠再生性思维和创造性思维来产生一种新的连接的行为模式。

美国心理学家布鲁姆按教育结果对教育目标进行了分类，将知识、领会和运用列为低级思维目标，而将分析、综合和评价列为高阶思维目标。

美国学者瑞斯尼克指出，高阶思维是学习者在详细地阐述材料的基础上超出材料本身所进行的推理、重新陈述、分析并建构材料之间的新联系的心智活动，具有不规则性、复杂性、解决方法与评价标准的多样性等特征。

自20世纪80年代开始，我国学术界也加强了对思维科学的研究。其中，朱智贤和林崇德教授将思维划分为三种：上升性思维，指以实践中的个体经验为起点，使个别性认识上升到普遍性认识的思维；求解性思维，指通过同化和创造来解决问题的思维；判断性思维，指以规范实验和预测其效果为中心的思维。

心理学界普遍认为，人的思维可分为低阶思维和高阶思维。低阶思维是认知范畴的思维，高阶思维是元认知（对认知的认知）范畴的思维；低阶思维是高阶思维的基础，而高阶思维能够促进低阶思维的发展，它们是相辅相成的。

随着信息化和知识经济时代的到来，需要处理和存储的信息的数量大幅度增加，社会对人才的素质结构提出了更高的要求。只能简单存储信息的人已经不能满足社会对人才的需要，新时代的人才必须具备更具流动性的思维能力，如信息获取能力、创新能力、决策能力、批判性思维能力等能体现终身学习特征的高阶思维能力。

真实的、复杂的、结构不良的问题的解决十分有利于学生高阶思维能力的培养。当学生处于信息化、灵活化、开放化、真实性的结构不良的问题情境之中时，积极思考、勇于质疑的动机很容易被激发出来，从而使他们在处理大量的信息、综合表征所面临的问题、灵活地利用所学知识与技能、批判性地进行思考、创造性地解决问题的过程中，能够主动地开展指向高阶思维心理特征的心智活动，有效地提高高阶思维能力，并形成具有个体特色的思维品质。

3. 有利于教学过程中学生主体地位的确立

传统的结构良好的问题解决，所用的知识和技能较为明确，解决路径也比较清晰，教师对此已有成功的经验，学生完全可以从老师那里习得方法，往往不必经过自己的探索和体验，因此在教学中教师处于主体地位。而对于结构不良问题的解决来说，学生除了要激活已有的知识经验外，更重要的是要在全新的、特定的问题情境和问题空间中去获取有价值的信息，重组问题条件，寻求解决办法，进行假设并制订方案，实施方案并得出结论。这一切都需要学生的亲自参与和亲身体验，教师只能给予指导而不能包办代替，也就是说，学生必须处于主体地位。因而，结构不良问题的解决需要师生改变在教学中的角色，这符合现代教育对培养学生素养的要求。

4. 有利于学生学业成就评价

在评价学生的学科知识是否得以内化方面：结构良好问题的解决需要的往往是学生所学知识脱离情境而抽象的再现或照搬，考查的是“惰性知识”；结构不良问题的解决需要学生在结构不良问题的情境中运用有关学科领域的知识来解决问题，可以考查学生所学知识是否得以内化。对于学生来说，只有能把知识运用到具体的情境中，才说明这些知识已经得到了内化，是具有生命力的知识。

在评价学生的社会认知目标达成方面：为了学生的全面发展和终身发展，教师不仅要考查学生在学科体系和学校环境中的学业成就水平，还要考查学生的社会认知水平。结构不良问题能够通过问题情境的创设来考查学生的知识经验和社会经验水平，而结构良好问题难以实现这一考查目的。

在评价学生的高阶思维水平方面：结构不良问题的解决需要独立性思维、批判性思维和创新性思维，因而更便于考查学生的高阶思维能力。

在评价学生解决实际问题的能力方面：传统课堂教学和教学评价使用的大都是“去情境化的”结构良好问题，这种经过高度抽象化的学科问题与社会生活和学生经验严重脱节，解决这样的问题既不需要学生将所学知识迁移到实际情境中，也不需要学生发挥创新精神和实践能力；结构不良问题往往来源于实践，具有真实的问题情境和明确的实践导向，解决这样的问题需要学生具有通过实践体验所获得的解决实际问题的能力，因而可以用来评价学生解决实际问题的能力水平。

六、教学领域常见的化学问题

化学问题是化学教学的重要内容，化学问题及其解决始终贯穿于化学教学的全过程。

化学问题从不同的角度可以分为不同的类型。

1. 从教学用途的角度分类

从教学用途的角度，化学问题可分为教师课堂提问、学案导学问题、研究性学习问题、项目式学习问题、习题与试题。

化学研究性问题具有开放性（课本与实践、课内与课外、学校与社会有机结合）、探究性（结论是未知的、非预定的）、实践性（来自生活、生产和社会实践）、过程性（注重过程体验）特点，更接近科学家发现问题、提出问题、解决问题的过程，例如：含碘食盐如何日常保存？无磷洗衣粉为何难以推广？厨房生活垃圾能再利用吗？绿色能源离我们多远？

2. 从问题所涉及内容的角度分类

从所涉及内容的角度，化学问题可分为化学用语题、化学概念与化学理论题、物质知识题、化学实验题、化学计算题、综合题等。

3. 从问题呈现方式的角度分类

从呈现方式的角度，化学问题可分为论文性问题，如论述题、问答题；限制性问题，如填空题、简答题；客观性问题，如选择题、是非判断题、匹配题，等等。

4. 从训练、考查层次的角度分类

从训练、考查层次的角度，化学问题可分为“学习・理解”问题、“应用・实践”问题、“迁移・创新”问题等。

5. 从问题所给条件的角度分类

从所给条件的角度，化学问题可分为条件完备（包括隐含条件的挖掘）问题、信息给予问题、化学情境问题。

（1）信息给予题，例如：

铑的配合物离子$[Rh(CO)_2I_2]^-$可催化甲醇羰基化，反应过程如图1-1-3所示。

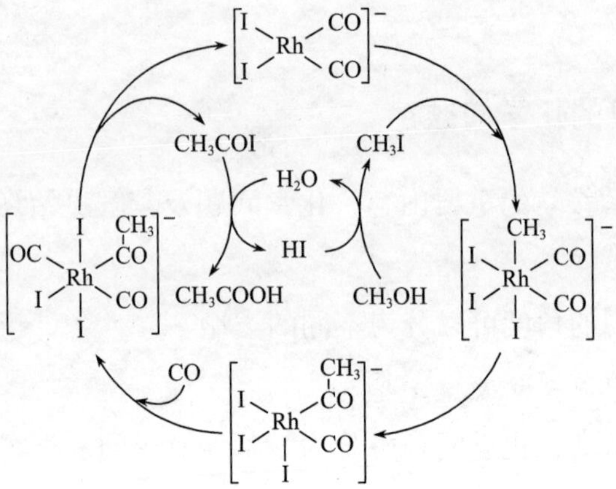

图1-1-3 铑的配合物离子催化甲醇羰基化反应过程示意图

下列叙述中错误的是（ ）

A. CH_3COI是反应中间体

B. 甲醇羰基化反应为$CH_3OH+CO \xlongequal{} CH_3COOH$

C. 反应过程中Rh的成键数目保持不变

D. 存在反应$CH_3OH+HI \xlongequal{} CH_3I+H_2O$

信息给予题中的已知条件需要学生通过学习问题所提供的信息自己来寻找。这类问题重在考查学生对所学知识与技能的迁移水平和自学能力。

（2）化学情境题，例如：

2004年4月，某化工厂发生氯气泄漏爆炸事故，造成9人死亡，3人受伤，罐区100 米范围部分建筑物被损坏，周围15余万人紧急疏散。消防员经过60多个小时的英勇奋战，成功地处理了事故，排除了险情。爆炸发生后，造成瞬间大量氯气泄漏，在爆炸点上空形成了一个高30 米、直径70 米的黄色氯气雾团，整个工厂上空完全被非常浓的黄色烟雾笼罩。此时现场周围救援人员用高压水幕水枪和喷雾水枪（含碱溶液）对爆发的氯气雾团进行封堵、稀释中和。在消防员高压水幕和喷雾水枪连续高空碱液稀释下，半个多小时后，扩散的氯气得到了控制。

一位家庭主妇在家打扫卫生时把84消毒液和洁厕剂等混合在一起使用，突然晕倒，家人发现后迅速将她送到医院抢救，但半小时后这名主妇还是停止了呼吸。

那么，氯气泄漏为什么会引起这么大的危害？这位家庭主妇的悲剧为什么会发生？

对于化学情境题，要把情境中的实际问题转化为化学学科问题才能得以解决。

6. 从问题结构完整程度的角度分类

从结构完整程度的角度，化学问题可分为结构良好问题和结构不良问题。

化学学科领域的结构不良问题有很多，情境题大多是结构不良问题。

例题

2016年巴西里约热内卢奥运会期间，室外游泳池中的水变绿了成为当时的一大新闻。有关负责人说，藻类生长会引起池水变绿，该游泳池此前一直使用含氯消毒剂抑制藻类生长，但这次事件发生前，工作人员误用了过氧化氢消毒剂。那么，游泳池的池水为什么会变绿：是原有的含氯消毒剂不起作用了，而所加入的过氧化氢消毒剂又没有抑制藻类生长的作用，或者原有的含氯消毒剂与加入的过氧化氢消毒剂发生化学反应而无法抑制藻类的生长，或者有其他原因？

分析

联系实际：藻类及其生长，含氯消毒剂、过氧化氢消毒剂及其使用。

真实情境：游泳池里的池水还是变绿了。

学科领域：跨学科——化学，生物学。

初始状态：使用了含氯消毒剂，后又使用了过氧化氢消毒剂，池水变绿了。

目标状态：寻求池水变绿的原因。

问题答案：至今尚未有正式官方结论。

未知空间：对含氯消毒剂是否失效不清楚，对含氯消毒剂与过氧化氢消毒剂是否反应不清楚，对过氧化氢消毒剂能否抑制藻类生长不清楚，对是否有其他原因造成池水变绿不清楚，等等。

解题依据不足，解题途径多条，正确答案不明，本题属于结构不良问题。

解答此题，要在熟悉含氯消毒剂和过氧化氢消毒剂的成分、消毒原理、使用注意事项以及藻类的特性和生长条件的基础上，联系游泳池池水的实际情况进行发散思维，探究池水变绿的可能原因，寻求解决问题的方向。在这一过程中，学生通过包括实验探究在内的探究活动，能够巩固、深化对所学的含氯消毒剂、过氧化氢消毒剂、藻类等基础知识的理解，拓展对影响藻类生长因素、消毒剂使用方法的认识，发展探究能力、知识迁移能力、创造性思维能力和解决实际问题的能力，体验到学科学习与社会实践的关系，增强以所学知识和技能服务社会为人类造福的责任感。

化学新课程理念倡导在教学过程中创造更多的机会让学生主动参与探究过

程，进行活动体验，在知识的形成、发展和应用的过程中培养化学学科核心素养。结构不良问题，由于问题自身的复杂性和开放性、解决问题的多样性和开放性、结果应用的广泛性和可迁移性、问题情境的真实化和去学科化、问题设置的复杂化和去模式化，正是培养学生化学学科核心素养的重要资源。

第二节 问题解决

问题解决是认知心理学最主要的研究领域之一。波普尔曾说，人类的全部生活都是问题解决；而美国教学设计专家乔纳森则指出，教育的未来应该把焦点放在有意义的学习上，放在让学生学会如何推理、决策和解决生活中随处可见的复杂问题上，换句话说，教育唯一合法的目标就是问题解决。存在主义心理学家罗洛·梅认为，“人生的价值就在于面对时代的压力，通过个人问题的解答，去揭示永恒人类的新意义，去更深地洞察人作为人的那些构造素质”。这就意味着，问题解决不仅具有认识论、方法论的意义，而且具有促进人类生存与发展的意义。

与关于问题的讨论一样，本节关于问题解决的讨论仍然没有局限于化学学科教学所用问题，尤其是化学习题和试题解题过程的讨论，而是着眼于对一般性问题解决的讨论，着眼于探寻一般性问题解决的规律，并将其应用于化学学科问题解决之中。

一 问题解决的含义

人们经常会遇到需要解决的各种问题，小到解习题、做实验，大到防治环境污染、开办工矿企业，方方面面事情的处理过程都是问题解决的过程。

问题解决涉及复杂的心理活动，心理学家从不同角度对问题解决做了阐释。例如，美国心理学和哲学家詹姆斯将解决问题描述成通向结局的一种探索；纽厄尔和西蒙把问题解决看作对问题空间的搜索，并可以用计算机来模拟人的问题解决过程；美国认知心理学家斯滕伯格认为，问题解决是从一个待解决的情境转移到解决方案的情境的过程，在这个过程中克服了遇到的所有问题；迈耶认为，问题解决是人在没有明确的解决办法的情况下，将给定情境转化为目标情境的认知加工过程；我国西南大学教授、发展与教育心理学专业博士生导师张大均认为，问题解决是一种高级智力活动过程，是运用自己的已有知识去成功地寻找达到目标的手段或途径的过程。

总的来说，从认知心理学的角度来看，问题解决就是在一定的情境下，遵照一定的目标指向，运用有关的知识经验和认知技能，经过一系列思维操作来解决问题的过程；也就是说，问题解决是认识主体根据自己对问题情境的反应，在问题空间中进行思维操作，使问题解决由初始状态过渡到目标状态或理想状态的过程。

研究问题解决的目的，主要是探讨人类解决问题的过程、影响问题解决的因素、问题解决的策略等，从而掌握问题解决的规律，提高问题解决的能力。这里的“解决”有两层含义：找到问题的答案（或答案方向），找到问题的解决方法（或解决步骤）。

在教育教学领域，随着教学观念的更新，“问题解决”的教学越来越受到重视，国际数学教育界甚至在20世纪80年代提出了“问题解决”的口号。2002年，我国学者邓鹏在《对“问题解决”的反思》一文中对常见的关于问题解决的观点做了如下介绍。

“问题解决是一种能力，即把知识应用于各种情况的能力。

“问题解决是一种创造性活动，应当被看作是综合的、创造性应用已学到的知识和方法来解决非常规的问题。

“问题解决是一个认知过程。当个人在面对问题情境而没有现成方法可以利用时，旨在将已有情境转化为目标情境的认知过程。

“问题解决是一个教学目的。通常可以将问题解决的步骤或阶段划分为问题的提出、问题的分析和问题的解决。而问题解决被简单地看成是最终的目的。

“问题解决是一个教学过程，是将已有知识运用于新情境的过程。

“问题解决是一种教学模式（也有学者称其为教学方式），问题的提出是建立在‘问题教学法’基础之上的，把问题解决作为一种教学模式，不仅可以引起学生的注意与兴趣，更主要的是能激发学生的思考，培养学生的思维能力。”

由以上观点可以看出，问题解决涉及两个层面：一是学生层面，学生通过参与问题解决的全过程建立或完善认知结构，提高思维能力和分析问题、解决问题的能力；二是教师层面，教师指导学生以质疑者、发现者、探索者的身份发现问题、提出问题、分析问题和解决问题，达成有效教学的目标。总的来看，问题解决的教学内涵是在教学过程中，教师利用有目的、有计划地设计的一系列问题以及课堂教学中生成的问题，引导学生积极主动地进行问题解决，并在问题解决的过程中，深层次地理解、掌握有关知识，建立或完善认知结构，实现从知识、能力到品格的整体发展。

现代教学中，问题的提出与解决被认为是教学的一个重要组成部分。从教学的角度讲，问题解决常常被分为常规性问题解决和创造性问题（主要表些为结构不良问题）解决。

从信息加工的角度看，常规性问题解决和创造性问题解决都是信息加工过程，但它们也有着明显的区别。

1. 信息资源方面

常规性问题的解决利用的是学生自己或社会中已经拥有的信息资源，这些信息资源之间的关系是现成的、明确的。

创造性问题的解决利用的是学生通过学习、理解、内化了的外部信息资源和由此产生的新的信息资源。这些信息资源之间的关系有的是现成的，有的是学生创造出来的并与原有信息资源可以形成新的关系。

2. 问题解决过程方面

常规性问题解决过程具有固定的途径，是封闭性的，需要学生对信息资源进行搜索、理解、运用，然后与问题的目标状态或理想状态匹配和贯通。学生在解决所面临的常规性问题时，如果已经拥有这类问题的解决模式，则问题解决过程就是利用现成模式解决新问题的过程；如果还未拥有这类问题的解决模式，则需要通过学习从外部获取解决这类问题的模式使问题得以解决。

创造性问题解决过程则没有固定的途径，是开放性的，学生除了要对问题的初始状态、问题的目标状态或理想状态进行表征以及对问题的初始状态与目标状态或理想状态进行匹配和贯通外，更重要的是要对与问题解决有关的信息资源进行选择、组合与创生，建立起新信息资源与原有信息资源之间的关系。

另外，从所运用的思维形式来看，常规性问题解决是基于形式逻辑，立足于同一律，以收敛思维为主；创造性问题解决基于逻辑思维和非逻辑思维、形象思维和抽象思维的结合，注重直觉、灵感、顿悟等，以发散思维为主，并实现连续性与非连续性操作、潜意识与显意识操作等的相互结合。各种发明创造、技术革新都是创造性问题解决的典范。

对于学生来说，他们初次面临的创造性问题一旦被解决，这些创造性问题就变成常规性问题了。

二 问题解决的一般特征

问题解决一般被认为具有明确的目标指向，需要进行认知操作，要求认知操作序列化三方面的特征。

（一）具有明确的目标指向

对于一个问题，认识主体可以通过直觉与猜测、分析与推理、联想与想象来解决，但无论通过哪一种途径，都必须使问题由初始状态走向特定的目标状态或理想状态，这需要有明确的目标指向；没有明确目标指向而漫无边际地去寻求问题的答案，不能称为真正的问题解决。

（二）需要进行认知操作

问题解决活动是认识主体通过内在的思维加工过程完成的，这其中包括情感的参入和行动的付诸，但认知操作是不可缺少的。认知操作是问题解决的基础。

一般来说，人类对所认识事物的诠释被称为认知。习惯上，认知与情感、意志相对应，是指人们认识知识和获取知识的过程。从信息加工的角度来看，认知是认识主体认识客观世界的信息加工过程，感知、记忆、分析、联想、比较、推理、判断等心理活动都属于认知操作。从心理学的角度来看，认知是指认识主体通过形成概念、知觉、判断或想象等心理活动来获取知识的过程。

（三）要求认知操作序列化

问题解决是一种高级的智力活动。现代认知心理学把问题解决看作“输入—加工—输出”的过程，认为在问题解决的过程中，认识主体不是被动地接受外界信息而是主动地寻求信息，对于来自各方面的信息采取一定的策略进行加工处理，并经过决策使问题得以解决。由于人脑的信息加工能力是有限的，不可能在瞬间进行多种认知操作，这就需要认识主体把大量认知操作科学地组织起来形成序列，并决定在某一时刻选择何种特定的认知操作。在问题解决过程中，认识主体选择一种解决问题的方法和途径实际上就是选择一种序列和系统；显然，认识主体采用不同的方法和途径解决同一问题时问题解决会呈现出不同的认知操作序列。

从本质上说，问题解决过程中的信息加工过程是一种寻找操作序列以达到目的的过程。问题解决的心理序列就像是一个思维锁链，但是这个锁链绝不是由自由联想连接成的，自由联想只能使人的思维锁链脱离问题解决过程。

正是由于问题解决包含的认知操作存在一定的序列，因此，仅有一个心理操作的问题处理过程不能称为问题解决，如简单的记忆操作就不属于问题解决。另外，认知操作序列一旦出现错误，问题解决就无法进行了。

认知心理学家认为，问题解决的这三个特征也是界定问题解决的标准，一个问题的处理活动必须符合这三条标准才能被判定为问题解决。有些问题处理活动虽然也具有明确的目标和一系列操作，但没有重要的认知成分，这种活动就不能算作真正意义上的问题解决。

另外，问题解决具有对问题情境的认知性。问题总是由问题情境引起的。所谓的问题情境，指的是源自客观世界的、认识主体感到困惑而不能利用已有知识经验直接认识的情境。问题情境是促使认识主体通过思考并采取相应策略解决问题的关键因素。

在问题解决的过程中，认识主体在认知特定问题情境的基础上产生达到问题目标状态或理想状态的预期，激活内在的认知结构，并随着问题的情境和个体经验交互作用的增强，逐步形成科学的问题解决思路，使问题由起始状态逐步向目标状态或理性状态过渡，表现出对特定问题情境的积极反应。

问题情境都是以一定的知觉方式来呈现的。问题情境的呈现方式与认识主体已有的认知图式越接近，问题就越容易解决；反之，问题就难以解决。

三 问题解决的基本过程

问题解决总是要经历一定过程的。了解问题解决的过程虽然不能直接帮助认识主体实际解决问题，但可以帮助他们了解大脑这个“黑箱”解决问题的运行机制，以便有意识地去解决问题。为此，现代管理学之父德鲁克曾说，“你无法优化一件无法量化的事情。想要不断发展更优的思维方式，认识到其背后的机理也是必要的”。

一直以来，心理学家和教育学家都十分关注问题解决的过程。问题解决既包括认识主体复杂的内在思维过程，又包括认识主体一系列行为的外现过程，因此研究者从不同的角度出发提出了不同的问题解决过程模式。以下按布朗斯福特和斯特恩的问题解决过程模式（ideal）说明问题解决的基本过程。

（一）辨认所面临的问题（Identify the problem）

辨认所面临的问题就是发现问题，这是解决问题的第一步，是解决问题的前提，也是思维积极主动性的一种表现。

认识主体对所面临问题的客观陈述的理解，通常由问题的给定条件、目标和允许的认知操作三种成分构成。为了使问题改变状态，认识主体需要通过对大脑中储存解决方案的认知库的检索、判断形成可能的行动方案或计划；也就是说，面临所要解决的问题，认识主体要利用问题所含有的信息和自己头脑中已存储的信息来构建问题空间。

所谓的问题空间，指的是认识主体对所面临问题的内部表征，包括问题的起始状态、要求达到的目标状态或理想状态、问题在解决过程中的各种可能的中间状态、可以使用的认知操作、问题情境及其对问题解决的影响等。从纽厄尔和西蒙的观点来看，问题分为客观方面和主观方面：问题的客观方面，叫作任务领域；问题的主观方面是认识主体对任务领域的理解，叫作问题空间。

认识主体的知识经验影响着问题空间的构成。一个认识主体在解决不同的问题时会构建不同的问题空间。对于同一问题，不同的认识主体所构建的问题空间也可能不同；尤其是对那些结构不良问题，不同的认识主体所构建的问题空间的差异往往十分明显。另外，问题空间会随着问题解决的进程而逐渐得到拓展和充实。

辨认所面临的问题这一环节要求认识主体经过对问题的“整体—部分—整体”认知，全面地把握问题，了解问题中的全部有用的信息，构建起问题空间。问题空间是问题解决的一个基本范畴，是认识主体对问题解决的一个整体认识状态。在问题的初始状态和目标状态或理想状态之间存在着大量的问题解决备选路径，这些可能的路径和问题的初始状态、目标状态或理想状态组成了整个问题空间。

（二）定义并表征问题（Define and represent the problem）

定义是对于一种事物的本质特征或一个概念的内涵和外延所作出的确切表述，定义问题就是明确问题是一个什么样的问题以及它具有怎样的内在本质。

表征又称再现，是外部客体的特性在认识主体心理上的表现形式，是客观现实在认识主体大脑中的反映。从信息加工的角度来看，认识主体对外界信息进行加工（输入、编码、转换、存储和提取等）时，这些信息便以表征的形式在认识主体的头脑中出现。通常，表征还指将外部客体以一定的形式表现在认识主体大脑中的信息加工过程。

认识主体在解决问题时，要在辨认问题的基础上定义和表征问题。问题的定义和表征是指认识主体对问题的信息的记载、理解和表达，并以此为依据将问题解决任务和操作序列转化为问题空间，形成对所面临的问题的主观表达。这一过程实际上是认识主体按照自己的理解对问题信息在头脑中进行加工和储存的过程。

问题表征包括问题的初始状态、问题的目标状态或理想状态、改变问题状态的认知操作及对认知操作的约束等四个要素，并分为内隐表征和外显表征。内隐表征是指认识主体在分析和理解问题的条件、要求、障碍等的基础上，在头脑中形成整个问题结构的策略。外显表征是指认识主体通过作图、符号标记、批注、摘要等外部行为辅助内隐表征，以减少内隐表征记忆、想象等方面负担的策略。

定义并表征问题是问题解决的一个中心环节，反映着认识主体对于问题的理解程度，包括如何从问题情境中获取有效信息来确定问题的起始状态、问题的目标状态或理想状态、问题的目标状态或理想状态与初始状态的关系、从问题的起始状态过渡到问题的目标状态或理想状态可能运用的认知操作等。问题的解决方案是依据问题表征来确立的，问题表征不同，问题的解决方案也就不同。认识主体如果不能恰当地进行问题表征，就会使问题解决陷入误区。因此，问题定义和表征对问题解决有着重要影响。

（三）搜索可能的问题解决策略（Search for possible problem solving strategies）

信息加工理论认为，问题解决过程就是认识主体在问题空间搜索问题的可能解决途径，并选择一条路径通过各种可能状态最终通往问题目标状态或理想状态的过程。

问题解决策略与人在解决问题过程中的思维策略密不可分，要正确地选取问题解决策略，首先要了解人的思维策略。

1. 从思维的搜索方式来看

现代认知心理学按思维的搜索方式把思维策略分为算法式策略和启发式策略两大类。

所谓算法式策略，指的是由算子和算法组成的解决问题的一套规则，认识主体按照这套规则找到问题解决路线以及最短路线的策略。其中，算子即问题空间里可以采取的各种认知操作，可被理解为计算工具；算法则可被理解为计算方法或思想方法。算子与算法两者之间的关系是：算子是算法实现的媒介；算法是算子运用的灵魂，是一个按逻辑步骤保证问题得到解决的一套程序，即问题的解决思路。

纽厄尔和西蒙将问题解决过程比作一些节点的集合：一个节点代表着一种认知状态，不同的节点由算子连接起来；通过对算子的运作，认识主体的认知可以由一个节点转化为另一个节点。这样看来，问题解决就是在问题空间中利用算法通过算子移动节点，建立起一个个不同的认知状态。这个节点移动的过程就是搜索的过程，它由一个认知操作系统来控制。

由以上分析可以看出，问题的解决需要运用一系列算子。由于任何一个问题都含有许多可以使用的算子，因此究竟选择哪些算子以及将它们构成什么样的系列，完全取决于认识主体采取什么样的问题解决策略。此时，问题解决的关键任务就是选择算子并利用算法来形成解决问题的程序。

针对一个具体问题的求解，认识主体要用若干算子构建起的“算子树”作为求解的工具和手段。“算子树”中的每个算子封装着一定的算法或算法中的一个环节。例如，要解决有机化合物结构推断问题，就要建立一个有机化合物结构推断的“算子树”模型。该“算子树”模型包含几类算子：组成的定性分析类算子、组成的定量分析类算子、官能团分析类算子和结构确定类算子等。其中，组成的定性分析类算子封装着物质定性分析算法，组成的定量分析类算子封装着物质定量分析算法，官能团分析类算子封装着官能团特征判断算法，结构确定类算子封装着信息综合处理算法，从而形成“通过实验了解有机化合物的组成成分—通过实验数据分析各成分的含量—确定有机化合物的最简式—通过实验确定有机化合物的相对分子质量—确定有机化合物的分子式—通过实验事实分析有机物所含有的官能团—综合分析有关信息确定有机化合物的结构”的问题解决思路。

总之，算法式策略就是在对问题空间进行随机搜索所获得的问题解决的可能方法中，选择一种有效的方法来解决问题的策略。

所谓启发式策略，指的是认识主体凭借已有的知识经验，采取较少的操作步骤使问题得以解决的策略。这种策略是一种单凭经验的、直觉的且经常是推测的策略，即“经验性准则”。它可以用来解决一个问题，但不一定能成功地解决这个问题，因为有的经验启发并不可靠。不过，这种策略省时省力、简便易行，所以常被采用。

问题解决启发式策略主要有以下几种。

（1）手段-目的分析策略。

手段-目的分析策略是一种将问题目标划分成许多子目标，寻找达到每一个子目标的手段，最终实现问题的总目标而使问题得以解决的策略；也就是说，手段-目的分析策略是一种不断减少问题初始状态与目标状态或理想状态之间的差别而使问题得以解决的策略。它的基本步骤是：比较问题的初始状态和目标状态或理想状态，提出第一个子目标；找出实现第一个子目标的手段，实现子目标；

提出下一个子目标，找出实现这个子目标的手段，实现这个子目标……如此循环往复，直至问题解决。

手段–目的分析策略是解决结构良好问题的核心策略。

（2）顺推策略。

顺推策略是从对问题初始状态的分析开始，采取一定方法逐步减小问题的初始状态和目标状态或理想状态的差距，以实现问题解决的策略。问题解决的顺推过程会出现许多“节点”，认识主体必须正确决策，通过各个“节点”，使问题解决沿着正确的路径发展，这样才能成功地解决问题。

（3）逆向反推策略。

逆向反推策略是从对问题目标状态或理想状态的分析开始，逐步返回问题的初始状态来寻找问题解决办法的策略。

逆向反推策略适于解决那些从问题起始状态过渡到问题目标状态或理想状态似乎有多条途径，但实际上只有一条可行途径的问题。

（4）类比策略。

类比策略是一种首先寻求与所要解决问题相似的问题的解答方法，从中受到启发，再解决所面临的问题的策略。所谓类比，就是运用某个事物的特性来形象地说明另一个事物特性的方法。类比思维是对具有相同或相似特征的已知事物和未知事物进行对比，然后利用已知事物的某些特征去推测未知事物相应特征的思维活动，即“他山之石，可以攻玉”。

（5）试误策略。

试误策略指的是认识主体不采用问题解决的系统方式，而是简单地选择有关方式，试探每一种方式是否有效，最终利用找到的有效方式使问题得以解决的策略。尽管这种策略的效率不高，但在解决一个完全未知的新问题时还是可取的。

2. 从思维的结构来看

现代认知心理学按思维结构的不同把思维策略分为一般策略、特殊策略和核心策略。

一般思维策略，亦称通用思维策略，指的是不涉及任何特定知识、能在广泛情境范围内运用的思维策略。

特殊思维策略，指的是认识主体在特定领域中运用的特定思维策略。对于教学来说，特定思维策略是指在特定学科内使用的策略，如化学教学中的实验探究策略、结构分析策略、化学用语表达策略、化学计算策略等。特殊思维策略对于提升学科教学水平具有重要作用。

核心思维策略指的是在一般思维活动中作用最大的思维策略。美国宾夕法尼亚大学的巴伦教授提出了三种核心思维策略：① 联系性搜索策略，用于发现当前问题与知识经验的联系；② 刺激分析策略，用来分析刺激情境中各种要素的特性及其相互关系；③ 检查策略，用于对自己的认知活动进行评价，以便修正不恰当的思维方法。

斯滕伯格认为，分析性思维、创造性思维和实践性思维是人们成功地解决各种问题的重要思维形式。其中，分析性思维是由分析、判断、比较和评价等构成的思维，创造性思维是在创新、发现、想象和猜想等活动中表现出的思维，实践性思维则是在实践中处理具体问题时所运用的思维。

为了指导人们更好地解决问题，斯滕伯格提出了七项思维（或认知）技能：① 问题识别，指能认识到问题的存在；② 问题解释，指能明确究竟是什么问题；③ 信息表征，指能有效地再现所获得的信息，使问题易于解决；④ 策略形成，指能创造或者科学选择问题解决策略；⑤ 资源分配，指能合理地分配时间、信息等各种资源；⑥ 行为监控，指能在解决问题过程中监控自身的行为，以保证问题解决过程的顺利进行；⑦ 效果评价，指能对问题解决的效果作出评价，为问题解决的行动提供反馈信息，从而进一步调整行动方案。

3. 从策略匹配的角度来看

问题解决采用的匹配策略包括模板匹配、原型匹配、特征分析匹配等。

（1）模板匹配策略。

这种策略是指认识主体从自己的记忆中搜索与所面临的问题完全对应的具体问题，借助对这一具体问题的解决方法来解决所面临的问题的匹配策略。在搜索中若能“对号入座”，问题就能获得解决；否则，问题就得不到解决。这种匹配策略一是适应性差，难以适应变化了的众多问题；二是认识主体的记忆负担重，需要在头脑里贮存不计其数的问题模板。所以，模板匹配策略只能用于对一些简单问题的解决，属于初级问题解决策略。

（2）原型匹配策略。

这种策略是指认识主体往往从自己的记忆中搜寻与所面临的问题近似的问题原型来解决问题的匹配策略。原型匹配策略比模板匹配策略的层次高，是因为原型是与一类客体匹配的，而不是与单一客体的“对号入座”，因而能较好地解决变式问题，大大增强了解决问题的适应性和灵活性。对于认识主体来说，随着解决问题数量的增多，头脑中存储的不再是模板而由模板逐渐转化成的原型，在解决问题时也更多地采用原型匹配策略。

（3）特征分析匹配策略。

这种策略是指认识主体注重对问题刺激特征进行分析，并与自己记忆中的各种信息进行比较而使问题得以解决的匹配策略。运用这一匹配策略时，认识主体会对问题去粗取精，摒弃无关或是次要的特征，抓住问题的实质和主要特征，并从记忆中选取与问题的实质和主要特征有关的信息与之构成最佳匹配来识别问题刺激，从而使问题得以解决。这种匹配策略能较好地诠释难度较大的问题或新问题的解决机制，比原型匹配策略适应性更强、灵活性更大、匹配效率更高。

（四）按所选择的策略进行认知操作（Act the strategies）

这个阶段属于策略执行阶段，即认识主体实际运用所选择的策略来实现从问题初始状态或当前的状态向问题的目标状态或理想状态的过渡，最终使问题得以解决。

提出假设和检验假设是这一阶段的两个重要环节。

提出假设就是提出解决问题的可能途径或方案。正确的假设会引导认识主体顺利地解决问题，而不正确、不恰当的假设往往会使认识主体思路偏离或误入歧途。

假设只是一种可能的解决方案，这种方案能否保证问题获得解决还需要经过检验。对假设的检验通常有两种方法。一种方法是通过实践直接检验。通过实践检验获得了预期的问题解决结果，说明假设是正确的；否则，假设就是不正确的。另一种方法是利用推论进行间接检验，即通过推论淘汰错误假设、保留合理假设、遴选最佳假设。在问题解决的过程中，认识主体往往采用逻辑推理来间接检验所提出的假设；不过，即使经过间接检验证明所提出的假设是正确的，问题是否能真正得以解决仍有待实践结果的证实。不论运用哪种检验方法，只要所提出的假设未能获得预期结果，认识主体必须重新提出假设并再次进行检验直至达到目标状态或理想状态，这样才能说问题被解决了。

当问题被准确地表征出来但问题仍然不能得以解决时，认识主体就应当反思自己观察和理解问题的视角、调整解决问题的思路。例如，牛顿的经典物理学理论为物理学家们解决传统物理问题提供了可靠的视角。然而，当物体的运动速度接近光速时，许多与牛顿经典物理学理论发生矛盾的现象出现了，产生了一些无法再用传统物理学的视角进行解决的问题。随着这方面问题的增多，在奥地利哲学家和物理学家马赫的怀疑论的启发下，科学大师爱因斯坦通过深刻反省，冲破了用经典物理学理论解决问题的视角和框架，确立了新的时空概念，创造性地提出了狭隘相对论学说，使经典物理学理论一筹莫展的问题在新的理论视角下得以合理的解决。

（五）回顾并评价问题解决活动的结果（Look back and evaluate the effect of your activities）

这一阶段包括两项任务。一是回顾、检查获得结果的整个思维过程，判断推理是否合理、得出的答案或结论是否正确。二是反思问题解决过程，总结可汲取的经验和教训，以供今后借鉴。反思主要包括以下几个方面：① 进一步明确思路是如何形成的；② 找出问题解决的关键环节和主要困难；③ 重新评价问题解决策略，找出最优的问题解决策略；④ 弄清出现错误的原因；⑤ 关注并推测解题策略的迁移应用；⑥ 总结有关的规律。

四 问题解决的影响因素

（一）知识结构与知识量

问题解决过程中的任何一个阶段都要涉及有关的知识，即使是检验假设，也必须以相应的知识做依据。知识经验不足常常是不能有效解决问题的重要原因，这是因为没有一定的知识不仅难于发现问题，而且也缺乏分析问题的基础和提出假设的依据。

这里所说的知识包括知识结构和知识量两个方面。

1. 知识结构

所谓知识结构，指的是认识主体为了某种目的而需要按一定的组合方式和比例关系构建的，由一定的知识所组成的，具有开放的、动态的、通用的、多层次的知识架构，它反映着认识主体通过学习所掌握的知识体系的情况。

一个完整的知识结构是由知识系统结构和知识应用结构两大部分组成的。知识系统结构是关于学科知识自身内在发展顺序和层次关系的知识结构。知识应用结构是关于知识与客观存在的联系以及知识与人的关系等的知识结构。每个人都有自己的知识结构，不同的人拥有不同的知识结构。知识结构在问题解决的过程中发挥着重要作用，它决定着问题解决水平的高低。

2. 知识量

问题解决的程度要受认识主体自身知识量的影响。这里的知识量有两方面的含义：一是数量，二是质量。知识的数量既指认识主体拥有的知识总量，又指认识主体拥有的与问题解决相关的知识数量。

认识主体所拥有的知识经验尤其是与解决所面临问题的知识经验越多，越有利于问题的解决。值得注意的是，知识量只是为问题的有效解决提供了可能性，如若认识主体拥有的知识杂乱无章，其数量再大对于问题解决也无济于事；也就是说，问题解决所需要的知识既要有数量，也要有质量。知识的质量主要指知识的有序性、结构性和可操作性。只有拥有了高质量的知识，面临要解决的问题时，认识主体才能迅速组织好知识经验，找到问题的关键所在，快速而准确地解决问题。

另外，知识对问题解决的影响还表现在认识主体在面临要解决的问题时能否及时回忆起已有的知识经验并恰当地综合应用这些知识经验，以及能否使已有的知识经验发生迁移等方面。当然，已有的知识经验对于问题解决既可能具有积极作用，也可能具有消极作用，这是因为迁移根据性质或结果不同分为正迁移和负迁移两种情况。

（二）心智技能与认知策略

心理学认为，一个人的心智技能是他通过学习而形成的合乎法则的心智活动方式，学习策略、元认知策略等都可以被看作心智技能。一个人的学习活动是他运用心智技能通过一系列心智动作来完成的。心智技能是一个人获得知识最直接的手段，是影响人学习的重要因素。

关于对问题解决专家和新手的研究发现，他们的区别不仅在于知识结构不同，还在于解决问题时的心智技能和认知策略不同。从问题解决的过程来看，专家常常以更抽象的方式来表征问题，一般不需要中间过程就能很快地使问题由初始状态达到问题的目标状态或理想状态；而新手则需要经过很多中间过程，并且需要有意识地关注这些过程，这样才能使问题由初始状态达到问题的目标状态或理想状态。从问题解决的策略运用方面来看，专家更多地利用直觉即生活经验来解决问题，而新手则更多地依赖固有的程序来解决问题；专家运用的主要是从问题的已知条件直接到问题目标的问题解决策略，而新手运用的主要是从问题的目标倒推到问题的已知条件的问题解决策略。

认知策略中的原型启发、思维定式与功能固着以及酝酿效应对问题解决有着重要影响。

1. 原型启发

原型指的是对问题解决能产生启发作用的事物或现象。原型对解决问题所产生的启发作用叫作原型启发。例如，受到鸟类飞行的启发，人类发明了飞机，从而解决了人在空中“飞行”的问题，就是原型启发的一个典型事例；其中，鸟是使人获得启发的事物，属于原型。原型启发是一种启发认识主体从其他事物或现象中找到问题解决的途径和方法的策略。

2. 思维定式与功能固着

思维定式，指的是先前的认知操作对后续的认知操作造成影响的一种心理准备状态，在问题解决过程中则是认识主体以最熟悉的方式对问题做出反应的心理倾向。认识主体在连续解决一系列同类型问题时会产生定型化的思路，这就是思维定式的表现。思维定式对于问题解决来说，既有积极影响，又有消极影响。对于同类问题，思维定式会使认识主体利用已掌握的途径与方法迅速地解决问题；而对于变式问题，思维定式则会妨碍认识主体采用新的途径与方法，从而影响了问题解决。对于常规性问题的解决，思维定式往往会帮助认识主体迅速建立思路、得到答案；对于一些创造性问题的解决，思维定式便会消极地影响认识主体的思维，成为束缚认识主体创造性思维的枷锁。

功能固着是一种特殊的思维定式，指的是认识主体注意利用事物的通常功能而忽略了事物的潜在功能。功能固着往往使认识主体固守已形成的观念，从而缺乏解决问题的灵活性。

3. 酝酿效应

酝酿效应指的是在问题解决过程中认识主体一时无法解决问题而把问题暂时搁置，回过头来再来解决问题，反而获得新的解决思路的效应。酝酿效应的基本过程为“搁置问题—打破旧思路—产生新思路”。

（三）动机和情绪

动机和情绪对于问题解决有时具有积极影响，有时具有消极影响。

动机是促使认识主体解决问题的动力。恰当的动机不仅对认识主体发现问题有着极其重要的作用，而且对认识主体深入分析问题、探索各种假设和反复检验假设都是十分重要的。但是，只有中等强度的动机才有利于问题的解决。动机强度不够，缺乏动力，认识主体的注意力容易被无关的因素吸引到问题解决之外；动机过于强烈，则会干扰认识主体的思维而影响问题的解决。

积极的情绪有利于问题的解决，而消极情绪则会阻碍问题的解决；适度的紧张状态对问题解决中的智力活动是十分必要的，问题解决受到挫折所引起的过度紧张和压力加大则会导致思维加工过程受阻。

除了动机和情绪外，认识主体的气质、性格等也会影响问题解决的效率，富有理想、意志坚强、刻苦勤奋等优良品质会提高问题解决的速度和质量。

（四）问题的刺激模式

问题所包含的事件、现象或物体等本身表现出的性质，以及事件、现象或物体等涉及的空间位置、时间顺序等时空因素，构成了问题的特定刺激模式。问题的刺激模式与问题解决密切相关。如果问题的刺激模式显现了问题解决线索，那么，认识主体就容易找出解决问题的途径与方法；如果问题的刺激模式掩蔽或干扰了问题解决线索，那么，认识主体就难以找出解决问题的途径与方法，甚至被导入歧途。

问题情境通常是一种问题刺激模式。对问题情境刺激的反应和对问题情境的解读，直接决定着认识主体能否顺利地解决问题。认识主体的认知结构越容易接受问题情境的刺激，问题就越容易得到解决。

五 问题解决的经典模式

现代认知心理学和教育学研究工作者对问题解决过程进行了深入研究，提出了各种各样的问题解决模式。

（一）桑代克“尝试–错误”模式

该模式建立在19世纪末20世纪初美国心理学家桑代克提出的关于人类学习的“尝试–错误”模式基础上，它是一种学习模式，也可被认为是桑代克尝试–错误问题解决模式。桑代克认为，学习过程（问题解决过程）就是刺激与反应之间建立联结的过程，可描述为“盲目尝试—逐步减少错误—再次尝试”，即学习过程（问题解决过程）是一个尝试错误使错误行为逐渐减少而正确的行为逐渐增加的过程，如图1–2–1所示。

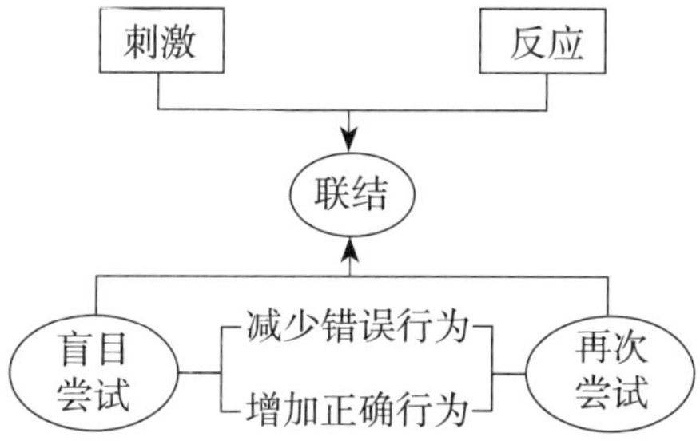

图1–2–1　桑代克“尝试–错误”模式示意图

“尝试-错误”模式遵循三个规律：效果律、练习律和准备律。

1. 效果律

在试错的学习或问题解决过程中，如果其他条件相同，当学习者或问题解决者对情境刺激作出特定的反应并得到满意的结果时，情境刺激与学习者或问题解决者的反应的联结就会增强；当得到的是烦恼的结果时，则情境刺激与学习者或问题解决者的反应的联结就会削弱。

2. 练习律

在试错的学习或问题解决过程中，情境刺激与学习者或问题解决者的反应的联结一旦被利用，联结的力量就会增大；而且，被利用的次数越多，联结的力量保持得就越久。

3. 准备律

在试错的学习或问题解决过程中，情境刺激与学习者或问题解决者的反应的联结需要有一个准备时间，这样才会形成令人满意的联结。

（二）柯勒“顿悟”模式

德裔美国心理学家柯勒在1913~1917年对黑猩猩的问题解决行为进行了一系列的实验研究。他提出了很多不同的问题让黑猩猩来解决，在此基础上以问题解决的“完形顿悟”模式来阐明问题解决的性质和过程。

柯勒认为，顿悟就是问题解决者领会到自己的动作为什么进行和怎样进行，认识到自己的动作和情境特别是和目的物的关系。他把突然的领悟叫作“理解力”，将其定义为“某种相对于整个问题的布局而出现的一个完整解决办法”，而把这种突然领悟的学习称作顿悟学习。他认为，问题解决者对问题情境中的各种关系的理解是突然产生的，是一个顿悟过程而非尝试-错误的渐进过程，问题解决者是依靠顿悟来解决问题的，如图1-2-2所示。

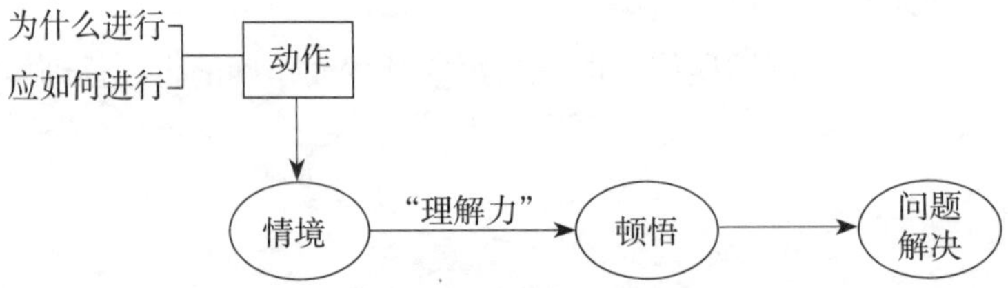

图1-2-2　柯勒“顿悟”模式示意图

（三）杜威五阶段模式

美国实用主义哲学家、教育家、心理学家杜威于1910年在《我们怎样思维》一书中提出的反省思维的五阶段，被称为解决问题的五阶段模式，该模式如图1-2-3所示。

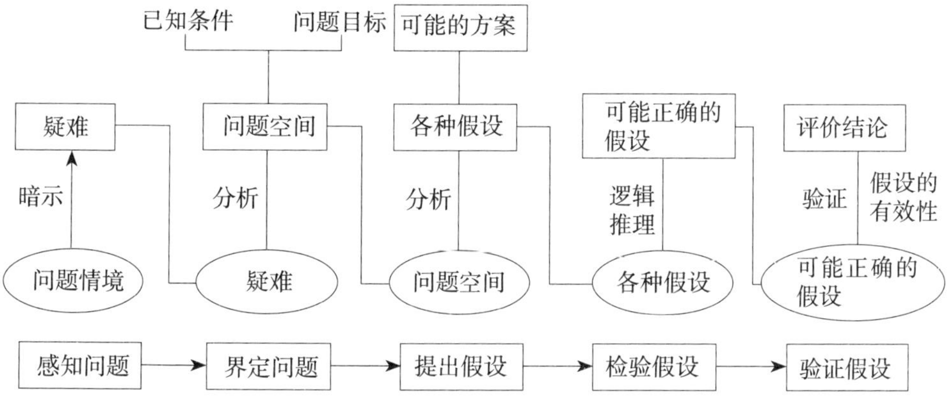

图1-2-3　杜威五阶段模式示意图

1. 感知问题阶段

在这一阶段，问题解决者受问题的暗示，身处不确定的情境之中而感到困惑、迷乱和怀疑，意识到难题的存在但又难以解决问题。

2. 界定问题阶段

在这一阶段，问题解决者要对疑难进行分析，确定疑难究竟在什么地方，明确要达到的目标。这一阶段是一个构建问题空间的过程。

3. 提出假设阶段

在这一阶段，问题解决者要收集材料并分类整理，提出解决问题的种种假设，即各种可能的解决方案。

4. 检验假设阶段

在这一阶段，问题解决者要对问题及其解决方案从理智上进行认真推敲，即依据所具有的知识和观察到的事实进行逻辑推理，从中找出可能正确解决问题的假设；如有必要，要连续检验所做的假设，并对问题重新加以阐述。

5. 验证假设阶段

在这一阶段，问题解决者要通过外显的或想象的行动来验证假设的有效性，包括驳斥或改正假设，形成并评价结论。

（四）沃拉斯四时期模式

英国心理学家沃拉斯于1926年提出了关于创造性解决问题的理论，建立了“创造性问题解决模式”，指出问题解决过程分为四个时期，如图1-2-4所示。

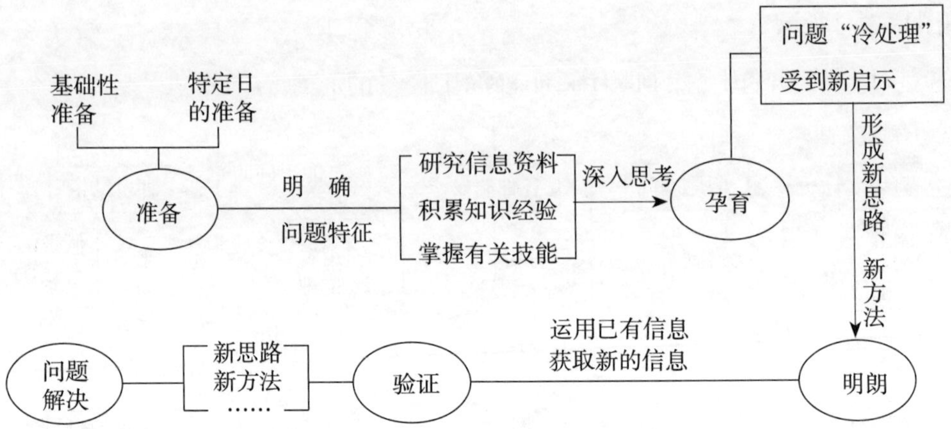

图1-2-4　沃拉斯四时期模式示意图

1. 准备期

在这一时期，问题解决者在明确了问题特征的基础上，研究有关的情境信息，获取有关的知识经验，掌握必要的技能技巧，为问题解决做好准备。这个时期的准备分为一般性的基础准备和为某一特定目的准备两种情况。

2. 孕育期

这一时期问题解决者的任务是在积累一定知识经验的基础上，对问题和资料进行深入的思考和探索。在这一过程中，若对解决问题的思考遇到障碍，问题解决者可暂时搁置问题解决，进行“冷处理”。其实，尽管是“冷处理”，但问题解决者对问题的思考仍在潜意识中断断续续地进行着。问题解决者摆脱了长期精神紧张之后再来解决问题，加之受到其他活动的启发，思路会变得活跃起来，十分有利于问题的顺利解决。

3. 明朗期

在这一时期，问题解决者对问题进行周密的思考之后处于充满灵感、直觉的状态，发生顿悟，产生了新思路、新方法，使得百思不得其解的问题迎刃而解。

4. 验证期

在这一时期，问题解决者利用逻辑推理、实验现象或通过活动求得事实上的结果等方式，对明朗期提出的新思路、新方法进行验证、补充和修正，使之得以完善和优化。在这一过程中，问题解决者不仅需要运用已有的信息，还需要获得新的信息。

（五）邓克尔三阶段模式

德国心理学家邓克尔于1945年提出了问题解决的三阶段模式。他认为，创造性地解决问题的过程是由一系列相互联系的心理活动构成的，问题解决过程的总趋向是先确定问题的范围并指出可能的解决方向，再逐步缩小范围，提出问题解决的一般方法和特殊方法，这样一步步地通过推理逐渐逼近问题的解决，其过程包括一般范围、功能性解决和特定性解决三个阶段，如图1-2-5所示。

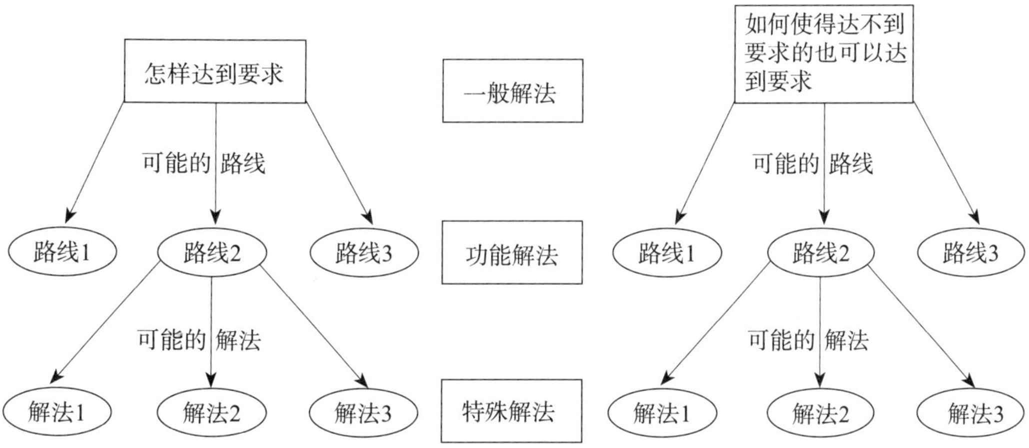

图1-2-5　邓克尔三阶段模式示意图

1. 一般范围阶段

在这一阶段，问题解决者一般性地重述问题，通过对问题的思考，初步提出解决问题的可能途径或大致方向。这是问题解决的第一步，属于思维策略层次。

2. 功能性解决阶段

在这一阶段，问题解决者通过更深入、具体的思考，提出实现这一途径的各种可行方案。这是解决问题的第二步，属于思维模式层次。

3. 特定性解决阶段

在这一阶段，问题解决者要进一步探索为实现某一功能性解决方案的具体方法：若提出的方法被证明是正确的，解决问题的过程就结束；否则，还需要返回到功能性解决阶段乃至一般范围阶段。

（六）奥苏贝尔和鲁滨逊四阶段模式

该模式由美国教育心理学家奥苏伯尔和鲁滨逊于1969年提出，如图1-2-6所示。

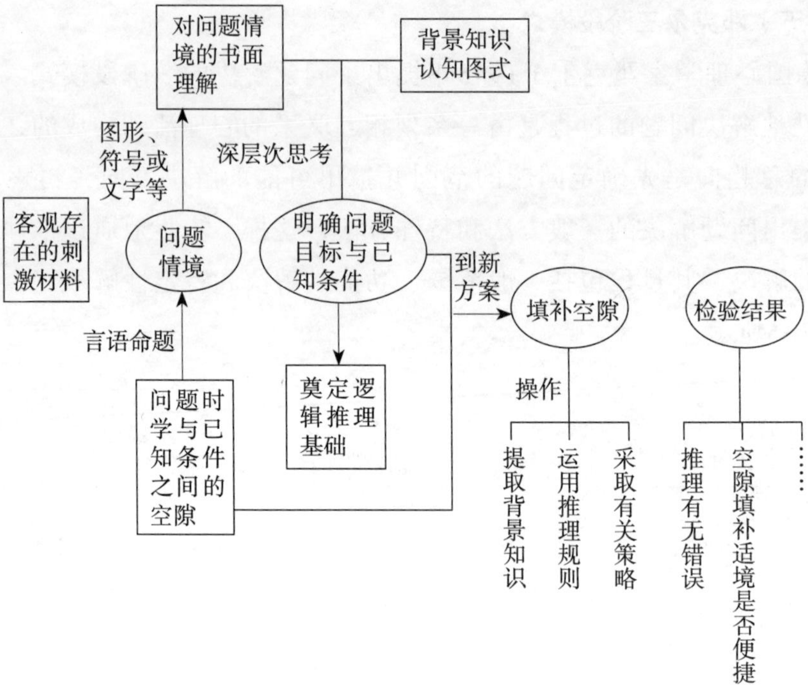

图1-2-6　奥苏伯尔和鲁滨逊的四阶段模式示意图

1. 理解问题情境阶段

问题情境是客观存在的刺激材料，是对问题的潜在意义的体现，可以激发问题解决者回忆有关背景知识的动机。在这一阶段，问题解决者以图形、符号或文字的形式给出对问题情境的书面理解。奥苏伯尔认为，问题是由有意义的言语命题构成的，其中包括问题和已知条件；一组言语命题之所以能够构成问题情境，是因为从已知条件到问题目标之间隐含着认知空隙，问题解决者已有知识结构中没有现成可以用于达到问题解决目标的步骤和方法。

2. 明确问题已知条件与目标阶段

在这一阶段，问题解决者要对问题表征进行深层次的理解，其目的在于明确问题的目标状态和问题的最初状态，为进行逻辑推理奠定基础。

信息加工心理学认为，对问题的深层次理解需要问题解决者头脑中储存有相关的认知图式。有了这种认知图式，问题解决者在解决问题时就能迅速识别当前的问题情境；而一旦正确识别了问题情境，问题解决者就能够区分问题中的有关信息与无关信息，甚至能补充题目中缺乏的必要信息，使问题解决得以保证。

3. 填补空隙阶段

填补空隙是问题解决的核心，填补空隙的过程则是一个制订问题解决方案并实施方案的过程。在这一过程中，问题解决者明确了已知条件和目标之间的空隙或差距，并力图填补空隙。为此，问题解决者必须进行如下一系列操作。

（1）提取背景知识。

所谓背景知识是问题解决者知识结构中与问题解决有关的知识。为了解决问题，问题解决者必须根据需要从知识结构中提取这些背景知识。

（2）运用推理规则。

所谓推理规则就是推导出合理结论的逻辑规则。凡是系统有序的问题解决，都具有各种外显的或内隐的逻辑规则。在运用这些逻辑规则的过程中，问题解决者要不断地反思自己推理的合理性，使思维活动始终按逻辑规则的要求来进行。

（3）采用有关策略。

采用一定策略的目的在于避免尝试的任意性，提高问题解决的准确性。所用的策略通常指选择、组合、改变命题等，它们构成一个系列；这个系列可以是顺向的（由初始状态到目标状态或理想状态），也可以是逆向的（由目标状态或理想状态到初始状态）。

4. 解决之后检验阶段

问题一旦得到解决，通常需要利用一定形式对得到的答案或结论进行检验，检验推理有无错误、空隙填补的途径是否得当等。

（七）格拉斯四阶段模式

美国心理学家格拉斯于1985年提出的问题解决模式，把问题解决划分为相互区别又相互联系的四个阶段，如图1-2-7所示。

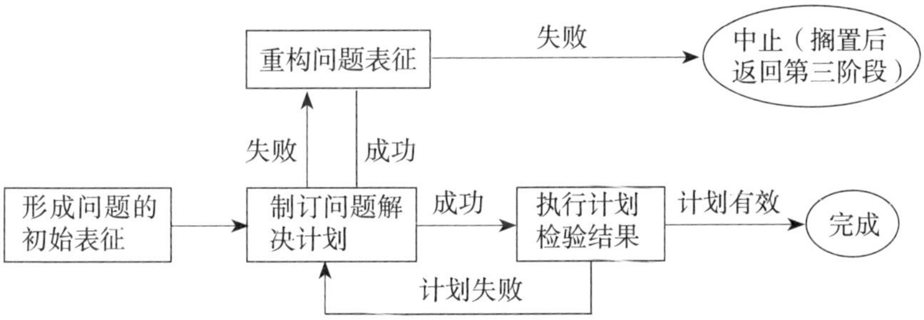

图1-2-7　格拉斯四阶段模式示意图

1. 形成问题初始表征阶段

这一阶段是对问题的理解阶段，任务是把问题空间转换为问题解决者的记忆，即在问题解决者的大脑中对组成问题空间的各种条件、问题解决的认知操作和要达到的目标等进行编码并建立表征。

2. 制订计划阶段

这一阶段的任务是从问题空间中搜索出能够达到问题解决目标的解决方法。

如果找出了过去解决同类问题的方法，就可以利用这种方法成功地解决当前面临的问题；否则，就要继续搜索其他的问题解决方法。

3. 重构问题表征阶段

如果在形成问题初始表征阶段所形成的问题表征对于实施问题解决方案不够充分的话，就必须对问题重新进行表征。尽管重新形成的问题表征与起初形成的问题表征有相似之处，但重新形成的问题表征含有问题解决者对问题的新的理解，这种理解甚至会有质的变化。

4. 执行计划和检验结果阶段

这一阶段的任务是问题解决者将问题解决方案付诸实施，然后把问题答案与问题表征进行匹配：如果通过操作使问题的初始状态转变成目标状态或理想状态，说明问题被成功解决了，此时问题解决者可将解题程序储存于自己的记忆中，以便今后解决同类问题；如果通过操作没有使问题的初始状态达到目标状态或理想状态，问题解决者就要修订甚至摒弃原方案，寻求新的解决问题的途径。

（八）乔纳森“建构主义”模式

美国教学设计专家乔纳森致力于学生学习中的认知建模和认知任务分析、问题解决、建构主义学习环境设计、学习中认知工具的开发等研究，其研究工作大都以“有意义学习”和“问题解决”为核心而展开。在《学会用技术解决问题——一个建构主义的视角》一书中，他极力倡导有意义的学习，强调学生要学会解决问题。

乔纳森认为，用传统的问题解决理论——用一个模型解决所有的问题，很难支持各种类型问题解决。他根据问题的结构性维度，将问题区分为逻辑问题、算法问题、故事问题、规则应用问题、决策问题、故障排除问题、诊断解决问题、技巧/策略问题、案例/系统分析问题、设计问题、两难问题11种问题类型。他指出：“如果教学技术专家能阐释清楚每种问题的性质、问题表征，以及在解决各种问题过程中所需要的各种认知和情感过程，那么我们也就可以明确哪些个体差异因素可能与这些过程相互关联，也就可以为支持各种问题类型解决的学习构建教学设计方法。”因而，在对问题分类的基础上，乔纳森着力对每种问题的特点和认知活动进行分析和创建心智活动模型。

如图1-2-8所示，乔纳森提出问题的解决包括以下步骤：厘清问题及其情境限制；澄清、明确各种可能的角度、立场和利害关系；提出可能的问题解决方法；评价各种问题解决方法的有效性；对问题表征和解法的反思监控；实施、监察问题解决方案；调整问题解决方案。

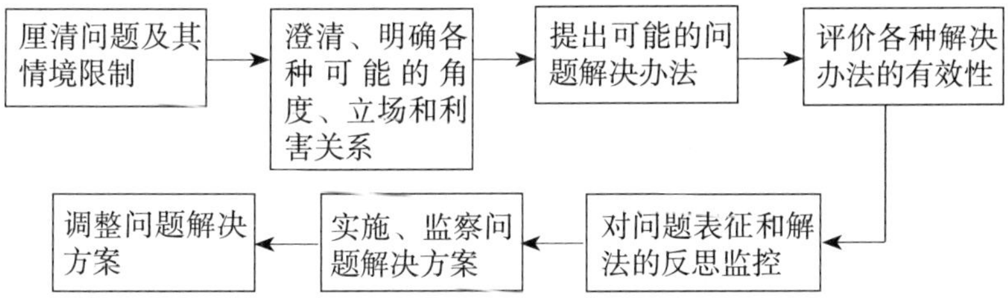

图1-2-8　乔纳森“建构主义”模式示意图

（九）信息加工模式

从20世纪50年代开始，随着信息论研究的进展及电子计算机的问世，信息加工论学者尝试以电子计算机的信息加工模拟人的思维活动进行人工智能研究，心理学家也开始利用高速电子计算机的信息加工来探讨问题解决过程。

信息加工模式将问题解决过程看作信息加工系统使最初状态的信息转换成最终状态信息的加工过程。在这一过程中，将一种问题状态转变成另一种问题状态的操作称之为算子，一系列问题状态和转变问题状态的算子组成了问题空间。在问题空间里处理算子的方式有算法式和启发式两种。算法式是将达到目标状态的各种可能方案都算出来，从而能够保证问题的成功解决。这种方法费时费力，在实践过程中有时甚至不可能实现。启发式根据问题解决的目标指引，不断地将问题的初始状态转换成与目标状态或理想状态相近的过渡状态，从而只运用那些对成功趋向目标状态有价值的算子。这种方法简单、省时但却不一定保证问题能成功解决。

信息加工问题解决模式强调理解问题和执行认知操作两个环节，如图1-2-9所示。

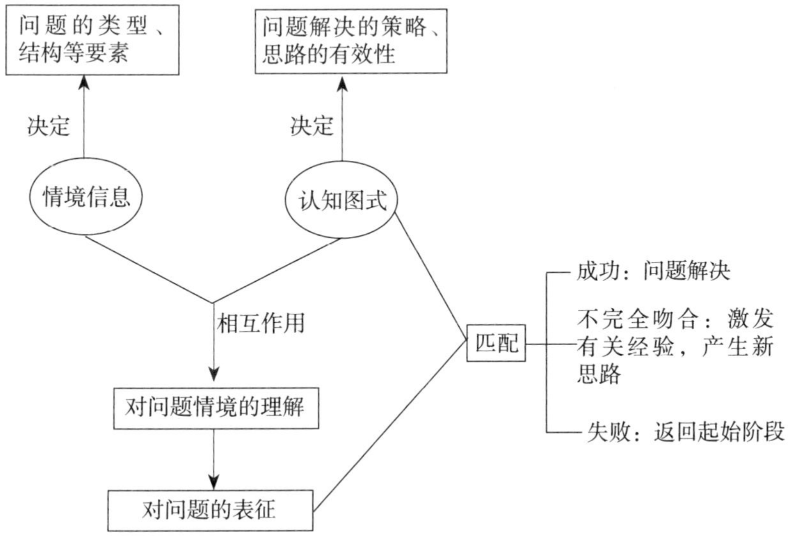

图1-2-9　信息加工模式示意图

1. 理解问题的环节

情境信息既决定着问题的类型、问题的结构等，又潜在地规定着问题表征及信息加工过程。问题解决者是通过情境信息和自己头脑中的认知图式（面对某一特定情境而产生的认知结构）的交互作用来理解问题情境中的各种信息的。认知图式决定着问题解决者在解决问题的过程中采用的途径与策略，包括如何收集、选择、比较、整合有关信息，如何删除无关的、冗余的信息，如何评价某种问题表征的正确与否，等等。

2. 执行认知操作环节

问题解决者对问题进行了适当表征后，便以该表征为线索，通过联想激活认识图式，并将其与问题表征信息进行比较、匹配。若比较、匹配成功，问题解决者便会形成与认知图式中的问题解决方法相一致或平行的问题解决途径与策略；若比较、匹配不甚吻合，问题解决者则会通过联想激活有关知识经验，形成新的途径与策略；若比较、匹配失败，问题解决者就会返回起始阶段，重复对问题进行理解和表征。所以，问题解决者建立的问题表征与自己头脑中的认知图式的匹配程度，决定了他在问题解决中采用的途径与策略；也就是说，问题解决者的知识结构化、程序化、自动化程度高低是影响其问题解决能否成功的关键因素。

六 教学领域化学问题解决过程例析

教学领域的化学问题尽管具有化学教学的属性，但其解决仍符合问题解决的一般程序，是问题解决一般程序的具体化。在习题训练教学中，教师可以有意识地引导学生按照问题解决的一般程序来分析、解决问题，以强化学生对解决问题程序的理解，为他们提高分析问题和解决问题的能力奠定良好的基础。学生经常性地、自觉地进行这种训练，问题解决能力便会自然而然地逐步提高。以下按照问题解决过程模式分析有关例题，说明教学领域化学问题的解决过程。

例题

碘是人体必需的微量元素，也可用于工业、医药等领域。大量的碘富集于海藻灰（主要成分是NaI）中，因此从海藻灰中提取碘，可有效利用海洋资源。

（1）某兴趣小组以海藻灰为原料进行I_2的制备实验。具体步骤如下：将海藻灰加热浸泡后，得到了NaI溶液，将适量Na_2SO_3固体溶于NaI溶液，再将$CuSO_4$饱和溶液滴入上述溶液中，生成白色CuI沉淀，该反应的离子方程式为________。

（2）待I^-沉淀完全后，过滤，将沉淀物置于小烧杯中，在搅拌下逐滴加入适量浓HNO_3，观察到________（颜色）气体放出，________（颜色）晶体析出。出于安全和环保考虑，该实验操作需在________（条件）下进行。该反应的化学方程式为________。

（3）用倾析法弃去上清液，固体物质用少量水洗涤后得到粗I_2，进一步精制时，从图1-2-10中选择必需的仪器搭建装置，并按次序排列：________（夹持装置略）。

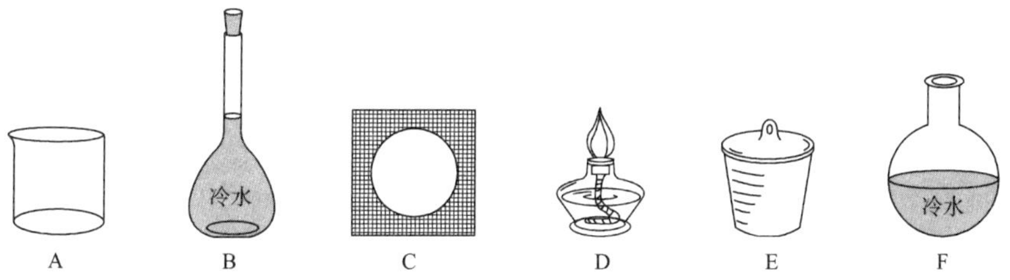

图1-2-10　供选择的仪器

（4）将精制得到的I_2配成浓度为c mol·L^{-1}的标准溶液，用来测定某样品中维生素C（相对分子质量为M）的含量。具体操作如下：准确称量ag样品，溶于新煮沸过并冷却至室温的蒸馏水中，煮沸蒸馏水的目的是________。用250 mL容量瓶定容，使用________（仪器）量取25.00 mL样品溶液于锥形瓶中，再加入10 mL 1∶1醋酸溶液和适量的________指示剂，立即用I_2标准溶液滴定，溶液显稳定的（颜色）即为滴定终点，消耗I_2标准溶液V mL，则样品中维生素C的质量分数是（写出表达式）。已知滴定反应的化学方程式为：

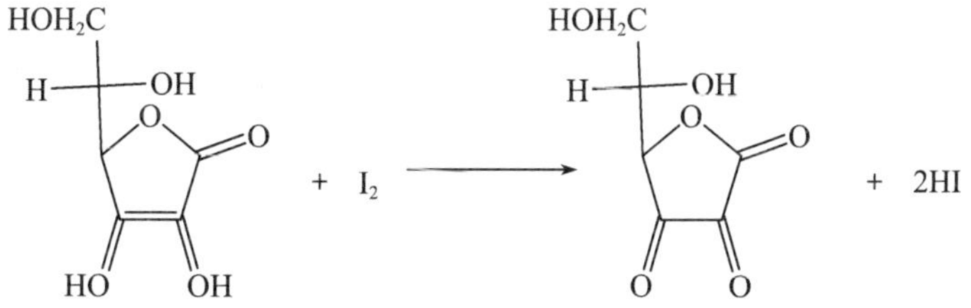

【解答程序】

1. 辨认所面临的问题

这是一道围绕I^-和I_2的性质、基于氧化还原反应和离子反应原理的实验操作题，所涉及的反应和实验操作皆有重要的实用价值。

（1）目的：

由海藻灰（主要成分为NaI）制碘，并用所制得的碘来测定维生素C的含量。

（2）涉及的反应原理：

① 制碘过程为NaI⟶CuI⟶I_2。为实现NaI⟶CuI，用Na_2SO_3还原Cu^{2+}使其变为Cu^+，然后与I^-结合生成CuI沉淀。为实现CuI⟶I_2，使用浓HNO_3将其氧化。

② 维生素C的含量测定涉及维生素C（还原剂）与I_2（氧化剂）的氧化还原反应。

（3）涉及的实验操作：

① 溶解：将海藻灰制成溶液。

② 沉淀：用Na_2SO_3还原$CuSO_4$得到的Cu^+沉淀I^-，生成CuI。

③ 过滤：得到CuI固体。

④ 溶解：用浓HNO_3氧化CuI制得I_2。

⑤ 精制：精制粗I_2。

⑥ 滴定：用I_2标准溶液通过滴定测定维生素C的含量。

本题考查的主要是对I^-和I_2等物质的性质、氧化还原反应、离子反应以及化学实验基本操作和滴定实验等的掌握情况，以及知识运用能力和信息加工能力。

2. 定义并表征问题

第（1）问：NaI与Na_2SO_3混合溶液与$CuSO_4$饱和溶液反应生成白色CuI沉淀，写出所发生反应的离子方程式。

第（2）问：CuI与浓HNO_3反应得到I_2，要求列出有关的反应现象、写出反应的化学方程式。

第（3）问：粗I_2精制，要求明确所用仪器。

第（4）问：用I_2标准溶液通过滴定测定维生素C的含量，包括维生素C样品称量、溶解（要用煮沸并冷却的蒸馏水的原因）、定容、转移（所用仪器有哪些）、指示剂（使用何种指示剂）选取、滴定（终点如何判断）、计算（维生素C的质量分数如何计算）。其中，I_2标准溶液、维生素C的相对分子质量、滴定反应的化学方程式已给出。

3. 搜索可能的问题解决策略

解答此题要明确I^-和I_2的性质。题目是以I^-和I_2的性质为核心组成的，解题也就要以I^-和I_2的性质为依据来处理题目所设置的各个问题情境。I^-既能与Cu^+等金属离子生成沉淀发生离子反应，又具有还原性而与浓HNO_3发生氧化还原反应。I_2既具有易升华的特性，又具有氧化性而与维生素C发生氧化还原反应。这些是本题的物质性质基础和反应原理。有关的实验操作也是根据物质的性质和所发生的反应来确定的，它们构成了本题的实验原理。根据I^-和I_2等有关物质的性质，结合有关的实验操作，便可形成本题的具体解答思路。对于此题的解答，既可以采取逆推思维策略，如对于NaI $\longrightarrow$ CuI，可从生成的是CuI来判断是Na_2SO_3（作为还原剂）先与$CuSO_4$饱和溶液（作为氧化剂）反应生成Cu^+，生成的Cu^+再与I^-反应生成CuI；也可以采取顺推思维策略，如对于CuI$\longrightarrow$$I_2$，可以直接由CuI具有还原性、浓硝酸具有氧化性来判断它们发生氧化还原反应生成I_2。

4. 按所选择的策略进行认知操作

第（1）问：Na_2SO_3（作为还原剂）可与$CuSO_4$饱和溶液（作为氧化剂）反应生成Cu^+，目的是用生成的Cu^+沉淀I^-。

Cu^+可与I^-发生离子反应生成CuI。

总反应为：$2Cu^{2+}+SO_3^{2-}+2I^-+H_2O = 2CuI\downarrow+SO_4^{2-}+2H^+$

第（2）问：CuI中的Cu显+1价、I显−1价，CuI具有还原性；而浓硝酸具有氧化性。CuI中的Cu^+和I^-均能被浓硝酸氧化，氧化产物分别为Cu^{2+}和I_2，还原产物为NO_2，其反应的化学方程式为：

$2CuI+8HNO_3$（浓）$= 2Cu(NO_3)_2+4NO_2+4H_2O+I_2$

NO_2为红棕色有毒气体，实验需要在通风条件下进行；I_2为紫黑色。

第（3）问：因为碘单质受热易升华，故采用蒸馏法提纯碘单质。用到的仪器有A烧杯、C石棉网（防止温度过高，升华速度大于冷凝速度）、D酒精灯、F装冷水的圆底烧瓶（用于冷凝）。其装置为把粗碘放入烧杯内，将装有冷水的烧瓶放在烧杯上，垫上石棉网，用酒精灯加热，连接顺序为DCAF。

第（4）问：维生素C具有还原性，故要使用煮沸后冷却的蒸馏水，目的是防止水中溶解的氧干扰实验。准确量取溶液的体积要使用滴定管。指示碘单质生成，通常使用淀粉做指示剂，淀粉遇碘显蓝色。这里用碘标准溶液滴定维生素C，所以当最后一滴标准液滴入锥形瓶后，溶液由无色变为蓝色且30 秒内不褪色即为终点。根据题意，消耗的碘的物质的量为$n=cV=cV\times10^{-3}$ mol。由反应的化学方程式可知25 mL溶液中维生素C的物质的量为$cV\times10^{-3}$ mol，则ag样品中维生素C的物质的量为$10\times cV\times10^{-3}$mol= $cV\times10^{-2}$ mol，质量为$m=nM=cMV\times10^{-2}$g，质量分数为$\frac{cMV\times10^{-2}\text{g}}{a\text{ g}}\times100\%=\frac{cMV}{a}\%$。

答案：（1）$2Cu^{2+}+SO_3^{2-}+2I^-+H_2O = 2CuI\downarrow+SO_4^{2-}+2H^+$

（2）红棕色　紫黑色　通风条件下

$2CuI+8HNO_3$（浓）$=\!=\!=$ $2Cu(NO_3)_2+4NO_2+I_2+4H_2O$

（3）DCAF

（4）除去蒸馏水中溶解的氧，防止其干扰实验　滴定管　淀粉　蓝色

$\frac{cMV}{a}\%$

5. 回顾反思并评价问题解决活动的结果

对解题过程进行回顾反思。在获得成功体验的基础上，对知识缺陷查漏补缺，对思维不足进行原因分析，总结有关规律，理顺思路方法，进一步提高分析问题和解决问题的能力。

第三节　问题意识

习近平总书记指出："每个时代总有属于它自己的问题，只要科学地认识、准确地把握、正确地解决这些问题，就能够把我们的社会不断推向前进。"问题解决离不开问题意识。问题意识是发现问题、提出问题、分析问题、解决问题的重要前提，是一个人创造精神形成和创新能力提升的催化剂。人类社会文明的进步，需要问题意识来推动。

一　意识及其属性

（一）什么是意识

无论在生活中还是在工作、学习中，人们经常使用"意识"一词，但人们没想到的是，人类的意识竟被誉为大自然最神奇的奥秘之一，自古以来就是人类渴望破解的谜题。例如，英国心理学家威尔曼斯在《理解意识》一书中就提出了著名的5大意识问题：① 意识是什么？它位于何处？② 如何理解意识与物质之间，尤其是意识与脑之间的因果关系？③ 意识有什么功能？④ 与意识相关联的物质形式是什么？⑤ 检测意识、发现其本性的最恰当方式是什么？

几个世纪以来，无论是哲学家、心理学家，还是人工智能领域的专家，都对意识问题进行了深入的探索与研究。不过，即使在科学技术发达的今天，学者们对"意识到底是什么、如何定义它"这样的问题给出的答案仍然多种多样，例如：

英国哲学家洛克认为，意识为一个人对进入自己心灵的东西的知觉。

美国哲学家内格尔认为，正是由于意识，心身关系才使人倍感棘手……如果没有意识，心身关系问题将变得索然无味；而一旦有了意识，它又成为一个使人感到希望渺茫的问题。

美国逻辑学家和语言哲学家蒯因认为，我们知道意识是怎么回事，但不知道如何科学地描述它。能够肯定的是，意识是身体的一种状态，是神经的一种状态。

诺贝尔生理学奖或医学奖获得者、美国神经科学家埃德尔曼指出，“意识”谜题之所以长期没有被破解，根本原因在于没有厘清意识概念本身的含义。

“意识”一词有多种不同的用法。例如，它可以泛指心理现象，因而思维、情感、意志活动都可以叫作意识；它可以指人的一种清醒状态，如一个被打伤的人苏醒过来可以说他“有意识”了；它可以用作及物动词，表示的意义如同“知道”“觉知”等……因此，把意识比作“谜团”不无道理。鉴于此，埃德尔曼这样来描述意识：“意识通常漂浮在我们对自然的实在论描述之上。它们是‘习得之性’。”埃德尔曼等学者还建立了物理假说、进化假说、主观特性假说的研究意识的方法论平台，对意识这一问题的本质进行深入研究。英国心理学家威尔曼斯等学者则认为，我们在任一时刻察觉的事情构成了我们意识的一部分，同时这样的意识经验也转变成我们生活中最熟悉和最神秘的特性。

（二）对意识属性的认识

1. 意识的脑科学属性

20世纪80年代之前，对于“意识”的研究曾被自然科学排除在外，学者们认为意识不是自然科学研究的对象。随着脑科学特别是脑成像技术的发展以及临床医学证据的积累，意识这一问题才越来越多地引起自然科学家们的关注。

早在公元前的古希腊，名医希波克拉底就认为大脑既充当了意识的翻译来指挥肢体的行动，又是身体到意识的信使。

法国医师兼哲学家梅特里认为，大脑像肝脏分泌胆汁那样分泌思想。

英国科学家、作家格林菲尔德认为，人脑是个难以捉摸的器官。由我们未知的原因它产生了情绪、语言、记忆和意识。它给予我们推理、创造和直觉力。它是唯一能自我观察的器官，而且沉思它的内在工作。

英国神经科学家丹尼尔·博尔在《贪婪的大脑：为何人类会无止境地寻求意义》一书中指出，意识是大脑的产物，随着知识积累，意识也在发展。

从生物学意义上来讲，人的大脑、小脑、丘脑、下丘脑、基底核等，将视觉、听觉、触觉、嗅觉、味觉等各种感觉信息，经脑神经元逐级传递分析为样本，由丘脑合成为丘觉，并发放至大脑联络区，令大脑产生觉知，即人的意识。

意识是大脑的产物，具有物质性的特点已是毋庸置疑的事实，最简单的证据就是人的意识会因大脑结构、功能的变化（如脑损伤、药物刺激等）而改变。人的意识与发生在大脑中的生物化学过程密切相关。有的科学家说，意识是以大脑皮层树突网络为物质基础的神经冲动过程。

人脑拥有140多亿个脑细胞，每个脑神经细胞又具有许多神经树突，脑神经细胞之间通过神经突触相互连接，形成了一个庞大而繁杂的神经网络。人脑的这种结构决定了意识形成和产生作用的复杂性。

意识作为人脑对刺激的反应，一方面通过人体器官外显出来并作用于外界，另一方面也通过改变人脑中的生物化学过程而存储在人脑中。从这个角度来看，意识实际上是人的大脑中致力于创新的部分形成的，形成意识的主要目的是发现事物的深层结构。

2. 意识的心理学属性

意识原意为“精神活动”，指的是人对客观世界的认识活动，包括对外在事物或情境的认识，对自己内在活动的认识，以及对自己的认识活动的认识等。

从心理学的角度看，意识是人所特有的，具有包括感觉、知觉、思维在内的复合结构的，对客观现实的最高级的认识活动，思维在其中起着决定性的作用。思维主体对通过感觉、知觉所获取的信息加工处理后形成了意识，并以信息的形式对意识进行储存、表达和传递。

辩证唯物论认为，意识的起源和发展过程为：① 无生命物质的反应特性到低等动物的刺激感应性；② 低等动物的刺激感应性到动物的感觉和心理；③ 动物的感觉和心理到人类意识。思维诞生了，意识也就诞生了，人的意识发展水平取决于人的思维发展水平。

意识有广义和狭义两方面的意义。从广义的角度看，意识是个体直接经验的主观反应，表现为“知”“情”“意”三者的统一。其中，“知”指的是对客观世界的知识性与理性的追求，与求知的内涵一致；“情”指的是对客观事物的感受和评价，属于情感范畴；“意”指的是为实现某种目标或理想而保持的自信、毅力等，表现为意志品质。从狭义的角度看，意识则是指人对外界和自身的觉察与关注。

意识具有主观性，其主观性主要表现在以下三方面。其一，它要求人自身具有一定的经验；其二，它需要人对客观世界进行感知；其三，它依赖于人的相应的生理与行为机制。

3. 意识的哲学属性

马克思主义哲学认为，物质与意识是一对矛盾。物质决定意识，意识对物质具有能动作用；在一定的条件下，物质与意识可以相互转化，它们符合矛盾双方的对立统一规律。

（1）意识是对客观存在的反映。

物质决定意识。物质是一种不以人的意志而转移的客观实在，意识是对这种客观存在的反映。意识在形式上是主观的，但在内容上则是客观的。

意识不是人脑自生的产物，它源自客观存在，离开了客观存在它就不会产生。因此，人只有通过在一定的社会实践活动中接受客观存在对人脑作用，才会形成对客观存在的反映，从而产生意识。

对于客观存在的同一事物或现象，不同的认识主体因立场观点、知识经验、思维方式、意志品质等主观因素不同，会形成不同的意识。意识有正确意识与错误意识之分。正确的意识是认识主体对客观存在本来面目的如实反映，而错误的意识则是认识主体对客观存在本来面目的歪曲反映。因此，正确的意识和错误的意识是有本质区别的。

（2）意识对物质具有能动作用。

列宁说："人的意识不仅反映客观世界，并且创造客观世界。"

在一定意识的指导下，人能够通过社会实践促进事物的发展变化并创造出新事物；但是，只有正确的意识才具有这种作用，错误的意识不但不能创造新事物，反而会阻碍事物的发展变化。

意识对物质的能动作用具有以下四种特征。一是意识具有目的性和计划性。人对于客观存在的反映不同于动物无目的的本能活动，这种反映总是抱有一定的目的并具有一定的计划性。二是意识具有主动性和选择性。人对客观世界的反映是主动的，这种反映又是有选择性的。三是意识具有深刻性和创造性。人的意识不仅能使人认识事物的外部现象，而且能使人认识事物发展变化的本质和有关规律；不仅能使人认识事物的当前状态，而且能使人认识事物的过去与发展变化趋势，指导人进行创造发明。四是意识能够调控人体的生理活动。

二 问题意识及其功能

（一）什么是问题意识

一个人，如何看待问题、分析问题和解决问题，取决于他的问题意识。

对于问题意识，当前尚无统一的界定，可谓仁者见仁、智者见智。在我国教育界有以下几种具有代表性的观点。

安徽师范大学姚本先在《教育研究》（1995年第10期）上发表的《论学生问

题意识的培养》一文中提出："思维的问题性表现为人们在认识活动中，经常意识到一些难以解决的、疑惑的实际问题或理论问题，并产生一种怀疑、困惑、焦虑、探究的心理状态，这种心理又驱使个体积极思维，不断提出问题和解决问题。对于思维的这种问题性心理品质，称为问题意识。"思维的问题性心理品质指的是任何思维总是从发现问题开始并以解决问题而告终的，也就是说，思维过程就是一个发现问题、提出问题、分析问题和解决问题的过程。

中央教育科学研究所俞国良、北京师范大学发展心理研究所侯瑞鹤在《复旦教育论坛》（2003年第1卷第4期）上发表的《问题意识、人格特征与教育创新中的创造力培养》一文中提出，从心理学的角度看，问题意识至少包含三层含义：① 问题性思维品质，既包括思维的批判性、深刻性，也包括个体思维的独立性和创造性；② 认知不平衡状态，指的是认识主体在认知活动中遇到难以用已有的认知结构解决问题时所产生的一种困惑状态；③ 元认知对认知活动的监控、调整、评估，表现为认识主体对于认知活动的反思并进一步提出问题。这一观点不仅体现出问题意识的思维问题性品质，并进一步反映了问题意识产生的心理机制。

扬州大学化学化工学院房寿高、吴星在《上海教育科研》（2006年第1期）上发表的《到底什么是问题意识》一文中指出："问题意识是指主体在进行认识活动时，通过主体对认识对象的深刻洞察、怀疑、批判等多种方式，产生了认知冲突，经过深入思考后仍困惑不解时，出现了一种具有强烈的探索情境的真实问题或想做出发现式创新的心理状态，这种状态又驱使学生不断地积极思维，直至问题解决。"其中，发现式创新是指"在新奇的现象中探求出未来趋势，重复的现象中探求出客观规律，密集的现象中探求出事物本质"。

通俗地讲，问题意识就是做好了随时发现问题、提出问题并探索和解决问题的准备，而且能够敏锐地发现问题、提出问题和解决问题的心理品质。一个人的问题意识体现着他对所面临的问题的兴趣探究问题本质、得到问题答案的欲望，以及对知识增长和能力提高的需求。

总而言之，问题意识体现着思维的深刻性、灵活性、独创性、批判性、敏捷性和系统性特征。一个人只有具备了较强的问题意识，才能够科学有效地发现问题、提出问题、分析问题进而解决问题，并在问题解决的过程中获得系统性的知识和养成良好的思维习惯。

（二）问题意识的功能

问题意识是人们对于客观存在的矛盾的敏锐觉察和深刻认识，是问题解决的一种思想自觉，它具有促进社会进步和个人成长的重要功能。

1. 问题意识的一般功能

（1）问题意识是促进人类社会进步的关键因素。

马克思说：“世界史本身，除了通过提出新的问题来解答和处理老问题之外，没有别的办法。”“问题就是公开的、无畏的、左右一切个人的时代声音。”

问题是促进社会发展的动力，抓住了问题就抓住了人类社会发展的“牛鼻子”。纵观人类社会发展的历史不难发现，人类社会就是在不断地发现问题、解决问题、总结经验教训的过程中发展进步的。发现问题、研究问题、解决问题从来就是推动一个国家、一个民族向前发展的不竭动力，而问题的发现、提出、研究和解决又是与问题意识密切相关的，因此可以说，问题意识是促进人类社会进步的关键因素。

（2）问题意识是一种思想方法。

在实际工作中，一个人有了强烈的问题意识，才能主动地运用科学的思想方法，及时发现问题，准确提出问题，认真分析问题，正确研判问题，认清问题的根源，把握问题的关键，从而使问题得以解决。

问题意识往往能反映一个人的精神状态。问题意识强的人，展现出的总是积极向上、勇于进取的心理状态。

（3）问题意识是获取新知的“向导”。

一方面，思维自问题始。人的学习总是从怀疑中发现问题而开始的。理性的怀疑精神是学习知识、扩大知识视野的先导。有了问题意识，人才会有怀疑精神；有了怀疑精神，人才会拥有学习知识、解决问题的内在动力。

另一方面，知识的获取离不开认知结构。强烈的问题意识会激活人的认知结构，并在问题解决的过程中优化认知结构，从而使人更加方便地获取新的知识。

（4）问题意识是创新的“象征”。

创新离不开问题意识。当年马克思怀有强烈的问题意识，以“怀疑一切”的批判性精神，对资本主义制度进行了深入研究和批判思考，最终创立了引导无产阶级走向胜利的马克思主义理论。

问题的解决是一个持续不断的过程，随着认识的深入和实践的发展，不仅会有新问题出现，已经解决了的旧问题也有可能以新的面貌再次显现出来。面对新问题和以新面貌出现的旧问题，方法创新往往成为问题解决的关键；即便是对于过去已经得到很好解决的旧问题，通过方法创新，也能找到更为科学有效的解决途径。而要实现方法创新，必须以强烈的问题意识来驱动问题解决，使人产生强烈的通过选择方法来解决问题的欲望，进而实现方法创新。问题意识越强，创新的欲望也就越强。从这个角度来看，问题意识是创新的一种象征。

2. 问题意识的教育功能

孔子曾说“疑是思之始，学之端”，即学起于思、思起于疑。清朝散文家刘开在《问说》一文中说：“君子之学必好问。问与学，相辅而行者也。非学无以致疑，非问无以广识；好学而不勤问，非真能好学者也。理明矣，而或不达于事；识其大矣，而或不知其细，舍问，其奚决焉？”问题意识是学生进行学习特别是发现学习、探究学习、研究性学习、项目式学习的内在动力。在促进学生学习方面，问题意识的功能主要表现在以下三个方面。

（1）有利于丰富知识信息量，形成科学的思维方法。

我国《尚书·商书·仲虺之诰》曰“好问则裕”，《荀子·修身》则曰“多闻曰博，少闻曰浅”。

知识信息和思维方法是人的认知结构形成的基础，是人的思维活动的支撑。对于学生来说，他们只有具备了较强的问题意识，才能科学地发现问题、分析问题、解决问题。在这一过程中，学生会接触到更多的知识，使知识容量不断扩大；汲取新的知识，使知识质量逐步提升；根据需要调整解决问题的思路，使思维方法更为科学。这一切，都能促进学生认知结构的重组和更新，从而使他们的问题解决能力得到进一步的提高。

（2）有利于必备品格的培养和发展。

爱因斯坦说过，“优秀的性格和钢铁般的意志比智慧和博学更为重要，智力上的成就在很大程度上依赖于性格的伟大”。为了使学生能够适应社会发展和终身发展的要求，新课程的实施要求培养学生正确的价值观、必备品格和关键能力，其中的必备品格包括责任感、事业心、顽强的意志、坚韧的性格、良好的处世心态及协作精神等。

问题意识是人对所面临的问题的一种能动性、探索性和前瞻性的反应。问题意识的形成是一个主动的、积极的、自觉的过程，离不开主观能动性的充分发挥，离不开强烈的求知愿望，离不开对问题的高度关注，离不开不惧困难的坚强意志，离不开坚韧不拔的毅力，离不开善于与他人合作的精神。因此对于学生来说，问题意识的形成和增强，会促进学生必备品格的培养和发展。

（3）有利于培养创新精神和创新能力。

“我并没有什么特殊的才能，我只不过是喜欢寻根问底地追究问题罢了。”这是世界著名的科学家爱因斯坦对他的卓越创造才能的评价。一个人只有能问、会问，才有创新的可能。强烈的问题意识可以促使人主动地发现问题、耐心地分析问题、积极地解决问题；持续不断的探索和解决问题思路的不断变化，会使人的思维尤其是创造性思维活跃起来，人的创新精神和创新能力也就会随着提高。

问题是思维的起点，也是创新的起点；没有问题意识，就不能很好地发现问题、提出问题，更谈不上创新。

苏格拉底形象地把问题比作接生婆，说它能帮助新思想的诞生。

爱因斯坦说：“提出一个问题往往比解决一个问题更重要，因为解决一个问题也许仅是一个数学上或实验上的技能而已，而提出新的问题，新的可能性，从新的角度去看待旧的问题，都需要有创造性的想象力，而且标志着科学的真正进步。”

英国哲学家波普尔提出了著名的“P1—TT—EE—P2”问题解决公式来说明科学家的思维和科学史的发展逻辑。其中，P1和P2表示不同的问题，TT表示解答问题P1的尝试性理论，EE表示解决问题过程中尚待消除的错误。这一经典公式说明了科学家们的思考无一例外的都是从问题开始的，第一个问题提出后，进行尝试性的解答，这种解答也许是错误的，随着对这种错误解答的清理，新的问题应运而生，带动了新的探索过程。

陶行知先生曾说，“发明千千万，起点在‘问’”。

没有对苹果落地的疑问，就不会有牛顿对万有引力的发现；没有对蒸汽顶开壶盖的疑问，就不会有瓦特对蒸汽机的发明。

纵观科学发展的历史可以发现，科学发展的历程中始终闪烁着科学家们强烈的问题意识的光芒，他们不断地提出问题和解决问题促进了科学的发展与进步。

为了更好地提高学生的科学素养，《普通高中化学课程标准（2017年版2020年修订）》（以下简称化学课程标准）提出，要使学生“具有较强的问题意识，能够发现和提出有探究价值的问题，敢于质疑，勤于思索，逐步形成独立思考的能力，善于与人合作，具有团队精神”。问题意识有助于激活学生的创造力和想象力，培养学生的创新精神，因此培养学生的问题意识是培养未来创造型人才的突破口。

三 问题意识的形成策略

（一）领悟问题意识

早在1842年，马克思就在《集权问题》一文中深刻阐述了抓住时代提出的迫切问题的极端重要性。他说："问题是时代的格言，是表现时代自己内心状态的最实际的呼声。"

一个人有了较强的问题意识，才能积极主动地去改造主客观世界；一个团队凝聚起问题意识，才能健康地成长壮大。海尔集团张瑞敏先生把他的"问题意识"变为了全体员工的"问题意识"，要求每个员工每天对自己做的每件事都进行控制和管理，做到"日事日毕，日清日高"，而不能拖延和储藏当天的矛盾和问题，海尔集团因此而获得成功。

人类历史上，无论是成就卓著的自然科学家还是硕果累累的社会科学家，无论是杰出的政治家还是成功的创业者，无一不是善于思考、观察、发现和提出问题的人。马克思具有强烈的问题意识，从对人们司空见惯的货币和商品生产现象的分析研究中发现了"资本的剩余价值"，进而提出了"科学社会主义"的构想，成为发现问题、提出问题、解决问题的光辉典范。

（二）关注社会实践

在意识的起源问题上，马克思早就指出："意识一开始就是社会的产物，而且只要人们还存在着，它就仍然是这种产物。"

社会实践尤其是生产劳动在意识的产生和发展中起到了决定性作用。在劳动和语言的推动下，猿脑变成了人脑；随着劳动和语言的发展，人脑的容量不断增大、结构日渐复杂、功能日趋完善，从而为意识的产生和发展提供了丰富的物质基础。从社会历史发展的角度看，"历史无非就是问题的消亡和解决，现实也无非是问题的存在和发展"。

无论是在自然界里还是在人类社会中，矛盾无处不在、无时不有，问题也无处不在、无处不有。人们要发现问题、解决问题，必须具有问题意识。问题意识并非来自书本上的概念或理念，更多的是来自真实的生活世界。歌德在《浮士德》里说，生活之树是常青的；法国柏格森则把实在世界理解为"生命之流"。生活世界瞬息万变，新事物、新问题层出不穷。一个人，只有依赖于生活世界，问题才会从大脑中涌现出来；一个人，只有自觉地关注生活世界，才会拥有问题意识。

（三）丰富知识信息

知识信息是认知结构的组成要素，是问题解决过程中全部思维活动的重要支撑。一个人的知识信息量积累到一定的程度，就有了构建良好认知结构的可能。

原始知识信息的积累为问题意识的形成奠定了信息基础。人在第一次接受某种外部刺激信号时，这种信号就会通过人的感觉器官以信息的形式进入人的大脑的认知结构，形成对应于这一刺激信号的原始信息，如视觉传递的信号形成的图像信息、听觉传递的信号形成的声音信息、触觉传递的信号形成的温度信息等；原始信息使认知结构中对应于这一种刺激信号的信息由“无”到“有”。当人再一次接受同一种或类似的外部刺激信号时，就要利用认知结构中的原始信息与其进行比较；如果这种比较出现了差异，发生了认知冲突，便产生了问题并进而形成问题意识。

人的良好的认知结构的构建不仅有利于问题意识的形成，而且能够拓展问题意识的形成领域。一个人随着知识信息量的增加，心理活动会越来越活跃，认知和情感会越来越丰富，认知结构也会发生较大的变化。此时，人所面对的问题会越来越复杂，由原来的表面问题居多发展为以涉及事物的内涵和外延等深层次问题为主；问题已经不仅仅局限于客观事物，而拓展到富有感情认知的主观世界。这样一来，人的问题意识的形成领域也就更为广阔了。

（四）淬炼思维品质

人的思维活动是问题意识形成的根本途径。人的大脑中的认知冲突形成了问题，认知冲突的产生和消除即问题的产生和解决都与思维活动有关。人通过分析、综合、推理、判断等思维活动对信息进行差异性对比，发现认知冲突，然后再通过相关的思维活动解决认知冲突；如果出现新的认知冲突，再通过思维活动来解决，直至所有的认知冲突都被消除。这就是说，人通过思维来发现问题、分析问题和解决问题的，问题意识伴随着思维活动而形成和发展。

人只要对事物或事物之间的联系存在疑惑，就会产生问题；当人对所产生的问题予以关注并展开有关的思维活动时，问题意识就形成了。人能发现问题，证明大脑里本来就存在意识；大脑里存在意识，人就会通过思维发现问题，从而形成问题意识。问题意识的形成顺序是人先有意识，后发现问题，再形成问题意识。从这个角度来看，问题和问题意识是共生的，大脑里问题产生了，问题意识也就形成了。

一个人要想增强问题意识，他就要熟悉思维科学、形成良好的思维品质。

一般来说，良好的思维品质主要包括以下三点。其一，思维视野的广阔性。其表现为在问题解决过程中，能够高瞻远瞩、胸怀大局，宏观调控、微观洞察，横向拓展、纵向深入，善于辨别真伪，发现有价值的问题。其二，思维品格的独立性。遇到问题能够独立思考，不迷信权威，善于怀疑批判，敢于大胆质疑。其三，思维的求异性。不固守思维定式，能够同中求异，能够从“似是”之中看到“非”的因素而做到标新立异。

（五）洞察科学发现

美国心理学家、中国科学院外籍院士西蒙指出：“科学发现就是解决问题。”解决问题离不开问题意识。问题意识体现的是一种科学精神，是人们探索未知、解决问题的强大动力；没有问题意识，科学技术就不会进步。回顾科学发现的历史可以看出，无论是墨子和他的学生做了世界上第一个小孔成像的实验解释了倒像的原因、牛顿发现万有引力提出了运动定律和万有引力定律、门捷列夫发现元素周期律编制了世界上第一张元素周期表，还是爱因斯坦从相对论的思想出发提出了著名的质能转换公式为核能的开发提供了理论基础、冯·诺依曼提出了计算机的存储程序原理为计算机的连续计算提供了理论基础，都是问题解决的过程。从问题解决的角度看，科学家们取得的重大科研成果是他们强烈的问题意识的象征。因而，在教学过程中引导学生学习科学发现史，洞察科学发现过程，了解科学家们是怎样提出问题、分析问题和解决问题的，对于他们提升问题意识是非常有帮助的。

（六）抓好强化训练

问题意识是在问题解决的过程中形成和发展的。学生为了增强问题意识，就应当强化问题解决训练。

例如，为了增强学生的问题意识，不仅要组织适当的习题练习，而且要引导学生加强习题分析，引导他们认识问题的情境素材是什么、问题是怎样在素材背景下被提出来的、问题的核心意图是什么、问题都联系了哪些方面的知识与技能、问题与自己已经解决过的问题有哪些联系、问题的已知条件有哪些、问题的隐含条件如何挖掘、问题的解决思路怎样建立、问题的解决策略如何选择、问题的假设应如何提出并予以验证、问题的解决应注意些什么问题等。在习题处理过程中，有计划地进行这方面的训练，会大大地加深学生对问题的认识，逐步增强学生的问题意识。学生有了“发现问题、找准问题、分析问题”的自觉，也才会进而掌握更多、更有效的问题解决途径与策略。

（七）注重反思评价

美国著名数学教育家波利亚十分重视在数学解题过程中对问题解法的反思。他为学生制定的“怎样解题表”包含四个环节：弄清问题、拟订计划、实现计划、回顾与反思，最后一个环节是回顾所完成的解答，对它进行检查和讨论。他指出：“如果没有了反思，他们就错过了解题的一次重要而有效益的机会。”不仅解数学题是这样，其他问题的解决也是这样。如果没有了对问题解决的反思，那么，就失去了提升问题意识的“重要而有益的机会”。

反思评价要求问题解决者回顾自己问题解决的全过程，分析利弊得失，总结经验教训，揭示有关规律，把握有效策略，从而增强问题意识、提升问题解决能力。因此，学生在做完习题后都应当进行认真的反思评价。

（八）参与头脑风暴

头脑风暴，作为一种思维创意的方法，最早是由创意思维大师奥斯本于20世纪50年代提出的，目的是在决策过程中让参与决策的人解放思想、畅所欲言。这种方法要求参与者就某一专门问题无拘无束地发表意见，并规定所有参与者不允许对别人提出的意见进行反驳，每个人都要大胆、自由地思考问题，提出解决问题的办法，思路越广越好，办法越多越好。

现代教育倡导的合作学习实际上也就是一种头脑风暴。在小组合作学习的过程中，小组成员通过头脑风暴，各抒己见，共同寻求解决问题的方法。这样，每个小组成员都会受到其他成员解决问题思路的启发，不仅能够加深对所讨论问题的理解、掌握更多的解决问题的策略，而且能够通过对问题解决过程的体验加深对问题解决意义的领悟。因此，经常参与头脑风暴式的讨论活动，对于学生提升问题意识来说是十分有益的。

四 教学中学生化学问题意识的培养

（一）在积极主动的学习中培养问题意识

学习活动是一个在自主探究和合作研讨过程中不断发现问题、提出问题、分析问题和解决问题的智力活动，学生只有处于积极主动的状态，才有可能实现问题的发现、提出、分析和解决。这一过程，既需要学生具有一定的问题意识，又能不断地增强学生的问题意识。

有的学生不敢或不愿意提出问题，是由于他们的问题意识处于潜在状态，没有表现出来也就没有问题形成。对于这种情况，教师要唤醒学生的问题意识，使学生潜在的、静态的问题意识转化为显性的、动态的问题意识，消除学生的心理障碍，引导学生把问题大胆地提出来。

有的学生不能或者不善于提出问题，是由于他们缺乏问题意识，思维惰性大，不善于思考，也就没有问题可提。对于这种情况，教师应消除学生的消极心理，鼓励学生大胆提问，使学生的问题意识从无到有、从少到多、从浅入深，逐渐地发展起来。

有的学生潜意识中认为自己提出问题好像暴露了自己的学习存在问题，会受到老师和同学们的歧视，因而发现了问题也不愿意提出。对于这种情况，教师要呵护学生提出问题的自信心，使学生形成正确的问题观，愿意提出问题也敢于提出问题，不断增强问题意识。

美国当代著名的心理学家布鲁姆说："最精湛的教学艺术，遵循的最高准则就是让学生提问题。"化学教学中，教师应鼓励学生大胆提出问题；无论学生提出的问题质量高低与否、正确与否，教师都要对学生给予热情的鼓励和支持，使他们对于提出问题、解决问题始终保持积极主动的状态。为此，教师应营造民主、和谐的课堂氛围，使学生真正成为学习的主人，善于发现问题，敢于提出问题，勇于解决问题；要有意识地在学生思维过程中设置问题障碍，激发学生的探究欲望，使学生积极主动地参与教学活动，运用各种思维方法去分析、综合、比较、概括，不断形成心理上的问题冲突，增强问题意识。

（二）在强化基础知识与技能的学习中培养问题意识

问题解决需要具备一定量的知识和拥有良好的认知结构，问题的发现和提出同样是以一定量的知识和良好的认知结构为基础的。

苏联著名教育实践家和教育理论家苏霍姆林斯基指出，真理的知识在学生意识中的产生，来源于学生认识到各种事实和现象之间的那些接合点，认识到把各种事实和现象串联起来的那些线索。知识网络是发现问题、提出问题的基础。问题往往出现在知识的接合点上、知识的形成过程中、知识的"延长线"上。有了扎实的知识基础，才能够发现问题、提出问题并解决问题，久而久之才会形成较强的问题意识。基础知识掌握得好的学生往往能提出一些很有探究价值的问题，而知识基础薄弱的学生不知道问题在哪里，因而也就提不出什么问题，这也反映了知识基础对于问题意识的重要作用。

在强化知识基础的教学中，教师不仅要引导学生自主探究，而且要组织好小组合作学习。学生在共同探究的过程中，会自由交流、相互提问，一起发现问题、提出问题、探寻解决问题的途径，这对于学生问题意识的培养无疑是大有裨益的。

（三）在真实的问题情境中培养问题意识

化学源于生活，源于生产，源于自然界，源于社会。学生亲身体验到化学世界的奇妙变化，认识到化学学科的实用性和创造性，就会被活生生的化学事实激起学习热情、激活学科思维，就会发现化学就在身边，身边的化学中有许多奇妙的问题值得探讨，从而形成强烈的问题意识。教师在教学中创设基于实践的真实问题情境，使学生把要解决的化学问题与生活、生产实践，与自然现象联系起来，必将使学生产生一种身临其境的感受，引发不断探索知识、解决问题的心理需求，这对于学生增强问题意识是十分有帮助的。

另外，教师还要根据学生心理活动的实际创设问题情境，提示学生关注心理活动过程中可能产生的疑问，使他们通过对符合自己心理活动实际的问题情境的解读认识到，不论是化学概念的学习还是化学实验的学习都是是由一系列的问题解决组成的，从而做好应对问题和解决问题的心理准备，增强问题意识。

（四）在不断质疑的氛围中培养问题意识

在学习过程中，学生应树立质疑精神，敢于质疑，在质疑中增强问题意识。为此，教师在课前，应要求学生进行“预习设疑”，寻找教材中的知识点及其之间的因果关系，明确预习后尚待解决的问题，培养带着问题学习的习惯；在课中，应要求学生敢于质疑提问，及时把心中的疑问讲出来请老师解难释疑，并让学生在课堂的“自由提问”时间里或小组合作学习中提出自己关注的问题并对问题的解决发表看法；在课后，应要求学生总结课中的质疑提问，完成“问疑作业”，并寻求新的问题。

现在常见的探究教学模式一般要求学生经历“创设情境，提出问题—分析问题，提出假设—设计实验，验证假设—分析结果，得出结论”的学习过程。发现问题，提出问题是探究学习的起点，也是解决问题的关键，而只有具备问题意识敢于质疑的学生，才能顺利地通过探究获得新的知识。在质疑的过程中，学生的问题意识会不断地增强。

（五）在解决问题的成功体验中培养问题意识

成功感是人的心理发展过程中的一种需要，可以成为人的行为的内在推动力。这正如一位心理学家说的，世界上没有什么东西比成功更能增加满足的感觉，也没有什么东西比成功更能鼓起进一步追求成功的努力。

通过成功地解决问题的积极情绪体验，学生会认识到自己的潜能，增强自己解决问题的自信心，为发现和解决新问题提供有利的主观内在条件和提升对解决问题过程中遇到的困难时的心理承受能力，进一步增强问题意识。因此在教学过程中，教师要创造条件，让每个学生都能拥有获得解决问题的成功机会和成功体验，促进学生问题意识的提升。

（六）在对提问策略的探讨中培养问题意识

陶行知先生在《每事问》一诗中写道："智者问得巧，愚者问得笨。"问题问得巧才能解决得好，方法策略对于提出问题具有重要影响。

引发学生提出问题的方法策略有很多，对这些方法策略掌握得越多，学生提出问题的自信心就越足、问题意识也就越强。因此在教学过程中，教师应引导学生熟悉提出问题的方法策略，把问题提到点子上，为科学地解决问题打好基础，也为学生提升问题意识创造条件。对于化学教学来说，提出问题和解决问题最常用的方法是实验法。这是因为化学是一门以实验为基础的科学，实验探索中有许多发现问题、提出问题、分析问题和解决问题的机会，抓住这些机会进行学习，有利于促进学生分析问题和解决问题能力的提高，不断强化学生的问题意识。

（七）在化学发展史的熏陶中培养问题意识

中科院院士、物理化学家李灿指出，化学为什么有这么大的魅力呢？有两方面：从理论上来讲，它可以直接触及原子、分子层次，就是在科学最前沿的层次来做研究；从实用性来讲，它可以解决人类经济社会发展中方方面面的问题，为物质文明的发展做出直接的贡献。两个方面既有它的科学性又有它的应用性。

化学科学在解决人类社会发展过程中面临的有关问题、提高人类的生活质量、促使人类与自然和谐相处等方面都发挥着极其重要的作用。一部化学发展史实际上就是一部化学问题解决的发展史，化学家们就是在不断地发现问题、提出问题、分析问题和解决问题的过程中有所发现、有所创造的。这其中充满了化学家们问题解决的智慧，也彰显着化学家们强烈的问题意识。学习化学发展史，除了可以使学生了解历史上化学家们的重大发现外，还可以使学生体会到化学家们强烈问题意识所产生的巨大力量，从而促进自己问题意识的提升。

（八）在化学实验和观察中培养问题意识

化学是一门以实验为基础的自然科学，而实验又离不开观察，因此实验和观察就成为学生化学学习中的经常性活动。

无论是实验还是观察，都与思维密切相关。在实验和观察过程中，只有不断地提出问题进行思考，才能真正理解实验的原理，才能明白各种实验操作的道理；才能清楚所观察到的实验现象产生的根本原因，才能捕捉到实验中出现的意外现象而有所发现。对问题的思考和解决是化学实验和观察顺利进行、化学实验和观察的作用充分发挥的重要保证；反过来，化学实验和观察又是培养问题意识、提升问题解决能力的重要平台。因此，应重视通过化学实验和观察来培养学生的问题意识。

第二章

关键能力与问题解决

关键能力是现代社会中对每个人的个人发展和社会发展都至关重要的能力。问题解决是关键能力培养的有效途径，而关键能力的形成又为问题的有效解决提供了保证。

第一节　关键能力

中共中央办公厅、国务院办公厅在《关于深化教育体制机制改革的意见》中明确提出："要注重培养支撑终身发展、适应时代要求的关键能力。在培养学生基础知识和基本技能的过程中，强化学生关键能力培养。"要落实好学生关键能力的培养任务，首先要了解关键能力提出的背景以及关键能力的具体内容。

一、关键能力提出的背景

"中国学生发展核心素养研究"课题组负责人、北京师范大学林崇德教授在《中国学生发展核心素养研究报告》中指出，学生发展核心素养是指学生应具备的、能够适应终身发展和社会发展需要的必备品格和关键能力。这就说明了关键能力是核心素养的重要组成部分，它的提出与核心素养培养要求的提出是紧密关联的。

（一）我国核心素养培养要求的提出

1999年，《中共中央国务院关于深化教育改革，全面推进素质教育的决定》发布。该决定指出："实施素质教育，就是全面贯彻党的教育方针，以提高国民素质为根本宗旨，以培养学生的创新精神和实践能力为重点，造就'有理想、有道德、有文化、有纪律'的、德智体美等全面发展的社会主义事业建设者和接班人。""改变课程过分强调学科体系、脱离时代和社会发展以及学生实际的状况。抓紧建立更新教学内容的机制，加强课程的综合性和实践性，重视实验课教学，培养学生实际操作能力。""全面推进素质教育，要面向现代化、面向世界、面向未来，使受教育者坚持学习科学文化与加强思想修养的统一，坚持学习书本知识与投身社会实践的统一，坚持实现自身价值与服务祖国人民的统一，坚持树立远大理想与进行艰苦奋斗的统一。""智育工作要转变教育观念，改革人才培养模式，积极实行启发式和讨论式教学，激发学生独立思考和创新的意识，切实提高教学质量。要让学生感受、理解知识产生和发展的过程，培养学生的科学精神和创新思维习惯，重视培养学生收集处理信息的能力、获取新知识的能力、分析和解决问题的能力、语言文字表达能力以及团结协作和社会活动的能力。”“中小学要鼓励学生积极参加形式多样的课外实践活动，培养动手能力。”

2010年，《国家中长期教育改革和发展规划纲要（2010-2020年）》颁布。该纲要涉及核心素养培养的主要内容有：“加强马克思主义中国化最新成果教育，引导学生形成正确的世界观、人生观、价值观；加强理想信念教育和道德教育，坚定学生对中国共产党领导、社会主义制度的信念和信心；加强以爱国主义为核心的民族精神和以改革创新为核心的时代精神教育；加强社会主义荣辱观教育，培养学生团结互助、诚实守信、遵纪守法、艰苦奋斗的良好品质。加强公民意识教育，树立社会主义民主法治、自由平等、公平正义理念，培养社会主义合格公民。加强中华民族优秀文化传统教育和革命传统教育。把德育渗透于教育教学的各个环节，贯穿于学校教育、家庭教育和社会教育的各个方面。”“坚持能力为重。优化知识结构，丰富社会实践，强化能力培养。着力提高学生的学习能力、实践能力、创新能力，教育学生学会知识技能，学会动手动脑，学会生存生活，学会做人做事，促进学生主动适应社会，开创美好未来。”“加强心理健康教育，促进学生身心健康、体魄强健、意志坚强；加强美育，培养学生良好的审美情趣和人文素养。加强劳动教育，培养学生热爱劳动、热爱劳动人民的情感。”“促进德育、智育、体育、美育有机融合，提高学生综合素质，使学生成为德智体美全面发展的社会主义建设者和接班人。”“全面提高普通高中学生综合素质。”

2014年，《教育部关于全面深化课程改革落实立德树人根本任务的意见》提出要将培养学生的核心素养作为深化课程改革的着力点。文件指出：“充分发挥人文学科的独特育人优势，进一步提升数学、科学、技术等课程的育人价值。同时加强学科间的相互配合，发挥综合育人功能，不断提高学生综合运用知识解决实际问题的能力。”“研究制订学生发展核心素养体系和学业质量标准。”“教育部将组织研究提出各学段学生发展核心素养体系，明确学生应具备的适应终身发展和社会发展需要的必备品格和关键能力，突出强调个人修养、社会关爱、家国情怀，更加注重自主发展、合作参与、创新实践。”

2016年，《中国学生发展核心素养研究报告》发布。“中国学生发展核心素养研究”是受教育部委托，由北京师范大学联合国内其他多所高校的近百位专家共同参与，历时3年完成的课题。

《中国学生发展核心素养研究报告》指出，学生发展核心素养分为文化基础、自主发展、社会参与三个方面，综合表现为人文底蕴、科学精神、学会学习、健康生活、责任担当、实践创新六大素养，具体细化为十八个基本要点。

基本内涵

（一）文化基础

文化是人存在的根和魂。文化基础，重在强调能习得人文、科学等各领域的知识和技能，掌握和运用人类优秀智慧成果，涵养内在精神，追求真善美的统一，发展成为有宽厚文化基础、有更高精神追求的人。

1. 人文底蕴。主要是学生在学习、理解、运用人文领域知识和技能等方面所形成的基本能力、情感态度和价值取向。具体包括人文积淀、人文情怀和审美情趣等基本要点。

2. 科学精神。主要是学生在学习、理解、运用科学知识和技能等方面所形成的价值标准、思维方式和行为表现。具体包括理性思维、批判质疑、勇于探究等基本要点。

（二）自主发展

自主性是人作为主体的根本属性。自主发展，重在强调能有效管理自己的学习和生活，认识和发现自我价值，发掘自身潜力，有效应对复杂多变的环境，成就出彩人生，发展成为有明确人生方向、有生活品质的人。

3. 学会学习。主要是学生在学习意识形成、学习方式方法选择、学习进程评估调控等方面的综合表现，具体包括乐学善学、勤于反思、信息意识等基本要点。

4. 健康生活。主要是学生在认识自我、发展身心、规划人生等方面的综合表现。具体包括珍爱生命、健全人格、自我管理等基本要点。

（三）社会参与

社会性是人的本质属性。社会参与，重在强调能处理好自我与社会的关系，养成现代公民所必须遵守和履行的道德准则和行为规范，增强社会责任感，提升创新精神和实践能力，促进个人价值实现，推动社会发展进步，发展成为有理想信念、敢于担当的人。

5. 责任担当。主要是学生在处理与社会、国家、国际等关系方面所形成的情感态度、价值取向和行为方式。具体包括社会责任、国家认同、国际理解等基本要点。

6. 实践创新。主要是学生在日常活动、问题解决、适应挑战等方面所形成的实践能力、创新意识和行为表现。具体包括劳动意识、问题解决、技术应用等基本要点。

主要表现

文化基础——人文底蕴

1. 人文积淀

重点是：具有古今中外人文领域基本知识和成果的积累；能理解和掌握人文思想中所蕴含的认识方法和实践方法等。

2. 人文情怀

重点是：具有以人为本的意识，尊重、维护人的尊严和价值；能关切人的生存、发展和幸福等。

3. 审美情趣

重点是：具有艺术知识、技能与方法的积累；能理解和尊重文化艺术的多样性，具有发现、感知、欣赏、评价美的意识和基本能力；具有健康的审美价值取向；具有艺术表达和创意表现的兴趣和意识，能在生活中拓展和升华美等。

文化基础——科学精神

1. 理性思维

重点是：崇尚真知，能理解和掌握基本的科学原理和方法；尊重事实和证据，有实证意识和严谨的求知态度；逻辑清晰，能运用科学的思维方式认识事物、解决问题、指导行为等。

2. 批判质疑

重点是：具有问题意识；能独立思考、独立判断；思维缜密，能多角度、辩证地分析问题，做出选择和决定等。

3. 勇于探究

重点是：具有好奇心和想象力；能不畏困难，有坚持不懈的探索精神；能大胆尝试，积极寻求有效的问题解决方法等。

自主发展——学会学习

1. 乐学善学

重点是：能正确认识和理解学习的价值，具有积极的学习态度和浓厚的学习兴趣；能养成良好的学习习惯，掌握适合自身的学习方法；能自主学习，具有终身学习的意识和能力等。

2. 勤于反思

重点是：具有对自己的学习状态进行审视的意识和习惯，善于总结经验；能够根据不同情境和自身实际，选择或调整学习策略和方法等。

3. 信息意识

重点是：能自觉、有效地获取、评估、鉴别、使用信息；具有数字化生存能力，主动适应“互联网+”等社会信息化发展趋势；具有网络伦理道德与信息安全意识等。

自主发展——健康生活

1. 珍爱生命

重点是：理解生命意义和人生价值；具有安全意识与自我保护能力；掌握适合自身的运动方法和技能，养成健康文明的行为习惯和生活方式等。

2. 健全人格

重点是：具有积极的心理品质，自信自爱，坚韧乐观；有自制力，能调节和管理自己的情绪，具有抗挫折能力等。

3. 自我管理

重点是：能正确认识与评估自我；依据自身个性和潜质选择适合的发展方向；合理分配和使用时间与精力；具有达成目标的持续行动力等。

社会参与——责任担当

1. 社会责任

重点是：自尊自律，文明礼貌，诚信友善，宽和待人；孝亲敬长，有感恩之心；热心公益和志愿服务，敬业奉献，具有团队意识和互助精神；能主动作为，履职尽责，对自我和他人负责；能明辨是非，具有规则与法治意识，积极履行公民义务，理性行使公民权利；崇尚自由平等，能维护社会公平正义；热爱并尊重自然，具有绿色生活方式和可持续发展理念及行动等。

2. 国家认同

重点是：具有国家意识，了解国情历史，认同国民身份，能自觉捍卫国家主权、尊严和利益；具有文化自信，尊重中华民族的优秀文明成果，能传播弘扬中华优秀传统文化和社会主义先进文化；了解中国共产党的历史和光荣传统，具有热爱党、拥护党的意识和行动；理解、接受并自觉践行社会主义核心价值观，具有中国特色社会主义共同理想，有为实现中华民族伟大复兴中国梦而不懈奋斗的信念和行动。

3. 国际理解

重点是：具有全球意识和开放的心态，了解人类文明进程和世界发展动态；能尊重世界多元文化的多样性和差异性，积极参与跨文化交流；关注人类面临的全球性挑战，理解人类命运共同体的内涵与价值等。

社会参与——实践创新

1. 劳动意识

重点是：尊重劳动，具有积极的劳动态度和良好的劳动习惯；具有动手操作能力，掌握一定的劳动技能；在主动参加的家务劳动、生产劳动、公益活动和社会实践中，具有改进和创新劳动方式、提高劳动效率的意识；具有通过诚实合法劳动创造成功生活的意识和行动等。

2. 问题解决

重点是：善于发现和提出问题，有解决问题的兴趣和热情；能依据特定情境和具体条件，选择制订合理的解决方案；具有在复杂环境中行动的能力等。

3. 技术运用

重点是：理解技术与人类文明的有机联系，具有学习掌握技术的兴趣和意愿；具有工程思维，能将创意和方案转化为有形物品或对已有物品进行改进与优化等。

（摘自林崇德《中国学生发展核心素养研究报告》）

林崇德教授指出，核心素养是所有学生都都应具有的最关键、最必要的基础素养；核心素养是知识、能力和态度等的综合表现；核心素养可以通过接受教育来形成和发展；核心素养具有发展连续性和阶段性；核心素养兼具个人价值和社会价值；学生发展核心素养是一个体系，其作用具有整合性。

中国共产党第十八次全国代表大会提出，把立德树人作为教育的根本任务，培养德智体美全面发展的社会主义建设者和接班人。

“立德树人”要求我们以学生为本，关注学生的全面发展、和谐发展、持续发展和终身发展，着力培养学生的社会责任感、创新精神和实践能力；关注学生的内心世界，塑造学生的纯真心灵，培养学生积极向上的心理品质和乐观进取的必备品格，提高学生的综合素质，促进学生的健康成长。

（二）国外关于核心素养的研究

20世纪中后期，为了进一步增强竞争实力、提升人才素质，世界各国和有关国际组织纷纷开展关于核心素养的研究，构建核心素养框架，制订核心素养规划，以核心素养培养为目标引领，推动课程设置和教学内容改革，创新教材编写和教学方式，促进教师专业发展，深化教育教学评价，使核心素养成为一个总领教育改革的上位概念。

1972年，联合国教科文组织（UNESCO）发布了“学会生存”报告，主张实施全面教育，指出人的发展目标是“人的完整实现”。

1996年，联合国教科文组织出版了《学习：内在的财富》一书，该书指出了21世纪公民必备的四大核心素养：学会学习、学会做事、学会共处、学会生存。

1997年，经济合作与发展组织（OECD，以下简称经合组织）启动了“素养的界定与遴选：理论和概念基础”项目，研究素养的内涵、概念化和测量，构建核心素养总体概念框架，统一对核心素养概念的研究指标的认识，确定了3个维度9项素养。① 能互动地使用工具，包括3项素养：互动地使用语言、符号和文本；互动地使用知识和信息；互动地使用（新）技术。② 能在异质群体中进行互动，包括3项素养：了解所处的外部环境，预料自己的行动后果；能在复杂的大环境中确定自己的具体行动，形成并执行个人计划或生活规划；知道自己的权利和义务，能保护及维护权利、利益，也知道自己的局限与不足。③ 能自律自主地行动，包括3项素养：与他人建立良好的关系；团队合作；管理与解决冲突。

2003年，联合国教科文组织在四大核心素养的基础上又提出了第五大核心素养：学会改变。

2005年，联合国教科文组织与经合组织联合发布了“发展教育的核心素养”报告，指出核心素养是人过上理想生活和使社会良好运行所必备的基本素养。

2013年，联合国教科文组织与美国智库机构布鲁金斯学会联合发布了题为“走向终身学习：每位儿童应该学什么”研究报告，从身体健康、社会情绪、文化艺术、文字沟通、学习方法与认知、数字与数学、科技与技术等7个维度构建了0~19岁学生的学习目标体系，以使学生的情感、智力、身体、心理诸方面素养都能通过学习得到发展。

在欧盟，终身学习能力目标体系的研究与制定一直是教育研究的重点。欧盟于2000年发布了题为“发展适应知识经济需求的‘新基本能力’”的研究报告，指出终身学习需要具备信息技术、外语、技术文化、创业精神和社会互动5个方面的基本能力；于2002年首次提出核心素养概念，并在5项基本能力的基础上提出了关于8项核心素养培养的要求；于2003年对8项核心素养要求做了进一步的阐述。8项核心素养包括母语、外语、数学与科学技术素养、信息素养、学习能力、公民与社会素养、创业精神以及艺术素养，每项素养均由知识、技能和态度三个维度构成。欧盟《终身学习关键素养：欧洲参考框架》将关键素养定义为一系列知识、技能和态度的集合，指出关键素养是可迁移的、多功能的，是每个人发展自我、融入社会及胜任工作所必需的。自2006年起，8项核心素养培养方案正式在欧盟实施，成为欧盟成员国引领本国教育的参照体系，以通过教育使全体公民具备终身学习的能力，从而能够在全球化浪潮和知识经济的挑战中实现个人成功与社会经济发展的理想。

在美国，核心素养研究主要体现在对核心课程的研究上。美国政府于20世纪70年代提出建议，要求改变过分依赖选修课程的做法；于1983年发布题为“国家处在危险中：教育改革势在必行”的研究报告，要求中学生必须学习英语、数学、科学、社会、计算机5门课程；于1989年形成由科学、数学和技术界数百名专家历经约5年的时间研制设计的“2061：为了全体美国人的科学”计划，强调科学、数学和技术教育是“教育的中心目标”；于1991年发布《美国2000年：教育战略》，提出了4项教育改革策略和6项全国教育目标，要求学生在英语、科学、数学、历史、地理的学习方面达到世界领先水平；于1993年提出全国性教育法案《2000年目标：美国教育法》，确认了1991年规定的全国教育目标，并将核心课程扩展为7门：英语、科学、数学、历史、地理、外语、艺术；进入21世纪，企事业和教育界提出了“21世纪型能力”研究课题，以核心学科为载体确立了3个技能领域，每个技能领域下包含若干素养要求：学习和创新技能——创造力、批判性思维、问题解决能力、沟通和协作能力，信息、媒体和技术技能——信息素养、媒体素养、信息交流和科技素养，生活和职业技能——灵活性和适应性、主动性和自我导向、社交和跨文化交流、工作效率和胜任工作能力、责任能力和领导力，其核心能力是21世纪学科与21世纪课题研究能力、学习及革新能力、信息媒体及技术能力、生存及职业能力。

在日本，关于核心素养的研究主要体现在以能力培养为目标的教育改革上。20世纪80年代，日本中央教育审议会提出要培养学生的自我教育能力，要求尊重学生的个性和创造性的发展，重视文化传统教育；1996年，日本中央教育审议会发布的“关于面向21世纪我国教育的发展方向”报告，提出了培养学生生存能力的要求。1998年，日本教育课程审议会对以培养学生的生存能力为目标的课程改革进行了阐述，指出其宗旨为丰富人性和社会性、培养国际精神、培养学习和思考的自觉能力、掌握基础知识和基本技能。自2002年开始，日本实行新的学习指导纲领，以能力培养为核心的课程改革全面展开。进入21世纪，日本国立教育研究所提出了“21世纪型能力”，要求教育由以培养学生的生存能力向以培养学生的思考力转变，努力提高学生的语言力、数理力、信息力、实践力。

在新加坡，“学生中心、价值观导向的教育”深入发展。新加坡教育部于2010年颁布了新加坡学生的“21世纪素养”框架。该框架提出的核心价值观包括尊重、负责、正直、关爱、坚毅不屈、和谐。该框架要求培养的技能为：社交与情绪管理技能，包括自我意识、自我管理、社会意识、人际关系管理、负责任的决策；公民素养、全球意识和跨文化交流技能，包括活跃的社区生活、国家与文化认同、全球意识、跨文化的敏感性和意识；批判性、创新性思维，包括合理的推理与决策、反思性思维、好奇心与创造力、处理复杂性和模糊性；交流、合作和信息技能，包括开放、信息管理、负责任地使用信息、有效地交流。

在芬兰，实现核心素养培养与课程设计的一体化是教育研究的重点，以达成从教育目标到核心素养培养目标再到具体学科教学目标的各层次目标，并实现各层次目标之间的良好衔接。芬兰的学校课程设置明确地分为7个主题：成长为人，文化认同与国际化，信息素养与交际，参与行使公民与企业家的权力，对未来环境、健康和可持续发展的责任感，安全与交通，技术个体；每个主题下都有对具体目标和核心内容的明确规定，凸显了教育与教学过程的最为核心的内容；每个学科都有更为具体的学科教学目标和核心教学内容，同时还有具体的学生学业水平评价标准。

在英国，对学生核心素养的关注源于职业教育并逐步推广到整个教育系统，最终与课程紧密结合。国家课程规定的总目标明确指出，学生的核心素养既包括涉及学生精神、道德、社会性和文化等方面的跨学科核心能力，也包括与学科教学紧密结合的学科关键能力。2007年修订的国家课程总目标对核心素养培养分别从课程目标、学科重要性、关键概念、关键过程和内容范围等方面做出更为全面和清晰的表述。在课程设置方面，注重核心能力与课程的紧密结合，避免简单地按照学科切分核心能力；为此，一方面要求各个学科都要强化对学生综合能力的培养，另一方面要求各个学科都要注重培养学生相应的关键能力。

在澳大利亚，关键能力的培养得到足够的重视。1992年，澳大利亚费恩委员会提出了七种关键能力的素养框架，包括搜集、分析和组织信息的能力，交流意图和信息的能力，规划与组织活动的能力，与他人和团队合作的能力，使用数学理念和技巧的能力，解决问题的能力，使用技术的能力。教育部门从未来所需要的人才角度出发制定教育的总体目标，提出教育的主题领域以及需要培养的跨学科通用能力，然后将这些内容细化到每一个学科中，注重将学生培养成“成功的学习者和主动明智、自信且富有创造力的公民”。

总之，从全球范围来看，对核心素养培养的研究反映了经济社会与科学技术发展对于人才的要求，强调要使学生具有创造与创新、信息技术、国际视野、沟通与交流、团队合作、社会参与及社会贡献、自我规划与管理等方面的素养。世界各国对于核心素养的表述虽然不尽相同，但内涵却是一致的。

（三）关键能力概念的提出

“关键能力”概念最早应用于职业教育领域。德国劳动力市场与职业研究所所长梅腾斯于1972年在给欧盟的“职业适应性研究概览”报告中首次提出了“关键能力”的概念，并很快引起欧盟各国及其他国家有关方面领导人和研究者的关注。1974年，梅腾斯又发表了论文《关键能力——现代社会的教育使命》，在国际上引起极大反响。

梅腾斯认为，关键能力包括基本能力、水平迁移能力、可迁移的知识原理和传统的、经久不衰的能力，是一种与一定的专业实际技能不直接相关的知识、能力和技能，是在各种不同场合和职责情况下做出判断选择的能力，也是胜任人生生涯中各种不可预见变化的能力。一些企业也根据自己的理解提出了有关的关键能力。例如，联邦职业教育研究所与西门子公司共同开发的“项目与迁移培训”项目认为，关键能力主要指组织和执行任务能力、交往与合作能力、学习技能与思维能力、独立性与责任感、承受能力。

纵观各种关键能力概念可以看出关键能力这一概念的本质特征：① 源于教育现状与经济社会发展的需求不相适应的矛盾，是教育进行自我反思以适应经济社会发展要求的产物；② 劳动者必须具有适应社会发展的综合性能力，而不仅仅是专门化的知识和技能；③ 其形成依赖于不同领域的知识、技能和能力，形成方式为知识—能力—迁移能力。

随着我国职业教育的国际交流和合作领域的不断扩大，关于关键能力的研究也在逐步深入。例如，我国学者尹金金等将关键能力定义为“针对当今快速变化的市场，个体不仅能适应当前需求快速变化的工作，而且能够适应职业岗位需求变化所具有的跨职业多种能力的整合”，认为关键能力具有普适性、可移动性、工具性、持久性、价值性和难以模仿性等特征。

关键能力这一概念具有的深刻内涵，使它不仅在职业教育领域得以广泛应用，在其他教育领域也受到高度重视。

2017年，中共中央办公厅、国务院办公厅印发了《关于深化教育体制机制改革的意见》，明确提出“要注重培养支撑终身发展、适应时代要求的关键能力。在培养学生基础知识和基本技能的过程中，强化学生关键能力培养”，并进一步指出要培养四种关键能力，即认知能力、合作能力、创新能力、职业能力，赋予关键能力以新的内涵。

2019年6月，国务院办公厅印发了《关于新时代推进普通高中育人方式改革的指导意见》，提出要“促进学生系统掌握各学科基础知识、基本技能、基本方法，培养适应终身发展和社会发展需要的正确价值观念、必备品格和关键能力”。

二 四种关键能力解读

（一）认知能力

认知包括感觉、知觉、记忆、思维、想象和语言等，是人获得知识和应用知识的最基本的心理活动。在认知过程中，人脑接受外界输入的信息，并进行必要的加工处理使其转换成内在的“信息”，用于支配人的行为。

从认知心理学的角度来看，认知能力是人脑加工信息、储存信息和提取信息的能力，知觉、记忆、注意、思维和想象方面的能力都被认为是认知能力。具有认知能力是人成功地完成各种活动最重要的心理条件，人认识客观世界、获得各种各样的信息主要依赖于人的认知能力。

《关于深化教育体制机制改革的意见》提出要培养学生的认知能力，使学生具备独立思考、逻辑推理、信息加工、学会学习、语言表达和文字写作的素养，形成终身学习的意识和能力。

1. 独立思考

从心理学的角度来看，独立性是具有成就动机、遇事有主见、不依赖他人就能独立处理问题、能够积极主动地完成实际工作任务的心理品质，与它伴随着的是自信、认真、专注、勇敢、富有责任感和不惧怕困难的精神。

独立思考，就是用自己的眼光观察事物，用自己的头脑分析问题，能够判断是非曲直、辨别美丑善恶并实事求是地提出符合实际的见解。

独立思考是一种十分重要的心理品质。爱因斯坦指出：“独立思考和独立判断的一般能力，应当始终放在首位。”我国著名数学家华罗庚说：“独立思考能力是科学研究和创造发明的一项必备才能。在历史上任何一个较重要的创造和发明都是和创造发明者的独立地深入地看问题的方法分不开的。”我国古代著名的批判家——汉朝的王充，博览群书、贯通百家而独立思考，写出了《论衡》一书专门批判古书和传说中的错误，立论有据，言之成理，成为独立思考解决问题的典范。

2. 逻辑推理

什么是逻辑？狭义上讲，逻辑指的是思维的规律；广义上讲，逻辑泛指规律，包括思维规律和客观规律。逻辑与思维密切相关。逻辑思维是人运用概念来分析、判断通过感性认识所获得的关于某种事物的信息，并按一定逻辑顺序进行推理，从而产生对于某种事物进一步认识的理性活动，它具有规范、严密、确定和可重复的特点。逻辑思维能力则是指能够按照一定的逻辑思路，准确而有条理地进行思维的能力，包括观察、比较、分析、综合、抽象、概括、判断、推理等方面的能力。

所谓推理，指的是由一个或几个已知的判断推出新判断的心理过程。其中，作为推理依据的已知判断叫作前提，所推导出的新的判断叫作结论。推理是人根据已知事物认识未知事物的重要途径，是人运用已有知识获得新知识的有力工具，是人根据现有情况对未知情况进行正确判断的必备手段，也是人对各种思想认识、理论观点进行论证或反驳的科学方法。

推理一般分为直接推理（只有一个前提）和间接推理（一般有两个或两个以上的前提）；其中，间接推理又分为演绎推理、归纳推理和类比推理。

演绎推理可以使人由对事物的一般性、普遍性的认识推导出对事物的个别性、特殊性的认识。俄国著名化学家门捷列夫根据他发现的具有普遍指导意义的元素周期律，不但把当时已知的63种元素全部列入他编制的世界上第一张元素周期表里，而且还预言了“类硼”“类铝”“类硅”等未知元素的存在，并在元素周期表中为这些元素留下了空位。多年后，他的预言都被科学家们的新发现证实了。这就是根据已知一般性认识推理得出个别性认识的经典案例。

归纳推理可以使人由对一类事物的个别性、特殊性的认识概括、总结、推导出对这类事物的一般性、普遍性认识。化学发展史上通过归纳推理获得重大发现的例子非常多。例如，早在1861年左右，化学家就发现醋酸与酒精的反应属于一种能够双向进行的反应。1864年，挪威化学家古德贝格和瓦格通过对300多个实验的归纳总结，提出了可逆反应与化学平衡的概念。随后，法国化学家勒·夏特列着手研究气体燃烧和高炉炼铁中的化学平衡问题。在进行了大量实验和收集大量事实的基础上，他发现升高温度平衡总是向吸热方向移动、增大压强平衡总是向气体分子数减小的方向移动，反应系统总是通过平衡移动来消减外界因素的影响……1888年，他将上述事实归纳概括为：任何（封闭）系统中的反应达平衡后，若改变影响平衡的某一因素，平衡将向着削弱这种改变的方向移动，提出了化学平衡移动原理。

类比推理则是利用对某些事物个别性、特殊性的认识来推导出对另一些事物的个别性、特殊性的认识的推理。类比推理在科学研究过程中有着不可低估的作用。科学家们经常运用模型来揭示某些现象，即按照一定的规律创造出研究对象的一个类似物（模型），利用这个类似物的特征来认识研究对象的特征。这其中利用的就是类比推理。例如，卢瑟福根据实验对原子与太阳系进行了类比：原子核的质量占原子的99.97%，而太阳的质量占太阳系的99.87%；原子核在原子中占很小一部分空间，太阳在太阳系中也是占有很小的空间；原子核与核外电子靠静电引力相互联系，太阳与行星靠万有引力相互联系，等等。据此，卢瑟福提出了原子的行星式模型，为人们探索原子的内部结构打开了神秘的大门。

逻辑推理就是根据事物发展变化的内在逻辑关系，形成符合事物发展变化内在逻辑关系的结论的推理。一个人只有具备了逻辑推理能力，才能对事物做出符合逻辑关系的正确判断。因此，逻辑推理能力是人应具备的一种重要能力。

3. 信息加工

认知心理学认为，学习就是一个信息加工的过程。根据加涅等认知心理学家提出的信息加工模型，学习过程的信息加工包括三个方面：一是信息储存，包括感觉记忆、工作记忆和长时记忆；二是认知加工，即将信息从一个信息储存库转换到另一个信息储存库，包括注意、知觉、复述、组织和检索等；三是元认知，即对认知的认知，包括对认知过程的认知和对认知过程的控制。

从认知的角度来看，注意和选择性知觉是学习过程中信息加工的关键环节。注意是将心理活动指向并集中到某些外部刺激的心理活动，是人对外部刺激的有意识关注。人的大脑对感觉记忆中信息的加工都是从注意开始的，有赖于人对学习环境中刺激的注意程度。选择性知觉则是使一部分受到注意的信息获得意义的知觉过程，是受到注意的信息能否得以暂时储存并与其他信息联系起来或转换为新信息的关键环节。

信息加工素养强调对信息的搜集、筛选、分类、排序、分析与研究以及对信息价值的发掘，以便更好地发挥信息的作用。具有较高水平的信息加工素养对于学生的学习和今后的工作都具有十分重要的意义。

4. 学会学习

人的学习从本质上来说，就是人不断地自我超越而使身心得到发展的活动。学习很重要，学会学习更重要。学会学习是人的最基本、最重要的终身受用的技能。

学会学习是指学会如何认识世界、发现世界、理解世界，如何使自己具备可持续自我发展的能力，促进身心发展。学会学习主要包括：了解学习的重要意义，形成正确的学习动机，树立远大的学习目标；理解学习态度的重要作用，知道学习态度是在自身道德观念和价值观念引导下的行为倾向和价值判断，良好而积极的学习态度是提升学习能力的基础；热爱并享受学习，能够将学习兴趣转化为学习乐趣直至学习志趣，在持之以恒努力学习的同时体验学习的重要意义；做学习的主人，积极主动地投入学习，并自觉地调控学习过程；掌握科学的学习方法和策略，学会多途径地进行学习，向书本学习，向实践学习，向老师学习，向同学学习，向生活学习，向社会学习，具备终身学习的能力；了解自己的学习优势和不足，正确地面对学习中遇到的困难，不断地提高学习水平。

5. 语言表达和文字写作

从语言学的角度来看，语言是以语音为外壳、以语义为内涵、以词汇为材料、以语法为规则构成的能表达人类思想的符号系统，是人与人交流沟通的一种形式。从文化学的角度来看，语言是人类领会、保存、传递社会历史经验和科学、文化、艺术等成就的手段；是文化信息的载体，没有了语言，人与人之间无法表情达意、交流思想，也就没有了世代文化的传承和发展。从心理学的角度来看，语言是人类思维活动的动因和载体，是思维成果的储存地。形象地说，语言符号就像是一个阶梯，思维从起初的感知开始沿着这个阶梯攀登上去直至形成抽象概念；在思维攀登的过程中，语言符号又将每一步的思维结果固定下来并使其成为思维攀登的新的立足点。人的思维活动是在语言材料的基础上展开的，语言则是实现思维、巩固思维和传达思维成果的工具。只有用语言材料来反映事物及其属性，才能对事物进行分析和综合、抽象和概括；离开语言，人就难以进行科学的思维。

所谓写作，指的是人运用语言文字符号和思维操作技能，以记述的方式反映客观存在、传递知识信息、实现交流沟通、表达思想感情，并对表达内容进行语境化修辞的精神创造活动。在现代社会，人只有具备一定的文字写作能力，才能从容地应对日常工作、学习和生活中的诸多问题。

对语言表达和文字写作能力的培养，可以使学生借助复杂的概念体系并运用一定的思维模式，系统地、逻辑地进行思考、推理和判断，提升认知活动的水平。

6. 终身学习

自人类社会诞生以来，学习就成为整个人类社会及每一个社会成员认识自然和社会、不断完善和发展自我的必由之路。当今时代，无论是职业领域还是生活领域都在发生着急剧变化，知识更新的速度大大加快，新情况、新问题层出不穷，人们要适应社会发展的要求和实现个体发展的需要，就必须把学习从单纯的求知变为生活的方式，将学习贯穿于自己的一生，进行终身学习。这样，人才能为自己创造更大的发展空间，更好地实现自身价值，为社会发展做出更大的贡献；才能满足生存的需要，充实物质生活和精神生活，不断地提高生活品质。

（二）合作能力

合作就是个人与个人或群体与群体，自愿地结合在一起，相互配合，彼此协调，为实现共同目的（共同利益）而努力的一种联合行动方式。成功的合作需要具备一致的目标、统一的认识和规范、相互信赖的合作气氛以及赖以生存和发展的物质基础。合作无处不在，合作源于信任，合作就是力量。

合作能力指学习、工作、生活所需要的彼此协调、相互配合的能力。当今时代是合作的时代，呼唤合作精神，要求社会成员具有合作能力。

《关于深化教育体制机制改革的意见》提出要培养合作能力，引导学生学会自我管理，学会与他人合作，学会过集体生活，学会处理个人与社会的关系，遵守、履行道德准则和行为规范。

1. 自我管理

自我管理，就是一个人对自己各方面的表现进行有系统的管理，最终实现自我奋斗目标的过程，通常包括：自我心态管理，持续地保持积极心态；自我心智管理，塑造正确的心智模式；自我形象管理，使自己更有魅力；自我激励管理，善于用科学的方法激励自己；自我角色认知，正确地认识自己；自我时间管理，提高时间运用效率；自我人际管理，处理好人际关系；自我目标管理，制定合适的进取目标；自我情绪管理，保持情绪的稳定；自我行为管理，体现良好素养；

自我学习管理，挖掘自身学习潜能；自我反省管理，不断完善自我。显然，自我管理是个人成功的关键。

2. 集体生活

集体即人组合起来形成的有组织的整体。在集体中，成员之间具有稳定合作和相互关心的关系。

马克思、恩格斯指出，只有在集体中，个人才能获得全面发展其才能的手段，只有在集体中才可能有个人自由。

陶行知认为，集体生活是儿童的自我向社会化发展的重要推动力，它用众人的力量集体地创造合理的生活。集体生活对一个人的成长具有重要的作用。

集体生活可以培养每个人的责任感、担当意识以及搭建起每个人与他人、与周围世界交往的平台，提升每个人人际交往的基本态度和能力；使每个人通过学习他人的优点，不断完善自我、丰富个性；使每个人都体会到集体力量的强大，从而增强团队意识。

3. 个人与社会的关系

马克思说："人是最名副其实的社会动物，不仅是一个合群的动物，而且是只有在社会中才能独立的动物。"社会是人的社会，社会是由一个个具体的人组成的，离开了人就不可能有社会；个人又是社会中的个人，是社会关系中的存在，没有社会也就同样没有个人。个人与社会的关系最根本的就是个人的利益与社会利益之间的关系。要处理好个人与社会的关系，就要正确地认识个体性与社会性的统一关系、个人需要与社会需要的统一关系、个人利益与社会利益的统一关系以及享受个人的权利和自由与承担社会责任和义务的统一关系。

4. 道德准则

道德准则即道德的标准规范，是道德规范的主要形式之一。道德规范是对人类的道德行为和道德关系的普遍规律的反映和概括，是调整个人和社会之间关系的非暴力性的道德手段，它由传统习俗、社会舆论和个人内心信念来维系。不同的时代、不同的阶级具有不同的道德规范。马克思主义认为，只有符合社会发展规律和最广大人民群众利益的道德原则和规范才是判断行为善恶的客观的、科学的标准。在我国，道德规范现在已经系统化，如个人品德（公民基本道德规范）包括爱国守法、明礼诚信、团结友善、勤俭自强、敬业奉献，社会公德包括文明礼貌、助人为乐、爱护公物、保护环境、遵纪守法，职业道德包括爱岗敬业、诚实守信、办事公道、服务群众、奉献社会，家庭美德包括尊老爱幼、男女平等、夫妻和睦、勤俭持家、邻里团结。

5. 行为规范

所谓的行为规范是社会群体或个人在参与社会活动时所应遵循的规则、准则的总称，是社会认可和人们普遍接受的具有一般约束力的行为标准，是一个社会用以调节人际交往、实现社会控制、维持社会秩序的工具。行政规章、法律规定、团体章程等都属于行为规范，各行各业也常常制定自己的行为规范。行为规范建立在维护社会秩序理念基础之上，对全体社会成员具有引导、规范和约束的作用。

（三）创新能力

创新是指人本着理想化需要或为满足社会需求，遵循事物发展的规律，利用现有的知识和物质以及有别于常规的思路，在特定的环境中对事物的整体或其中某些部分进行变革，从而使其得以更新与发展并产生一定的有益效果的活动。而创新能力则是指人在顺利完成创新活动中表现出来的潜在的心理品质。创新能力不是一种单一的能力，而是由一些思维能力组合而成的，主要包括系统性思维能力（运用系统观点对对象互相联系的各个方面及其结构和功能进行系统认识）、创造性思维能力（以一般思维能力为基础，以综合性、探索性和求新性为特征）和实践能力（能将抽象思想转化为实际成果），其核心是创造性思维能力。

创新是人类社会进步的灵魂。社会的竞争，从根本上来说就是人的创造能力的竞争。没有创新能力，便没有今日的人类文明。

《关于深化教育体制机制改革的意见》提出要培养创新能力，激发学生好奇心、想象力和创新思维，养成创新人格，鼓励学生勇于探索、大胆尝试、创新创造。

1. 好奇心、想象力和创新思维

心理学认为，好奇心是个体遇到新奇事物或处在新的外界条件下所产生的注意、操作、提问的心理倾向。好奇心是个体学习、寻求知识的重要因素。在美国心理学家、教育学家布鲁纳看来，好奇心是个体学习的内在动机之一。在英国著名作家约翰逊看来，好奇心是智慧富有活力的最持久、最可靠的特征之一。好奇心是创造性人才的重要特征。科学大师爱因斯坦就说过，他之所以取得成功，原因就在于他具有狂热的好奇心。

想象是人脑对原有的表象进行加工改造和重新组合而产生新形象的心理过程，而想象力就是在这一过程中利用已有形象创造出新形象的能力。人类的发明创造很多都源于想象力。这正如爱因斯坦所说，想象力比知识更重要，因为知识是有限的，而想象力囊括了世界上的一切，推动着进步，并且是知识进化的源泉。严格地说，想象力是科学研究中的实力因素。

创新思维是指以新颖独创的方法解决问题的、具有开创意义的思维过程。创造性思维的本质是发散性思维。运用发散性思维来解决问题是通过多角度、多侧面、多层次、多结构的思考来寻找问题解决途径的，既不受现有知识经验的限制，也不受传统方法的束缚；思路是开放性、扩散性的，策略是从多种策略中选择的，因而具有开拓性、深刻性、独特性、新颖性和灵活性等特点。创造性思维具有十分重要的作用，不仅可以揭示客观事物的本质特征和规律性，而且能开拓人类的知识领域，不断提高人类的认识能力，并且为人类的实践活动开辟新的天地。这正如我国著名数学家华罗庚所说，“‘人’之可贵在于能创造性地思维”。

2. 创新人格

创新人格是指有利于创新活动顺利开展的个性品质和能力基础。具有创新人格的人在进行创新活动时，会表现出态度的积极性和进取性，思维的独立性、质疑性、原创性和开放性，行为的有恒性、敢为性、灵活性和自律性，创新意愿和创新倾向的习惯性和持久性，以及优势明显的竞争能力，包括资源整合能力、新知学习能力、人际协调能力、环境适应能力、技术革新能力等，因而容易取得创新活动的成功。

（四）职业能力

学习的最终目的不是将所学的知识经验存储于头脑之中，而是要应用于不同的实际情境中之中，形成职业能力，来解决实际工作中的各种问题。

根据中国职业规划师协会的定义，职业是性质相近的工作的总称，通常指个人服务社会并作为主要生活来源的工作，也就是人们由于社会分工和生产内部的劳动分工，而长期从事的具有专门业务和特定职责，并以此作为主要生活来源的社会活动。职业能力则是保证职业活动能顺利进行并取得一定的职业活动效果的心理特征，是人从事某种职业所需要的多种能力的集合体。职业能力通过职业活动表现出来，一个人职业能力的高低决定着他从事职业活动时效率的高低。

职业能力主要包含三个基本要素：具体职业的必备能力，职业素养，职业生涯管理能力。胜任一种职业需要具备一定的和特殊的能力，这种能力在每个职业

（岗位）的任职资格中都可以了解到。职业素质是人的道德品质等层面的内在素质，并包括从事某种具体职业需要具备的专门素养。职业生涯管理能力包括自我管理能力、职业选择与抉择能力、了解与分析职业环境的能力、处理个人爱好与职业要求冲突的能力、规划职业与转换职业的能力等，是一个人对自己职业生涯发展统筹规划和分析判断的能力。

《关于深化教育体制机制改革的意见》提出要培养职业能力，引导学生适应社会需求，树立爱岗敬业、精益求精的职业精神，践行知行合一，积极动手实践和解决实际问题。

职业精神与人们的职业活动紧密联系，人们在一定的职业生活中能动地表现自己，就形成了一定的职业精神，包括职业的责任与操守、职业的技能和知识、职业的荣誉与理想；简而言之，其核心就是敬业、精业、乐业。

（1）敬业。

敬业是一个人从内心发出的对职业的忠诚，是一个人对自己所从事的工作的尊敬。“敬业者，专心致志，以事其业也。”敬业包括职业理想（对所从事的职业和要达到的成就的向往和追求）、立业意识（确立职业和实现目标的愿望）、职业信念（对职业的敬重和热爱之心）、从业态度（持之以恒的工作态度）、职业情感（对所从事职业的愉悦的情绪体验）等要素，表现为有巩固的专业思想、有强烈的事业心、有勤勉的工作态度、有旺盛的进取意识、有无私的奉献精神。孔子主张“敬事而信”，其弟子也倡导“敬业乐群”。中国近代思想家梁启超在他的《敬业与乐业》中则对职业精神做了如下描述：“敬字为古代圣贤教人做人最简易、直捷的法门，可惜被后来有些人说得太精微，倒变了不适实用了。惟有朱子解的最好，他说：主一无适便是敬。”凡做一件事，便忠于一件事，将全部精力集中到这件事上，一点也不旁骛，便是敬。敬业是中华民族的传统美德。

（2）精业。

精业是敬业的具体体现，是敬业的归宿和升华。常言道：业精于勤，业长于学。一个人要敬业，更须精业。精业要求从业者在自己所从事的工作岗位上精通业务，具备扎实的岗位基本功，对所从事的工作精益求精、一丝不苟，杜绝点滴疏漏与失误。

（3）乐业。

乐业就是“乐以忘忧”，热爱自己所从事的工作，对工作充满热情，在认真完成工作任务的同时享受工作中的乐趣。

由以上分析不难看出，认知能力、合作能力、创新能力和职业能力四种关键能力是人的各种能力中最具普适性的、有助于人在未来的社会中更好地生存与发展的核心能力，它们是一个人在社会中生存与发展必须具备的，而且总是面向未来的。人类社会在不断地发展，为了适应社会的发展，人就需要不断地提高关键能力。

第二节　化学学科关键能力

学生关键能力的培养是学科教学的重要任务之一，注重学科关键能力的培养可以促进学生核心素养的全面发展。因此，作为高中阶段的重要学科之一，高中化学教学必须重视学生化学学科关键能力的培养。

一、学科能力及其构成要素

（一）什么是学科能力

林崇德教授认为，“所谓学科能力，通常有三个含义：一是学生掌握某学科的特殊能力；二是学生学习某学科的智力活动及其有关的智力与能力的成分；三是学生学习某学科的学习能力、学习策略与学习方法”，“学科能力是学生的智力、能力与特定学科的有机结合，是学生的智力、能力在特定学科中的具体体现”。

一般来说，学科能力指的是学生在学科学习过程中以内隐的学科思维过程和外显的学科行为体现的、比较稳定的心理特征和行为特征，是学生的知识结构、智力结构、能力结构与学科特征有机结合的产物。

华中师范大学郭元祥教授等在《学科能力表现：意义、要素与类型》一文中指出，学科能力可分为基础性学科能力、知识性学科能力和学科素养性能力。其中，基础性学科能力是指学生在各学科学习中皆有所表现的基本能力，是与学生思维活动的一般过程和一般形式相关的能力，即学生的认知能力在学科学习中的具体应用，如阅读能力、观察能力、理解能力，想象能力等；知识性学科能力是指学生学习某一特定学科需要具备的能力，并随着不同学科的知识性质、知识内容、知识呈现形式等的不同而不同，如数学学科的数据分析能力、数学建模能力、空间想象能力等，物理学科的数理分析能力、物理模型构建能力、图形图像图解能力等；学科素养性能力是指学生在学科课程的学习过程中形成的、具有典型的学科特征、与特定的学科核心素养相关联的特殊学科能力，如化学学科关键能力。

（二）学科能力的组成要素

纵观各学科的学科能力可知，学科能力主要是由三方面要素组成的。

1. 学科知识

华东师范大学皮连生教授在主编的《学与教的心理学》一书中指出，知识是个体通过与其环境相互作用后获得的信息及其组织。

学科知识包括事实知识、概念知识、程序知识、元认知知识等，它们既是学科的知识基础，也是学生能力结构中不可或缺的构成要素。

从心理学的角度来看，能力是人的一种心理特征，是人在活动中形成的系统化、概括化的个体经验，它对一个人的活动方式和活动进程具有稳定、调节与控制的作用。

能力的形成与发展脱离不了知识，知识是能力形成与发展的本源，即能力寓于知识之中。我国学者韩明友和潘国力在《能力结构的数理证明与结论》一文中进一步指出，能力包括以知识与知识输入方法构成的接受能力和以知识与知识输出方法构成的应用能力两大类；学习能力是在学习活动中形成和发展起来的，是学习主体运用科学的学习方法独立获取、加工和利用信息、分析和解决实际问题的一种能力。所以，从学校教育的角度来看，学科能力是与学科知识性质相对应的获取与运用知识的能力。

学科知识具有以下主要特征。

（1）学科知识都是以特定的符号来表征的。

学科知识是人类对于自然、社会等客观世界以及人类思维认识的成果，这些成果都是用符号来表达的。知识符号的形式多种多样：可以是文字，也可以是数码；可以是图画，也可以是言语，等等。知识符号是学科知识的表现形式，知识符号的水平反映了人类对于客观世界和人类思维的认识所达到的程度或所处的状态。

（2）学科知识反映了人类认识世界的方式。

学科知识涉及的概念是按一定的规则或方式组织起来的，概念之间具有一定的逻辑关系，其中包括认识知识的思维方式和构成知识的逻辑过程。学科知识的逻辑关系为人们认识学科知识指引了方向，人们据此进行分类与比较、分析与综合、归纳与演绎、推理与判断、抽象与概括等思维活动，在掌握学科知识的基础上将学科知识转化为学科能力。这充分表现出学科知识的认知价值。

（3）学科知识都具有一定的意义。

学科知识具有促进人的思想、精神、能力发展的力量，能够改变人的情感、态度、价值观，丰富人的精神世界；对于学生来说，这种力量是他们在利用知识进行实践活动时将知识内化而形成的。学科的这种作用充分体现了学科知识的价值和意义所在，正如美国教育哲学家费尼克斯所说的，“知识就是意义的领域”。于是，人们常用“知识就是力量”“知识能够改变命运”来形象地表达知识具有的意义。

学科知识本身不是学科能力的表现，但学科知识的本质特征、深层意义以及逻辑关系、内在规律是学科能力形成的重要基础。这也就要求学生在学习学科知识时，要善于脱去知识的“符号外衣”，认识知识的“丰富内涵”，感受知识的“潜在意义”，揭示知识的“逻辑关系”，掌握知识的“内在规律”。

为了形成学科能力，学生还必须把学科知识转化为“个人知识”。波兰尼认为，“知识在一定程度上是受到识知人的塑造的”，也就是说，客观的知识在被个人理解和接受时存在个体特有的体验和过滤，具有独特的风格，带有个性的特征，形成“个人知识”。美国学者维娜·艾莉将个人知识解释为“我们可以把自己的个人知识看成一张认识的‘网’，许多想法、感觉、概念、思想和信仰都在这里交织在一起”。她指出，默会知识（隐性知识，指只能意会不可言传的知识）是存在于个体中私人的、有特殊背景的知识，它依赖于体验、直觉和洞察力，以每个人内在携带的“意念模型”为中心；默会知识也包含一些技术因素，包括具体的技能和专门技术，以及来源于实践的经验。由此我们可以看出，默会知识存在于个体之中，是个人的知识；默会知识与知识获得的特定空间、具体任务联系在一起，具有“情境性”；默会知识的获得主要靠个体的体验、直觉和敏锐的洞察。

显然，“个人知识”是一种内化了的知识。与公共知识、书本知识不同，“个人知识”具有个人心理因素，是知识与能力在人的心理活动层面上的结晶。在学习过程中，学生从知识的符号表征进入知识的逻辑关系和内在意义，使知识由符号表征走向“个人知识”，进而形成学科能力。学科知识如果不能转化为“个人知识”，学生的学习则无实际意义；也就是说，“个人知识”才是学科能力形成和发展的基础。

2. 情境经验

情境经验是指学生在学习过程中形成并积累起来的，用于特定情境下学科知识学习和学科问题解决的感性知觉。

在心理学中，情境被认为是“事物发生并对机体行为产生影响的环境条件”，“是对人有直接刺激作用、有一定生物学和社会意义的具体环境”，“是客观的具体环境，而不是主观的精神境界”。情境是多维的，具有开放性、真实性、复杂性等特点，而且单一情境还能够组合成复杂情境。

学习情境具有多种类型，如思维情境、知识情境与心理情境，想象情境、问题情境与推理情境，模拟情境、实体情境与语言情境，等等。这里主要讨论知识情境和问题情境。

（1）知识情境。

布朗、科林斯与杜吉穗在《情境认知与学习文化》一文中指出，知识是文化产品的一部分，具有情境性；知识在活动中，在丰富的情境中，在文化中不断被运用和发展着。学习中，知识、思考和情境是相互紧密联系的，知与行是相互的——知识处在情境中并在行为中得到进步与发展。

郭晓明、蒋红斌在《论知识在教材中的存在方式》一文中强调：任何知识要具有生命力，都必须作为一个“过程”存在于一定的生活场景、问题情境或思想语境之中。知识本来产生于某种特定“境域”，按照科学社会学的观点，产生于知识发现者的生活、情感与信念，产生于研究者的知识，产生于研究共同体内外的争论、协商和各种思想支撑条件。在知识情境中，知识是活的；脱离了特定的情境，知识就是死的。

建构主义认为，知识存在于具体的、情境性的、可感知的活动之中；知识是对外部世界信息的重新建构，知识的产生依赖于学生已经获得的知识和经验。

总的来看，知识情境指的是知识产生和应用的具体背景与环境，它既含有自然界的、社会的、生产和生活等方面的外部因素，也含有学生的认知、经验等方面的内部因素。

知识情境体现着知识、知识活动的本质特征，是学生区分知识、进行不同知识认知活动的重要依据；也就是说，对知识的认知在本质上是由情境决定的，情境是一切认知活动的基础。这正如美国加利福尼亚大学伯克利分校莱夫和温格所说，学习是一种情境性的活动，更是一种社会性的实践。

基于情境性的知识，客观地、真实地再现知识的产生、发展和应用的过程，在知识情境中探索、发现与体验，把陌生的、外在的知识内化为“个人知识”并形成知识经验，这就是学生的学习过程。

（2）问题情境。

从心理学的角度来看，问题情境指的是所承载的问题和学生的知识经验发生冲突时，能够激发学生强烈的问题解决动机并引导学生确立科学的思维定向的一种情境。问题情境具有客观性，可以是自然现象，也可以是现实生产、生活问题。问题情境能够激发学生的学习兴趣，唤起学生对知识的渴望和追求，使学生在学习中产生积极的情感体验。

问题情境一般分为以下三种类型。

① 问题障碍情境。

问题障碍情境指的是学生原有的知识经验与所面临的问题存在一定的认知冲突，使学生遇到思维障碍而陷入困境，从而唤起学生的求知渴望和探求欲望的问题情境。

② 问题发现情境。

问题发现情境指的是通过一定的背景材料引出新的学科问题，引导学生通过一系列的探究活动发现其特征或内在规律，产生新的学科概念的问题情境。

③ 问题解决情境。

问题解决情境指的是直接呈现某个新的学科问题，引导学生围绕如何解决这一问题而展开探究的问题情境。

布鲁纳认为："学习者在一定的问题情境中，经历对学习材料的亲身体验和发展过程，才是学习者最有价值的东西。"早在20世纪初，杜威也曾提倡过问题教学，其教学的核心就是创设问题情境，其教学过程的一般模式为"设置问题情景—确定问题或课题—拟定解决课题方案—执行计划—总结与评价"。现在，"创设问题情境"已成为学科教学的一种常用策略，目的是激发学生的学习积极性、引导学生主动参与学习过程、使每个学生都能得到充分发展。

问题情境与学科特征密切相关，不同学科的问题情境往往存在一定的特征差异。例如，有的学科的问题情境偏于理论性，有的学科的问题情境则偏于实践性；有的学科的问题情境着重联系社会环境，有的学科的问题情境着重联系自然环境，等等。

总之，学生在学习过程中完成一定情境下的任务，会形成一定的情境经验，在遇到新情境时，便会将个人已有的情境经验调动起来，使其再现或发生迁移，解决新情境下的学科问题，从而逐步形成学科能力。

3. 心智技能与心智操作

（1）心智技能。

心智技能又称智力技能、智慧技能、认知技能，指的是学生通过学习而形成的一种合法则的心智活动方式，是一种用于调节和控制心智活动的经验。

心智技能的作用主要表现在以下三个方面。

① 心智技能是经验获得的重要手段。

任何个体的经验都是认识主体在主客体之间相互作用的过程中通过活动获得的。经验的获得，一方面取决于客体对认识主体的作用，同时也取决于认识主体对客体的反作用。这其中，心智技能是获得经验的重要手段，任何经验都是认识主体运用心智技能进行心智操作形成的产物。

② 心智技能是问题解决的先决条件。

在认知心理学看来，问题解决的过程是在目标指引下认识主体运用心智技能进行一系列心智操作的过程，如正确定义问题、科学地选择问题表征形式、确定算子、执行问题解决程序等；也就是说，问题的解决必须由认识主体运用有关的心智技能通过一系列心智操作才能实现。心智技能具有对问题解决活动的调节与指导作用，是问题解决过程顺利进行的一种保障。

③ 心智技能是能力形成与发展的重要基础。

能力是一种内化了的经验，是一个人在获得知识、心智技能的基础上，通过广泛迁移并不断使知识与心智技能概括化与系统化而形成的；也就是说，能力的形成与发展，不仅依赖于知识的获得与概括化、系统化，同时也依赖于心智技能的获得与概括化、系统化发展。因此，心智技能是能力形成与发展的重要基础。

（2）心智操作。

一个人的学习离不开思维活动。思维是认识的高级形式，是人脑通过一系列心智操作实现对客观事物的概括和间接认识的心理活动。

心智操作主要表现为一个人在解决问题时心理机制的发生和作用，同时也包括这个人当时的情绪、态度等心理因素的作用。在问题解决过程中，认识主体要运用心智技能进行一系列的心智操作，形成一定的心理机制并获得解决问题的思路、方法，使问题得以解决。

二 化学学科能力

化学学科能力是能揭示化学学科特殊性的学科能力。

从不同角度思考、研究，学者们提出了自成体系的化学学科能力。例如，司马兰等学者借鉴并移植物理学科的“智力—知识—技能—科学方法”的能力理论，从课程实施的角度认为化学学科能力包括“观测与实验能力、化学学习能力、化学思维能力、科学探究能力、实践与创新能力”等核心要素；杨玉琴等学者基于化学学科本质及其特殊要求的分析，认为化学学科能力的核心要素为“符号表征能力、实验探索能力、模型思维能力和定量研究能力”；王磊、支瑶两位学者从化学学科的认知活动和解决问题活动的特点出发，认为化学学科能力体系由3个能力主层和9个能力亚层构成，3个能力主层和9个能力亚层分别为学习理解（辨识记忆、概括关联、说明论证）、应用实践（分析解释、推论预测、简单设计）、迁移创新（复杂推理、系统探究、创新思维）。

化学是在原子、分子水平上研究物质的组成、结构、性质、转化及其应用的一门基础自然科学；化学学习是学生感受、理解化学知识的产生和发展，构建和完善化学认知结构，培养科学精神和创新思维习惯以及收集处理信息的能力、获取新知识的能力、分析和解决问题的能力、语言文字表达能力、团结协作和社会活动能力的过程。

根据化学科学和化学学习过程的特点来分析学者们关于化学学科能力的研究成果，可以归结出化学学科的基本能力。

（1）化学语言表达能力。

化学语言表达能力主要是指运用化学用语的能力。化学用语包括元素符号、离子符号、化学式、结构式、化学方程式等，它们是化学学习和研究的通用语言。离开了化学用语，则无法进行化学学习和化学研究。

（2）化学观察能力。

观察，是有目的、有计划的知觉活动，是一种高级的知觉形式。观察是人们认识世界、获取知识的一个重要途径，是人们进行学习、开展科学研究的重要方法。所谓化学观察，指的是从化学的视角、运用化学方法进行的观察，如从化学的视角来观察自然现象和生活实践，利用化学实验来观察物质的变化、认识物质的化学性质，运用电子显微镜来观察物质的组成和结构等。没有化学观察，就没有化学学习，也没有化学研究。

（3）化学实验能力。

实验是一种有目的的，尽可能地排除外界影响、突出主要因素，利用专门的仪器与设备，人为地变革、控制或模拟研究对象，使某种事物（或过程）发生或再现，从而认识有关事物及其变化、揭示事物变化的原因、发现事物变化规律的活动。实验是科学研究的基本方法之一，也是科学学习的重要手段之一。

化学是一门以实验为基础的学科，化学实验是学习化学的重要中介。从认识论的视角来看，化学实验一是能引发化学学习问题，激发学生的求知欲，引导学生的化学认知活动；二是能使学生在再现物质及其变化或进行化学探究的过程中丰富感性认识内容，促进认知结构的变化；三是能使学生体验到化学实验具有客观性、普遍性和直接现实性的特点，能够为检验化学理论、验证化学假说提供化学事实，加深对“实践是检验真理的唯一标准”这一观点的认识。从方法论的视角来看，化学实验能使学生体会到方法对于化学实验的重要意义，并从对实验方法的重视上升到对一般思想方法的重视，强化方法意识，提高运用科学方法分析问题、解决问题的能力。从教学论的角度来看，化学实验有利于教师创设化学情境，激发学生学习化学的兴趣，转变学生的学习方式，提高学生的探究能力，培养学生的科学精神和科学态度，促进学生科学观念的形成。

（4）化学思维能力。

化学科学是由概念、原理、规律、方法和具体物质知识等组成的系统，化学学习就是要从整体上把握这个系统并建构有序的知识结构，为此，要开展一系列化学思维活动。

概括起来说，化学思维包括化学逻辑思维（化学抽象）、化学形象思维（基于形象素材的思维）、化学灵感思维（突然涌现、瞬息即逝，使问题得到解决的思维）。这三种思维模式相互制约和相互协调，共同构建了整体化的化学思维活动。化学思维可以帮助学生掌握化学学科内容，认识化学事物的核心特征和内在联系。

化学思维就其本质来说来源于化学事实和化学知识，它是人类在化学知识体系开发研究中产生的独特的思维活动。在化学知识体系的构建过程中，化学思维的结果会逐渐变为学科知识组成、学科结构、学科发展等内容，使化学思维成为反映学科内在特征的、具有鲜明特色的思维模式。

化学思维能力是化学学科的核心能力，它是在以化学基本思想为引导，运用化学基本方法学习化学基础知识和基本技能的基础上形成的。化学思维能力包括分析、综合、抽象、概括、归纳、演绎、类比、推断等思维能力，并依托元素观、微粒观、变化观、分类观和化学价值观等学科观念统摄化学学科其他能力。例如，有了思维活动的有效参与，学生才能使得观察全面、有序并重点突出，久而久之形成良好的观察能力；才能使得实验规范、安全并深刻地揭示现象本质，久而久之形成良好的实验能力，等等。

（5）化学问题解决能力。

化学学习要解决的问题一方面来源于教师在教学过程中通过各种方式呈现的问题，另一方面来源于学生在学习和生活中遇到或提出的问题。依据问题解决的一般过程，化学问题解决能力应该包括发现和提出问题的能力、定义和表征问题的能力、制订问题解决方案或计划的能力、整理和加工数据的能力、推理或论证结论的能力、反思和评价的能力等。

三 高中化学学科关键能力及其内涵与要素

化学课程标准指出：“学科核心素养是学科育人价值的集中体现，是学生通过学科学习而逐步形成的正确价值观、必备品格和关键能力。”

化学学科关键能力是在化学学科能力中具有关键性作用的能力，是开展化学学科特定认知活动对能力要求的具体化，是高中化学学科核心素养的重要组成部分之一。

（一）高中化学学科关键能力的内涵

高中化学学科关键能力与高中化学学科核心素养密切相关，是高中化学核心素养的组成部分之一，其内涵就是高中化学学科核心素养要求。

化学课程标准指出，化学学科核心素养包括“宏观辨识与微观探析”“变化观念与平衡思想”“证据推理与模型认知”“科学探究与创新意识”“科学态度与社会责任”5个方面。

素养1　宏观辨识与微观探析

能从不同层次认识物质的多样性，并对物质进行分类；能从元素和原子、分子水平认识物质的组成、结构、性质和变化，形成“结构决定性质”的观念。能从宏观和微观相结合的视角分析与解决实际问题。

素养2　变化观念与平衡思想

能认识物质是运动和变化的，知道化学变化需要一定的条件，并遵循一定规律；认识化学变化的本质特征是有新物质生成，并伴有能量转化；认识化学变化有一定限度、速率，是可以调控的。能多角度、动态地分析化学变化，运用化学反应原理解决简单的实际问题。

素养3　证据推理与模型认知

具有证据意识，能基于证据对物质组成、结构及其变化提出可能的假设，通过分析推理加以证实或证伪；建立观点、结论和证据之间的逻辑关系。知道可以通过分析、推理等方法认识研究对象的本质特征、构成要素及其相互关系，建立认知模型，并能运用模型解释化学现象，揭示现象的本质和规律。

素养4　科学探究与创新意识

认识科学探究是进行科学解释和发现、创造和应用的科学实践活动；能发现和提出有探究价值的问题；能从问题和假设出发，依据探究目的，设计探究方案，运用化学实验、调查等方法进行实验探究；勤于实践，善于合作，敢于质疑，勇于创新。

素养5　科学态度与社会责任

具有安全意识和严谨求实的科学态度，具有探索未知、崇尚真理的意识；深刻认识化学对创造更多物质财富和精神财富、满足人民日益增长的美好生活需要的重大贡献；具有节约资源、保护环境的可持续发展意识，从自身做起，形成简约适度、绿色低碳的生活方式；能对与化学有关的社会热点问题作出正确的价值判断，能参与有关化学问题的社会实践活动。

（摘自《普通高中化学课程标准（2017年版2020年修订）》）

高中化学学科核心素养将化学知识与技能的学习、化学思想观念的建构、科学探究与问题解决能力的发展、创新意识和社会责任感的形成等多方面的要求融为一体，体现了高中化学课程的核心价值，也构成了高中化学学科关键能力的内涵。

（二）高中化学学科关键能力的构成要素

华中师范大学化学教育研究所杨季冬、王后雄认为，高中化学关键能力是众多化学学科能力要素中处于中心位置、最重要、最有价值、能起决定作用的能力，是化学学科核心素养的重要组成部分。他们在课题研究中通过对24名专家的调查，确定了高中化学关键能力的7个方面。

1. 化学表征能力

化学表征能力涉及化学规范用语和使用，能够通过宏观、微观、符号、曲线对化学事物进行表征，并理解对同一化学事物各种表征的联系，如元素符号、原子结构示意图、结构式、热化学方程式、电极反应式、离子方程式等。

2. 实验与探究能力

实验与探究能力涉及从问题和假设出发，确定探究目的，设计探究方案，运用化学实验、调查等方法进行探究，独立完成探究。如设计合理实验方案，对实验现象的观察，实验仪器的操作，处理实验数据，对实验过程、现象、结论的正确描述等。

3. 化学方法和分析能力

化学方法和分析能力涉及对化学知识进行概括、判断、比较等，能从多角度、动态的、宏微结合的视角分析与解决实际问题。如对化学概念的概括，对元素及其化合物知识总结归纳，掌握物质结构与性质的关系，科学解释化学现象，运用化学原理解决实际问题等。

4. 化学信息处理能力

化学信息处理能力包括接受、整合、交流、评价信息，从提供的新信息中准确提取实质性内容，并与已有知识整合，重组为新知识块的能力，能与同伴沟通交流科学信息并能根据已有知识做出合理评价。

5. 发现与提出问题能力

发现与提出问题能力要求具有探索未知、崇尚真理的意识，敢于质疑、勇于创新，能够从化学情境中发现、提出有价值的问题。如对资料中某一概念、描述、定义等的质疑，对实验中出现“异常”现象的思考，对理论计算与事实之间差距的猜测等。

6. 证据推理与论证能力

证据推理与论证能力要求具有证据意识，能够收集证据，基于证据对物质组成、结构及其变化提出可能的假设，通过分析推理加以证实或证伪；具有建立观点、结论和证据之间的逻辑关系的能力。如预测反应进行的方向，再通过合理的实验或者理论对预测进行论证，以维护主张。

7. 模型认知能力

模型认知能力涉及通过分析、推理等方法认识研究对象的本质特征、构成要素及其相互关系建立模型，并能用模型解释化学现象，揭示现象本质。如通过实物模型认识有机分子的结构，建立元素“位置—结构—性质”的认知模型等。

（摘自杨季冬，王后雄《高中化学关键能力的内涵及构成要素研究》）

北京教育学院周玉芝认为，中学化学学科关键能力是学生应具备的，能够适应终身发展和社会发展需要的，理解和运用化学知识、技能和情感态度价值观的能力，可以概括为化学表征能力、实验与探究能力、概括和运用化学思想方法能力以及证据推理能力。

1. 化学表征能力

化学表征能力是运用化学特有的符号和方式表达对物质认识的能力，包括运用化学元素符号、化学式、化学方程式和化学模型等表达和交流概念与观点、运用化学语言表征问题等。

2. 实验与探究能力

实验与探究能力指的是能够运用实验方法和技术进行物质分析、分离和制备等相关探究，在实验和探究中考虑安全、绿色环保等要素。实验与探究能力既包括能够识别可探究的化学问题，设计探究方案、获取证据，分析解释或建构模型，形成结论，交流评价等，也包括对科学探究本身的理解。

3. 概括和运用化学思想方法能力

概括能力被认为是学科能力的基础与核心。概括和运用化学思想方法能力指的是能够通过化学事实性知识概括重要化学概念，提炼化学思想方法，形成研究化学问题的视角，如运用宏观与微观相结合、方向（热力学）与快慢（动力学）相结合、实验实证与理论分析相结合等思想方法处理化学问题。

4. 证据推理能力

证据推理能力包括获取和识别科学证据；识别假设、证据和结论之间的逻辑关系，基于科学证据得出结论和对结论进行论证；科学地评价化学对社会发展的价值与影响等。

（摘自周玉芝《化学学科关键能力培养：教师教学的视角》）

周玉芝教授进一步指出，上述四方面化学学科关键能力并不是彼此孤立的，而是互相联系、相辅相成的，共同指向化学学科核心素养。

（三）高中化学学科关键能力的构成要素

以上高中化学学科关键能力与5个方面的高中化学学科核心素养密切相关。总的来说，高中化学学科关键能力由以下要素构成。

1. 化学表征

表征是指“显示出来的现象”，“表现出来的特征”。西蒙指出：“表征包含了两个方面的含义：信息和对信息的加工。”

1982年，苏格兰格拉斯哥大学科学教育中心的约翰·斯顿首先提出了化学学习的三重表征，后经修改，化学学习三重表征最终包括以下三个层面：① 宏观层面，指的是可以看到、感觉和闻到的化学现象和事实；② 微观层面，即原子、分子、离子等结构粒子，是对化学现象的解释；③ 表征层面，包括符号、公式、方程、数学计算和图表。化学学习三重表征在表述上符合化学学科语言，在思维上接近化学学科的特点，在本质上能科学有效地解释化学物质及其变化规律。1987年，教育专家加贝尔和塞缪尔指出了在理解物质的微观本质的基础上阐述物质的微观特征的重要性，强调要结合三个层面的学习进行科学探究。1998年，加贝尔进一步从宏观、微观和表征层面的结合入手对化学学习三重表征进行了更深入的研究，并指出化学的复杂性在于其三个层面的学习水平的交互性，学生只有在“宏观”“微观”“符号”层面上将化学物质及其变化有机地结合起来，才能真正理解并深入地了解化学科学。1995年颁布的《美国国家科学教育标准》借鉴外部表征和内部表征的特点，将化学学习三重表征分为三重外部表征和三重内部表征。其中，化学学习三重外部表征指的是化学宏观知识、微观知识以及符号知识外在的呈现方式，如文本、图表等；化学学习三重内部表征指的是化学宏观知识、微观知识以及符号知识在学习者头脑中的加工过程和呈现方式，如信息的输入、编码、转换、存储和提取等（动态加工过程）以及概念、命题、认知结构、心智模型等（静态呈现方式）。因此，化学学习三重表征指的是宏观知识、微观知识以及符号知识的外在呈现形式和在头脑中的加工呈现形式。

由上可以看出，根据化学学科的研究对象和学科特征，化学学习的内容涉及三大领域，它们分别是由宏观物质及其现象构成的宏观领域，由原子、离子、分子等微粒及其相互作用构成的微观领域，用元素符号、化学式、化学方程式等以及原子半径、化合价、阿伏伽德罗常数、平衡常数表达式等构成的符号与数字领域。这三大领域的表征体现出化学学科区别于其他学科的最突出的特征。

具体地说，宏观表征主要是指物质在变化过程中表现出来的、可以直接观察到的宏观现象在学生头脑中的反映，如物质的状态、颜色、气味等；微观表征主要是指组成物质的微观粒子、微观粒子之间的相互作用以及微观粒子的运动等物质的微观属性在学生头脑中的反映，如分子、原子、离子、质子、中子、电子及其属性等；符号表征主要是指用于表示物质组成、结构、性质、变化等的，由字母组成的符号和图形式符号在学生头脑中的反映，如化学式、电子式、结构式、电子排布式、轨道表示式、化学方程式、离子方程式、原子结构示意图等。宏观表征、微观表征和符号表征这三重表征之间不是孤立存在的而是相互联系的，它们共同构成了学生对化学科学的总体表征。运用宏观表征、微观表征、符号表征这三重表征去认识和理解物质及其变化，掌握物质之间的有机联系和相互转化关系是化学学习特有的思维方式。

化学课程标准在“课程目标”部分明确规定：“通过观察能辨识一定条件下物质的形态及变化的宏观现象，初步掌握物质及其变化的分类方法，能运用符号表征物质及其变化；能从物质的微观层面理解其组成、结构和性质的联系，形成‘结构决定性质，性质决定应用’的观念；能根据物质的微观结构预测物质在特定条件下可能具有的性质和发生的变化，并能解释其原因。”由此也可以看出，化学表征是高中化学学科关键能力的必备要素。

2. 实验与探究

（1）实验。

化学萌发于人类对火的发现与应用，火是人类最早使用的化学实验手段，制造陶器、冶炼金属、酿造酒类等工艺孕育了化学实验的萌芽。从公元前1500年到公元1650年，炼丹术士们为求得长生不老的仙丹，炼金术士们为求得荣华富贵的黄金，开始了最早的化学实验，焙烧、蒸馏等成为他们经常使用的化学基本操作方法。特别是蒸馏，它成为早期化学中最为完整的化学实验操作方法，至今还在基础化学实验中广泛应用。在欧洲文艺复兴时期，一些有关化学的书籍出版了，第一次有了“化学”这个名词。英语的chemistry起源于alchemy，即炼金术。15、16世纪是近代化学的孕育时期，化学实验走进冶金等技术领域并不断得到发展。

从1775年到1900年是近代化学发展的时期，化学实验也脱离了炼金术的桎梏，使盲目的化学“试验”走向了科学发展之路。近代化学创立者、英国化学家波义耳成为化学实验科学的奠基人。他指出，只有运用严密和科学的实验方法才能够把化学确立为科学。1775年前后，法国化学家拉瓦锡用定量化学实验阐述了燃烧的氧化学说，开创了定量化学时代，成为“明确提出把量作为衡量尺度对化学现象进行实验证明的第一位化学家”。拉瓦锡把近代化学实验推向了定量研究的新阶段。

19世纪末与20世纪初，化学实验进入现代化发展阶段。在这一阶段中，化学实验内容以结构测定和化学合成为主，化学家们通过化学实验合成了许多物质，如1910年第一种合成橡胶诞生、1913年世界上第一种合成纤维诞生、1965年我国科学家第一次实现了具有活性的结晶牛胰岛素蛋白质的人工合成；化学实验手段不断更新，化学家们对原有的实验手段进行了改进，创造和发明了一系列现代化的仪器设备，如质谱仪、核磁共振仪、光谱分析仪等；化学实验方法走向现代化，超越了经典方法的局限性，进一步满足了现代科学技术发展和现代化工生产工艺对于化学实验方法的要求，如定量分析实验根据有关组分的结构特征或物理化学特性来设计，从而具有更高的灵敏性和准确性；化学实验规模和研究方式发生重大变化，从20世纪30年代起出现了许多国家规模的化学实验研究机构和化学实验研究基地，而且国际合作的化学实验研究活动越来越频繁。

化学实验是人们根据研究对象和研究目的，创造性地利用有关的化学知识和技能进行的研究性实践活动。化学科学发展的历史证明，化学科学的任何一个重大发现，都是通过实验手段或以实验为基础产生的。虽然近代乃至现代，化学科学的迅速发展产生了许多新的研究方法，但实验方法仍然是化学研究和学习不可或缺的方法；即使在由经验化学向理论化学发展的今天，化学实验仍然是研究化学、学习化学的重要工具。

运用实验方法学习化学，不仅符合化学科学的特征，而且也符合学生的认知特征。化学实验能够激发学生的学习兴趣，引导他们形成化学概念、理解化学理论、培养实验技能、发展思维能力、养成科学态度、树立正确观念、全面发展素质。在化学的研究性学习活动中，化学实验可为学生创设问题情境，激发学生探究的欲望，引导学生的探究过程；帮助学生验证提出的假设，体会实验条件的选择与控制的重要意义，掌握科学的研究方法。

（2）探究。

科学探究是指人们运用一定的方法、通过一定的过程对客观事物和现象进行质疑和研究，探索未知问题，揭示客观规律，创造新理论、新技术，创新知识领域的智力活动。一般来说，科学探究有两层含义：一是指科学研究工作者在科研工作中的科学探究，二是指学生在学习中的科学探究。科学研究工作者的科学探究，其对象是未知的，运用的方法是科学的、严谨的，往往要经历较长的过程，所取得的成果可以深化人类对客观世界的认知，并促进人类社会的发展。例如，2020年，中国石油大学理学院的赵震团队完成的科研成果“机动车尾气排放PM2.5高效催化净化技术”，荣获中国化工学会科学技术奖基础研究成果奖一等奖。这一成果不仅为PM2.5的治理提供了科学与技术基础，而且具有重要的环保意义与社会效益。学生的科学探究，其对象是学生本人未知的，所运用的方法较为简单，所经历的过程一般较短，其结果是加深了学生对所探究对象的认知，并学习了科学精神、培养了科学态度、提升了科学素养。这两者虽有不同，但无论是科学工作者的科学探究，还是学生的科学探究，在本质上是一致的：都是一种探索创新活动，科学工作者通过科学探究去探索真理、创新知识，学生通过科学探究去探索知识、创新自我；都要经历提出问题、作出猜想与假设、制订计划与设计实验、实施实验与收集证据、分析与论证、评估、表达与交流的过程。学生通过学习中的科学探究，可以培养科学精神、端正科学态度、熟悉科学探究的基本流程，为将来从事更高层次的科学探究做好准备。

化学课程标准在“课程目标”部分明确要求学生，“能发现和提出有探究价值的化学问题，能依据探究目的设计并优化实验方案，完成实验操作，能对观察记录的实验信息进行加工并获得结论；能和同学交流实验探究的成果，提出进一步探究或改进的设想；能尊重事实和证据，破除迷信，反对伪科学；养成独立思考、敢于质疑和勇于创新的精神”。由此也可以看出，实验与探究是高中化学学科关键能力的必备要素。

3. 化学方法和化学思想方法

（1）化学方法。

所谓的化学方法，是指进行化学研究使用的基本手段和思维工具，是化学认识方法和研究方法的总称。它既有自然科学研究方法的共性，并包括适用于认识化学和研究化学的其他领域的科学方法；又有区别于其他科学领域的科学方法的方法个性，如化学表征方法、化学实验方法、化学假说方法、化学模型方法等。化学方法伴随着化学科学的发展而形成和发展，化学科学发展的每个阶段都需要倡导和建立一定的化学方法体系与之相适应，而某种化学方法一旦形成，又必然会促进化学科学的发展。

化学方法由古至今经历了思辨方法、准试验方法、经验方法、理论方法、综合方法的演变。思辨方法是指公元2世纪前化学发展早期阶段自然哲学家们提出“原子论”“元素说”等朴素理论时运用的观察、类比、逻辑方法等，即“在人类感官获得的尚不成熟的事实的基础上进行构思和意向的方法”。准试验方法是指公元前2世纪到公元15世纪化学发展的“炼金术、炼丹术”时期，炼金士、炼丹家所使用的、尚不具备科学理论和科学方法论指导的“试验方法”。经验方法是指16～18世纪化学处于收集资料以分门别类地研究物质及其变化的发展时期，化学家们重实验而轻理论研究方法。那时的化学家们强调“实验决定一切”和“知识不能超出经验范围”。理论方法是指化学进入整理长期积累的丰富经验以建立近代化学理论基础的发展阶段，化学家们所使用的包括抽象法、类比法、演绎法、假说法、非逻辑法等在内的理论色彩较重的化学方法。这些方法在化学由宏观向微观发展的过程中具有重要作用。综合方法是指20世纪后面对化学研究对象日趋抽象化、复杂化，研究内容呈现多元化、交叉化趋势的情况下，化学家们使用的综合各种经验方法、融合不同学科的科学方法、由各种应用系统方法等形成的化学方法。

对于学生的学习来说，化学方法主要是指化学学习方法。化学学习方法除了一般的通用学习方法外，主要是指化学观察法、化学实验法、化学模型法、化学逻辑推理法等。

（2）化学思想方法。

化学思想方法是在一定的化学知识和化学方法的基础上形成的，对于理解、掌握、运用化学知识和化学方法分析和解决问题具有重要的指导作用。常见的重要化学思想方法主要涉及结构与性质的关系、事物是普遍联系的、矛盾的对立统一、运动是绝对的而静止是相对的、内外因辩证关系、量变与质变关系、个性与共性的关系、理论与实践的关系等重要观念。

1. 结构与性质的关系

《自然辩证法》关于自然系统结构与功能的规律指出，系统的结构是决定系统整体功能的内在根据，而系统功能则是一定结构的外在表现。在要素既定的条件下，一般来说，有什么样的结构就有什么样的功能。

在学生的化学学习中，结构与性质的关系是“结构决定性质，性质反映结构”，由此衍生出一系列关系：“微观与宏观”“原子结构、元素在元素周期表中的位置与元素及其化合物的性质”“性质与用途”“性质与制法”等关系。这一系列关系贯穿于整个化学学习中，成为学生发现问题、提出问题、分析问题和解决问题的一条主线。

2. 事物是普遍联系的

世界上的事物是普遍联系的，这从反映事物本质的概念之间的相互联系就可以清楚地看出。

以化学上的“物质的量”这一概念为例。由“物质的量”这一概念衍生出许多概念如摩尔质量、气体摩尔体积、物质的量浓度等。这些被衍生出来的概念之间显然通过“物质的量”这个基本物理量建立起密切的相互联系。例如，在化学电池中，电极上有电子的流出或流入，对电极反应物质的量的计量往往要联系到摩尔质量；对电极反应所产生气体体积的计量往往要联系到气体摩尔体积；对离子导体浓度变化的计量往往要联系到物质的量浓度；等等。另外，已知的100多种元素能够组成一张元素周期表，而且做到有规律的排布，说明这100多种元素彼此之间是相互联系的，由此也可推论到世界上的事物存在着普遍联系。

3. 矛盾的对立统一

对立统一规律是唯物辩证法的三大规律之一。矛盾分析法是认识世界和改造世界的根本方法。对立面的斗争和统一是矛盾双方固有的属性，统一和斗争是存在于矛盾运动过程中的两种不可分割的基本关系。对立面的斗争性即矛盾的斗争性，是矛盾双方相互排斥、相互否定的属性。在相互斗争中，对立面相互依存、相互渗透；斗争的结果可以使双方相互转化、相互过渡而实现对立面之间的内在统一。统一是以对立面的差别和对立为前提的，没有离开对立面之间斗争的统一；也就是说，对立面的相互斗争创造着双方相互依存的形式，又在所创造的形式内为破坏这种形式而创造条件。统一受着斗争的制约，统一又制约着斗争。具体的统一性规定着斗争的具体性质、具体形式和界限等。对立面的相互统一使矛盾统一体保持相对稳定的状态，也就使双方的斗争具有确定的内容和形式，并使斗争的成果得以巩固。对立统一规律揭示了自然界、人类社会和人类思维等领域里任何事物都包含着内在的矛盾性。事物的内部矛盾推动着事物发展的规律。

化学中的氧化还原反应就是氧化与还原这一对矛盾的对立统一体，凸显着矛盾的对立统一规律。掌握了对立统一规律，就可以更深刻地认识自然界及人类社会的发展变化，形成科学的世界观。

4. 运动是绝对的，静止是相对的

辩证唯物主义认为，运动具有绝对性，这是因为一切事物都处于运动之中，而且每一事物自始至终都在运动，没有不运动的物质。运动是普遍的、永恒的和无条件的，因而是绝对的。同时，辩证唯物主义也认为，物质存在着某种相对静止状态。相对静止是运动的一种特殊状态，是标志物质运动在一定条件下、一定范围内处于暂时稳定与平衡状态。静止是有条件的、暂时的，因而是相对的。

化学反应具有一定的限度，可逆反应在一定的条件下可以达到化学平衡状态是“运动是绝对的，静止是相对的”最好例证。化学平衡（静止）是暂时的、相对的，此时正、逆反应仍在进行，因此当条件改变时化学平衡就会移动，并在新的条件下建立起新的平衡。除了化学平衡外，弱电解质的电离平衡、盐的水解平衡、难溶电解质的沉淀溶解平衡等也是如此。平衡是自然界里和人类社会中普遍存在的现象。

5. 内外因辩证关系

在唯物辩证法中，内外因辩证关系原理强调矛盾是事物发展的动力。内因指事物的内部矛盾，外因指事物的外部矛盾，事物的发展是内外因共同发生作用的结果，二者同时存在、缺一不可。在事物发展的过程中，内因是事物发展的根据，它是第一位的，决

定着事物发展的基本趋向；外因是事物发展的外部条件，它是第二位的，对事物的发展起着加速或延缓的作用，外因必须通过内因起作用。这正如毛泽东同志在《矛盾论》中指出的，“事物发展的根本原因，不是在事物的外部而是在事物的内部，在于事物内部的矛盾性。任何事物内部都有这种矛盾性，因此引起了事物的运动和发展。事物内部的这种矛盾性是事物发展的根本原因，一事物和他事物的互相联系和互相影响则是事物发展的第二位的原因”。

化学上的电离理论是围绕电离而展开的。碱和盐熔融时能导电，是因为原本不能自由移动的离子在碱和盐熔融时发生电离变成了能够自由移动的离子，酸溶液能导电是因为极性分子在水分子的作用下发生电离而产生了能够自由移动的离子，电解则是电解质溶液或熔融状态的电解质里存在着的能够自由移动的离子，在电流的作用下定向移动并发生有关反应的结果，这其中都蕴含着内外因辩证关系原理。

6. 量变与质变关系

量变质变规律是唯物辩证法的三大规律之一，它揭示了事物由于内部矛盾所决定的由量变到质变再到新的量变的发展过程。量变是指事物数量的增减、场所的变更，是一种渐进的、不显著的变化，并不改变事物的根本性质，体现了事物发展过程的连续性和稳定性（事物发展过程中的统一），平衡、相持和静止等都是事物处在量变过程中的表现。质变是一事物变为他事物的根本性变化，是突破了“度”的变化，又称飞跃、突变或革命（判断事物是处于量变阶段还是质变阶段的根本依据是看事物的变化是否超出了“度”的界限）。质变不仅可以完成量变，而且为新的量变开辟道路。

量变和质变是由事物内部矛盾双方通过斗争发生地位变化而引起的。当矛盾双方的斗争没有引起对方主次地位的改变时，事物处于量变阶段。当矛盾双方通过斗争使对方的主次地位发生改变时，原有的对立统一体被破坏，事物便发生质变。总之，量变是质变的必要准备，质变是量变的必然结果。

在化学上，元素周期律反映的元素性质随着原子序数的递增而呈现周期性变化的规律，就是量变质变规律的生动体现。

7. 个性与共性的关系

个性指的是一个事物区别于其他事物的特殊性质，共性指的是一类事物所具有的普遍性质。每一个具体的事物既有本身的个性又有同类事物的共性。任何一个具体事物的个性不可能具有同类事物的全部共性，一类事物的共性只能大致包括该类事物中各种具体事物的个性，共性决定着事物的基本性质，个性反映了事物之间的差异性；共性只能存在于个性之中，个性体现并丰富着共性。共性是一类事物与另一类事物的区别所在，而个性是同一类事物中不同事物的区别。马克思说：“最一般的抽象总是产生在最丰富的具体发展的地方，在那里，一种东西为许多种东西所共有，为一切所共有。这样一来，它就不再只是在特殊形式上才能加以思考了。”毛泽东同志在《矛盾论》中曾指出，关于共性和个性、绝对和相对的辩证关系的道理，是关于事物矛盾问题的精髓，不懂得它，就等于抛弃了辩证法。这里揭示了关于“个性与共性关系”的思想方法是人类认识事物所应遵循的重要思想方法。

化学上关于物质的具体性质与物质一般性质的关系就是个性与共性的典型反映。在化学学习中，学生需要运用“个性与共性关系”思想方法从个别物质性质中认识同类物质具有的一般性质以及根据一类物质的一般性质来推断其中具体物质可能具有的性质。

8. 理论与实践的关系

科学的理论是在社会实践中产生并经过了社会实践的检验是正确的，是对客观事物的本质及其变化规律的正确反映。理论和实践是辩证的统一。理论在实践中产生、发展，又反过来指导实践、服务于实践。不同实践相结合的理论，是空洞的理论；没有理论指导的实践，是盲目的实践。坚持理论和实践的统一是辩证唯物主义认识论的基本原则。

元素周期律是在对大量元素的具体信息的分析研究中建立起来的，它揭示了元素之间的内在联系，反映了元素性质的递变规律及其与原子结构的关系。元素周期律诞生后，在哲学、自然科学、生产实践等方面发挥了重要作用。例如在生产实践方面，它启发人们在元素周期表中一定的区域内寻找有关元素和物质用于农药制造、半导体材料生产等。

在化学教学中，教师创设真实情境引导学生进行探究掌握有关概念后，都要要求学生运用有关概念来分析、解决实际生产、生活问题。例如，学习了氧化还原反应的概念后，教师会引导学生结合含氯化合物的知识认识消毒液的正确使用方法，一是为深化学生对有关概念的理解，二是为强化学生对“理论来源于实践、理论指导实践”的科学观念的理解，引导学生养成理论联系实际的良好习惯。

（摘自刘翠《让德育之花在化学教育中绽放》）

化学课程标准在“课程目标”部分明确规定：“认识物质是在不断运动的，物质的变化是有条件的；能从内因和外因、量变与质变等方面较全面地分析物质的化学变化，关注化学变化中的能量转化；能从不同视角对纷繁复杂的化学变化进行分类研究，逐步揭示各类变化的特征和规律；能用对立统一、联系发展和动态平衡的观点考察、分析化学反应，预测在一定条件某种物质可能发生的化学变化。”由此也可以看出，化学方法和化学思想方法是高中化学学科关键能力的必备要素。

4. 化学信息处理

当今，人类社会现已进入信息时代，信息瞬息万变，信息量爆炸式增长，人们的生产、生活等日常活动在很大程度上依赖于信息的收集、处理和传送。由于大量的原始信息中各种信息混杂，只有经过筛选和甄别才能获得真实有用的信息；最初收集的信息往往是初始的、凌乱的、孤立的，只有对这些信息进行分类和排序才能发挥其作用，因此信息需要经过处理才能使用。另外，信息通过处理还可以产生新的信息，使信息具有更高的使用价值。

人们对收集来的信息进行去伪存真、去粗取精、由表及里、由此及彼的加工过程，使它在原有的基础上形成更具价值的信息并发布出去的过程称为信息处理即信息加工。信息处理的过程主要包括信息的获取、储存、加工、发布和表示等环节。

信息处理对于人的学习来说同样至关重要。20世纪60年代，随着信息科学和计算机科学的兴起，心理学领域发生了“认知心理学革命”，认知学习理论也应运而生。认知学习理论主要有两派观点：一派观点是以美国认知教育心理学家奥苏贝尔和布鲁纳为代表的结构主义观点，强调学习者原有知识结构的重要性，学习就是学习者主动建构知识结构的过程；另一派观点是以美国心理学家加涅为代表的信息加工观点，强调人脑加工信息的过程和规律，认为学习就是一个信息加工的过程，是一个由习得信息和使用信息构成的过程。信息加工学派将人脑与计算机进行类比，用计算机处理信息的过程模拟并说明人类学习和人脑加工外界刺激的过程，提出了信息加工学习理论。为了说明这一理论，加涅等学者提出了一个学习信息加工模型。该模型由三部分组成。第一个部分是信息贮存库，用来保存信息；第二部分是认知加工过程，在这一过程中信息通过人的注意、知觉、复述、组织和检索等智力活动，从一个贮存库转换到另一个贮存库，实现由短时记忆（较短的时间内储存少量信息）到工作记忆（对信息进行暂时加工和贮存形成的容量有限的记忆）再到长时记忆（一般能保持多年甚至终身的记忆）的过渡；第三个部分是对认知加工过程的认知，以控制并协调信息从一个贮存库转移到另一个贮存库的各种认知加工过程。

《义务教育化学课程标准（2011年版）》在“课程目标”部分明确规定：“初步学习运用观察、实验等方法获取信息，能用文字、图表和化学语言表述有关的信息；初步学习运用比较、分类、归纳和概括等方法对获取的信息进行加工。”在义务教育阶段就将化学信息处理作为课程目标呈现出来，充分说明化学新课程对化学信息处理的高度重视；显然，高中阶段的化学教学要进一步强化化学信息处理能力的培养。因此，化学信息处理是高中化学学科关键能力的必备要素。

5. 发现问题与提出问题

问题是任何科学探究的起点，科学研究的前提就是发现和提出问题。一个不会发现和提出问题的人，是无法真正参与到科学探究活动之中的。发现问题在于勤于思考、敢于质疑，提出问题在于深思熟虑、凸显矛盾，它们都是创造性思维的产物。

发现问题与提出问题同时被提及但它们之间还是有区别的。化学上，发现问题侧重于从化学的视角观察世界、用化学的思维思考世界，在丰富的自然界里，在现实的生产、生活中，在周围的社会环境中，发现值得研究的与化学有关的问题；提出问题侧重于在发现问题的基础上，经过深入思考后用化学逻辑和语言把问题表达出来。问题是创新的起点和动力源，发现和提出问题则是创新的基础。在化学学习中培养发现问题和提出问题的能力不仅仅是为了解决问题，更是为了树立创新精神、提升创新能力。

化学课程标准在“学科核心素养”部分的素养4中要求“能发现和提出有探究价值的问题……敢于质疑，勇于创新”。将发现和提出问题作为化学学科核心素养的一部分，足见发现和提出问题的重要意义。因此，善于发现和提出问题是化学学科关键能力的必备要素。

6. 证据推理与论证

证据推理与论证能力主要与化学学科素养3“证据推理与模型认知”密切相关。

（1）推理与证据推理。

推理是由一个或几个已知的判断推导出一个未知的结论的思维过程，它属于理性认识阶段的逻辑思维形式。推理是由概念形成的判断组成的，能够从已知的判断推出未知的判断；推理的客观基础是客观事物之间存在相互关系，客观事物相互之间的关系在人脑中有所反映。

推理按照前提与结论之间的关系可分为必然性推理（前提与结论有必然的联系，前提真结论必定真）和或然性推理（前提与结论无必然的联系，前提真结论不一定真），按从前提到结论的思维进程的不同可分为归纳推理（由个别到一般）、演绎推理（由一般到个别）和类比推理（从个别到个别或从一般到一般）。

证据推理即基于证据的推理，是指在掌握证据的基础上推导出新的结论的推理。证据推理是人类形成的一种科学合理的思维方式，其内涵为“实践是检验真理的唯一标准”。我国古代的韩非子十分重视证据，认为主观认识必须与客观事实相符，为此要用“参验法”检验主观认识是否符合客观事实，即“偶参伍之验，以责陈言之实”。19世纪三四十年代，法国哲学家孔德等提出实证主义，其中心论点是“一切科学知识必须建立在来自观察和实验的经验事实的基础上”。

证据推理是科学发生和发展的基础。纵观科学发展的历史可以看出，每一个重大的理论创新、每一项重要的发现、发明，都是尊重事实和证据、基于证据推理来实现的。作为一门自然科学，化学研究的是物质的组成、结构、性质、变化及其应用，物质及其变化就是真实而又重要的“证据”。无论是化学家的科学研究，还是学生的探究学习，都建立在对证据如实验现象、生活问题、生产实践、自然变化等的推理上，从中总结事实性知识、发现原理和规律、创新学科观念。

教育心理学家认为，学习是指学习者因经验而引起的行为、能力和心理倾向的比较持久的变化。学习要基于“经验”，没有“经验”，学习过程就不会产生。证据推理可以让学生充分接触环境中的事实证据形成“经验”，在与证据的充分“对话”中，通过推理建立或更新知识结构，感受化学科学的魅力；增强尊重事实的意识，形成实践是检验真理的唯一标准的观念。在体验到证据推理学习的重要意义后，学生就会形成习惯，主动去寻找证据，实现可持续性学习。

（2）论证。

论证是指引用论据来证明论题的真实性的论述过程，它是一种由论据推出论题时所使用的推理形式。

任何论证都是由论题、论据和论证方法三个要素构成的。

论题是通过论证要确定其真实性的判断，一般有两类：一类是已被证明的判断（旨在通过进一步论证论题的真实性宣传真理），另一类论题是尚待证明的判断（旨在探索论题的真实性）。

论据用来确定论题的真实性。论据一般有两类：一类是已有事实，另一类是科学原理包括概念、定律、公理等。

论证方法是论证过程中所采用的推理形式。一个简单的论证实际上就是推理，它的论据相当于推理的前提，它的论点相当于推理的结论，从论据推导出论点的过程相当于推理过程。复杂的论证是由多个不同的推理构成的，其中的推理过程和推理形式错综复杂。

论证通常可以分为以下几类。

① 事实论证。

事实论证又称举例论证，是从对许多个别事物的分析和研究中归纳出一个共同的结论的论证方法，即运用真实、可靠、有代表性的事例来证明论点。事实论证通常包括概括总体性事实论证和枚举个别事实论证。

② 理论论证。

理论论证又称道理论证，目的在于证明论点具有普遍性和规律性。由于论点一般是从具体的材料中抽象概括出来的，理论论证的实质性方法就是归纳法，而归纳法在很多条件下是很难实施的，因此用理论加以衡量就能够保证其可靠性。理论论证采用的是演绎推理，即将归纳所得的论点用人类已知的科学原理去衡量来进行论证。

③ 比较论证。

比较论证是一种由个别到个别的论证方法，通常分为两类：一类是类比论证，另一类是对比论证。类比论证是一种从特殊到特殊、从个别到个别的推理，属于或然性推理。它不拘于事物表面上的差异，而是把不同的事物联系起来考察，试图异中求同；其结论不一定真实，只有一定程度上的可靠性，但可以作为进一步研究的假说。在无法获得更确切论据的某些情况下，运用类比论证会得到有效的结果。一般来说，类比推理的可靠程度取决于共有属性和推出属性之间的联系：共有属性和推出属性之间的联系越密切，论证所得结论的可靠程度就越大，否则论证所得结论的可靠程度就低；共有属性和推出属性无关，则类比论证无法进行。因此，类比论证多适用于同类对象的类比。对比论证是一种采用求异思维方式的论证，侧重于对事物的相反或相异的属性进行比较来揭示需要论证的论点的本质。对比论证中的对比，可以是两个对象之间的比较（横向比较），也可以是同一对象前后不同阶段之间的比较（纵向比较）。

④ 比喻论证。

比喻论证是用比喻来进行论证，即用比喻之理去说明论题之理。在比喻论证中，比喻者是一些形象事例，被比喻者（论题）则是一种抽象道理。比喻者和被比喻者虽然是两类不同的事物，但它们之间在道理上具有相通性，因此存在推理关系。

⑤ 因果论证。

因果论证是根据自然界里和社会中各种现象之间存在的普遍因果联系进行的推理。自然界里和社会中，没有一种现象不是由一定的原因引发的，而当原因和一切必要条件都存在时结果就必然产生。所谓原因，指的是产生某一现象并先于该现象的现象；所谓结果，指的是原因发生作用的后果。有时一种结果往往是由多种原因引起的，这时就需要分析其中的主要原因，运用主要原因中引起结果的最本质的核心因素来论证论点。

（3）论证和推理的区别。

论证和推理二者的区别表现在三个方面。一是推理的前提不一定真，假命题之间同样可进行有逻辑的推理；而论证要求论据必须真，用假证据来论证毫无意义。二是推理的结果在推理完成之前是未知的；而论证的论点在论证开始之前就已经形成，即使是对尚待证明的判断进行论证，这个判断也是先于论证过程存在的。三是推理过程里涉及的要素，有的是结果的原因，有的是结果的条件；而论证过程中涉及的论据（即一个或多个推理的结果），全部都是论点的条件。

“证据推理”是化学课程标准规定的化学学科核心素养之一，显然，也是高中化学学科关键能力的必备要素。

7. 模型认知

模型是指人们为了实现某种特定目的而对研究对象所作的一种简化的描述，是原型（研究对象）的结构或运动形态的模拟，是以某种形式描述原型的本质特征又不需要覆盖原型的全部特征的表达方式。我国著名科学家钱学森说：“模型就是通过对问题现象的分解，利用我们考虑得来的原理吸收一切主要的因素，略去一切不主要的因素，所创造出来的一幅图画。”

在自然科学研究中，人们通过对研究对象的观察、实验获得了有关的科学事实后，要对这些客观事实进行抽象和概括来认识研究对象的特征和本质，期间往往要运用类比、形象的方法建立有关模型来代替和反映研究对象，以使研究更为方便和有效。其中，被模型替代的研究对象叫作原型。这种通过构建并利用模型来解释原型的形态、特征或本质的方法就是模型方法。模型认知则是指利用模型认识事物或构建模型解决问题的认知方法。当人们需要解决的问题在时间上或空间上与人的感观不匹配，或结构、变化过程难以外显，或因果关系过于抽象时，就要用到模型认知。模型认知是基于模型的认知，其过程主要包括建立模型、研究模型、理解和应用模型。

模型具有相似性（与原型之间具有相似关系且原型的特征明确地体现在模型中）、替代性（可替代原型供作研究）和可预见性（通过模型的信息预见原型的信息）。

化学学习领域的常见模型及其分类如图2-2-1所示。

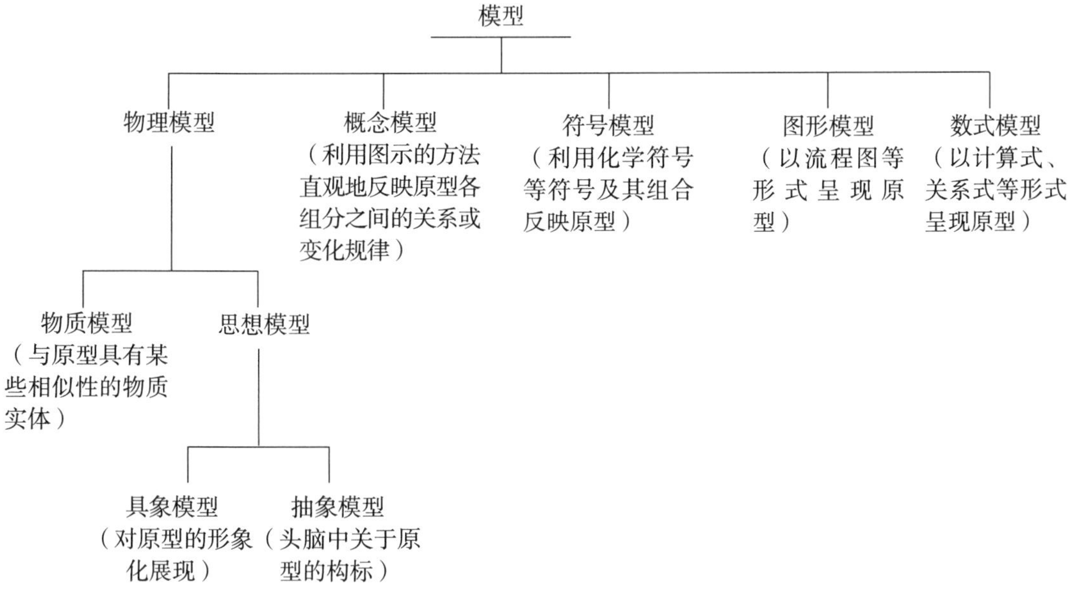

图2-2-1　化学学习领域的常见模型分类示意图

物质模型：如化工生产模型。

具象模型：如空间填充模型、DNA双螺旋分子结构模型。

抽象模型：如玻尔原子结构模型。

概念模型：如氮及其化合物的“价–类”二维图。

符号模型：如化学方程式。

图形模型：如实验操作流程图。

数式模型：如根据化学方程式计算时的关系式。

模型的认知功能主要表现在以下两方面。一是能简约化地、理想化地反映原型的基本特征，便于研究者将注意力集中在要研究的问题上，而忽略无关紧要的、非本质性问题；二是能够形象化地反映原型的内部构造和有关变化，便于研究者获得原型的整体映像并发挥想象力，通过抽象和推理构建新的认知模式。在模型认知的学习中，学生将模型建构与模型演变结合起来，可以培养科学精神；将模型展示与模型建构结合起来，可以提升思维能力；将模型观察与模型制作结合起来，可提升动手操作能力；将模型建构与问题解决结合起来，可以提升问题解决能力。

“模型认知”是化学课程标准规定的化学学科核心素养之一，显然，也是高中化学学科关键能力的必备要素。

教师明确了化学学科关键能力的具体内容，理解了化学学科关键能力的内涵和构成要素，就可以在教学过程中更有效地培养学生的化学学科关键能力。

第三节 问题解决教学策略与化学学科关键能力培养

问题解决教学策略是以问题解决为导向的教学策略，现在流行的问题解决教学模式则是问题解决教学策略的集中体现。问题解决教学策略的实施对于培养学生包括学科关键能力在内的学科核心素养具有重要意义。

一、问题解决教学策略

加涅指出，“教育课程的最终目标就是教学生解决问题——数学和物理问题、健康问题、社会问题以及个人适应性问题”。由此可以看出问题解决在教学中的重要地位。

（一）问题解决教学策略的含义

问题解决教学策略是以问题学习为中心，以问题发现、问题提出、问题生成、问题分析、问题解决、问题评价为主线，以学生在教师引导下开展自主探究、合作学习为主要学习方式的一种高效教学策略。

问题解决教学策略的基本内涵是以问题为导向，以思维为中心，兼顾知识体系的构建，突出学生能力尤其是关键能力的培养。

需要说明的是，不是所有的问话都是问题，教师在课堂教学中的有些提问也构不成问题。一般的问话或提问只是一种语言表达形式或学习型语言表达形式，本身并不具有“问题性”，而问题解决中所提到的问题都应当具有“问题性”。

教学论专家马赫穆托夫指出：“从内部结构的观点来看，可以认为问题性的课是这样的：在这种课上，教师有意地创设问题情境，组织学生的探索活动，让学生提出学习问题和解决这些问题（这种做法的问题性水平较高），或由教师自己提出这些问题并解决它们（这种做法的问题性水平较高），与此同时向学生说明在该探索情境下的思维逻辑（这种做法的问题性水平较低）。”问题解决教学策略所涉及的问题不应是教师无视学生的学习基础、能力水平和学习需求，仅仅根据课程要求、教材内容，凭自己的教学经验主观臆造的问题，更多的应是师生依照课程标准中的学业水平要求对教材内容进行结构化分析所产生的“需要研究讨论并加以解决的矛盾、疑难”，这些“矛盾、疑难”与课程要求、教学需要以及教师课前的教学目标预设相融合就形成了教学中需要解决的问题。另外，在教学过程中，新的问题还会生成。这样，问题或是在情境中产生延伸成一条“问题链”，或是由基础问题起始螺旋式上升形成一个“问题塔”，或是从一个问题出发呈树状发散形成一棵“问题树”——无论如何，问题的发现、生成和提出，依据的是课程标准的要求、学生的需求，来源于教师的潜心创设和教学的自然进程，目的在于建构和完善学生的认知结构、提高学生的问题解决能力。各种各样的问题有机联系着，由浅入深、由近及远、由简到繁地构建起“问题群落”；师生、生生在“问题群落”中围绕着问题交互作用，促进教学目标的达成。

问题解决教学策略的基本教学流程可表示为：师生创设问题情境→学生发现、提出、生成问题→学生分析、解决问题→学生发现、提出、生成更多的问题→学生开放性地分析、解决更多的问题→师生评价问题解决过程。

1. 创设问题情境

创设情境，为问题的发现、提出和分析、解决提供良好的背景，即问题引入。

2. 发现、提出、生成问题

从情境中发现问题，将情境问题转化为学科问题提出来，在学习过程中生成问题，即分析问题、搜索问题空间、搜集信息。

3. 分析问题

做出解决问题的各种假设，判断哪一种假设能解决问题，即提出假设、设计方案。

4. 解决问题

依据假设解决问题，通过论证来验证或修正假设、获得结论，即验证假设、形成新的知识结构。

5. 评价问题解决过程

对问题解决过程进行反思与总结。

在教学过程中，创设问题情境是实现问题解决教学的中心环节。在问题情境的引导下，学生通过收集资料和思考提出假设、验证假设，进行知识的迁移应用，通过应用又产生新问题，使问题解决逐步深入。整个教学过程应是学生主动探索知识，进行创新思维，提高分析问题和解决问题的能力，形成创新品质的过程。

问题解决教学策略是现代教育理念指导下的一种有效培养学生的问题意识、创造思维和问题解决能力的教学策略，问题解决教学也是“当代课堂教学深度改革不可回避的新路径、新思维、新方向”。

（二）问题解决教学策略的理论依据

1. 问题思维理论

心理学家鲁宾斯坦提出的“问题思维”理论认为，思维的核心是创新。思维起始于问题，是由问题情境产生的，而且是以解决问题情境为目的的。

鲁宾斯坦指出，思维是一个能动性过程，产生这一能动过程的最典型的情境是问题情境；也就是说，思维过程最鲜明的能动性表现为提出并解决生活中遇到的各种问题。这是因为在思维过程中认识主体与认识客体在不断地相互作用着，每一个思维动作都在改变着认识主体与认识客体的相互关系并引起问题情境的变化，而任何这样的变化又会引起思维的进一步发展。由此可见，认识主体对所面临的问题的认识过程实质上是一种思维过程，问题性是这一认识过程的重要特征。世界上的客观事物是无限的，客观事物及其所发生的现象是普遍联系的，问题与问题情境的存在受到客观事物及其所发生的现象的制约，这也构成了认识过程问题性的本体论基础。

2. 问题教学论

马赫穆托夫创立的“问题教学论”认为，问题教学是一种发展性教学。在这种教学中，学生的学习建立在问题情境创设、问题提出与问题解决的基础上，不仅要掌握科学结论，还要掌握得出这些结论的途径和过程，其目的在于形成独立思维的能力和发展创造能力。

问题教学论认为，传统教学的心理学依据是“联想”，而问题教学的心理学依据则是“问题性思维”，即学生解决问题要经过一种“问题性思维”过程：问题情境的产生和问题的提出、已知解决方式的使用、新行动原则及解决方法的寻找、实施寻得的原则和方法、检验解决方案等程序。在解决问题的过程中，学生是以提出并解决问题的方式来获取新知识的。

问题教学离不开问题情境的创设。为了提高问题情境创设的水平，马赫穆托夫以实验为基础，对问题情境产生的条件、问题情境的类型和功能、创设问题情境的方式方法等进行了研究。他认为，教师创设问题情境的基本方式主要有以下几种：① 让学生面临需要用理论加以解释的现象或事实；② 让学生在完成实践性作业时产生问题情境；③ 布置旨在让学生解释现象或寻找实际运用该现象的问题的作业；④ 激发学生分析生活中的事实或现象，让他们意识到日常观念与科学概念之间的矛盾；⑤ 引导学生提出假想，概述问题，并对结论加以检验；⑥ 激发学生对事实、现象、定则、行为进行比较的兴趣，由此创设问题情境；⑦ 让学生对已知事实与新事实进行比较并独立做出概括，等等。关于问题的提出，马赫穆托夫认为，问题的提出分三个阶段：① 分析问题情境；② 认识问题的实质；③ 用语言概括问题。其中，分析问题情境至关重要。学生只有通过分析问题情境，明确了已知条件与未知条件，才能在头脑里产生问题，并继而用语言对问题进行表征。关于问题的解决，马赫穆托夫认为它要经历“拟订问题的解决计划—提出推测并论证假想—证明假想—检测问题的解决结果—重温和分析解决”的过程。

3. 建构主义学习理论和元认知理论

建构主义学习理论认为，学习是学生在一定的情境中主动地通过同化与顺应，利用新旧知识经验之间的相互作用来构建、充实或改善自己的认知结构的过程。该理论主张学生在具体情境中，借助于丰富的学习资源把所学知识与一定的真实任务挂钩，并通过同伴合作来解决实际问题。

元认知指的是对认知的认知，是学生对自己的认知加工过程的自我察觉、自我评价和自我调节。在学习过程中，学生的元认知过程主要表现为在学习前能够意识到自己的学习成功或失败的可能性，在学习过程中能够意识到自己对学习内容的掌握程度等，在学习结束后则能够产生由成功或失败而带来的喜悦、自信、效能感或焦虑、无力感等。元认知始终贯穿于学生发现问题、提出问题、分析问题和解决问题的全过程，对学生的思维过程进行监控、调节、评价、反馈，提高学生的问题解决能力。

4. 问题解决模式

问题解决模式有很多，除了本书第一章第二节列出的问题解决经典模式外，以下一些问题解决模式也值得借鉴。

美国范德堡大学的布朗斯福特教授等学者提出了“五步问题解决模式”：问题识别、问题表征、策略选择、策略应用、结果评价。关于问题识别，要注意影响理解问题的因素有先前定义问题的经验、具体领域知识、聚合思维倾向和理解问题的心境。关于问题表征，要注意采用适当的手段和方法帮助学生将问题与现有的背景联系起来。关于策略选择，要注意根据不同的问题类型选择相应的策略。

斯滕伯格从认知技能与解决问题关系的角度，把问题解决的活动分为七个阶段：识别问题的存在，定义该问题，表征和组织关于问题的信息，设计或选择一个问题解决的策略，分配问题解决的资源，监控问题的解决，对问题的解决方案进行评估。

乔纳森在建构主义思想的基础上，将问题求解归纳为六个阶段，即界定问题、生成问题的解决方案、确定目标并建立可行方案的评价标准、过程规划、执行过程、效果评价。

伯克维茨和艾森堡提出了网络探究模式——Big6，即制定问题、寻找策略、搜索信息、运用信息、综合信息和评价信息。

问题解决是一个非常复杂的过程，很难用一种线性方式简单地对其进行描述。总的来看，各种问题解决模式都反映了问题解决过程采用一定的方法走出问题的未知状态到达问题的目标状态或理想状态的特征，都是依据认识主体解决问题时的认知程序来划分阶段的。

问题解决模式是由一系列问题解决教学策略组成的。

（三）由问题解决教学模式的形成看问题解决策略的意义

问题解决教学模式的应用最早可追溯到古希腊著名的思想家、哲学家、教育家苏格拉底的“对话法”。在与人的讨论谈话（教学）中，苏格拉底十分注意让对方发表意见，并用反击的方式启发对方积极思考，引导对方努力发现自己认识中的矛盾，从而自己发现知识并发展创新能力。苏格拉底将知识比作一个“胎儿”，将外界的人或事物比作一个“助产婆”，“胎儿”在“助产婆”的帮助下，突破困难（问题）而面世，即知识是在疑难（问题）被解决的情况下产生的。

18世纪，法国自然主义教育家卢梭认为，儿童天生就具有探索问题的欲望，教育孩子时应将他们引到问题的边缘，让他们自己去思考，在活动中发展感官、丰富经验，从而培养他们的思维能力和问题解决能力。他推崇儿童进行实地考察和旅游参观，通过各种活动培养良好的习惯。他重视儿童的游戏，认为儿童的游戏就是他的工作；玩既是儿童的天性，也是儿童获取知识、经验的重要途径。他指出，不要教儿童这样那样的学问，而要由他们自己去发现那些学问。

真正的问题解决研究是从实验开始的。桑代克以猫为研究对象进行了“桑代克迷宫”实验，总结出“试误论”，即不断地通过尝试错误来解决问题。后来，心理学家柯勒通过“猩猩取香蕉”实验提出了顿悟学习理论：在情境中建立各要素的关系，通过知觉中的顿悟来解决问题。

随后，关于问题解决的研究由以动物为对象转为以人为对象。

19世纪末到20世纪初，杜威进一步发展了古希腊苏格拉底的“对话法”。他推崇“科学（家）的思维方法”，将其演化为五个基本步骤：① 疑难的情境；② 确定疑难的所在；③ 通过观察和其他心智活动以及收集事实材料，提出解决问题的种种假设；④ 推断哪一种假设能够解决问题；⑤ 通过实验，验证或修改假设。由此，形成了所谓的“思维五步法”。杜威将“思维五步法”直接用于学校的教学，创造了著名的“五步教学法”：① 教师给儿童准备一个与他们的社会生活经验相联系的情境，同时给予一些暗示，使儿童有兴趣去了解某个问题；② 把在此情境中产生的问题作为思维的刺激物，并要求有足够的资料和更多的实际材料作为支持，以便使儿童能够应付情境产生的问题；③ 引导儿童通过应用资料、进行观察并积极思考，提出解决问题的各种假设；④ 让儿童自己把所提出的假设加以整理和排列，使其逻辑有序；⑤ 引导儿童通过实际应用来检验这些假设，使这些假设的意义更加明确，并对它们是否有效做出自己的判断。

20世纪40年代，德国心理学家柯勒在大学里进行了一个实验——观察大学生是如何解决“用射线治疗胃肿瘤”问题，得出的实验结论是解决问题的过程趋向于先确定问题的范围、指出可能的解决方向，再逐渐缩小范围并形成解决问题的一般方法和特殊方法，一步步进行推理直至问题解决。在此基础上，他提出了“问题解决策略”的概念。

随着计算机技术的发展，问题解决的研究又由对人的研究转向了对计算机的研究。研究者研究计算机解决问题的过程，并将其移植到对人解决问题的心理过程的研究。

20世纪60年代中期，马赫穆托夫等提出了“问题教学”模式，倡导发展性教学。他们依据当代心理学研究的最新成果，对问题教学的本质、原理和思维操作过程进行了深入研究，指出在问题解决的过程中，问题是思维的起点，解决问题的方法体系建立在对问题情境的分析、提出问题并解决问题的基础之上。

20世纪70年代后期，问题解决研究的内容和对象发生了新的转移，研究者更多地关注社会领域和学科领域的问题解决。在教育界，认知心理学与学校的教育教学实践结合产生了一系列学科教学领域问题解决的研究成果。

20世纪80年代，问题解决教学模式在世界范围内得以应用和发展，并在全球的教育改革浪潮中发挥了重要作用。以数学学科为例，波利亚对数学解题进行了详尽的探讨。他十分强调数学解题过程中的“发现”，指出解答数学题包括理解问题、制订解题方案、执行解题方案、反思问题解决等过程；在解题过程中要不断地变化问题、简化问题，把解题过程看作问题化归的过程。1977年，全美数学顾问理事会将学生的数学解题能力列为学生应具备的十大数学能力的首位。1980年，全美数学教师协会（NCTM）提出“必须把问题解决作为80年代中学数学的核心”。1988年，第六届国际数学教育大会（ICME）将问题解决研究列为主要的研究课题之一。

20世纪90年代，是国际上问题解决教学模式研究的高潮时期，研究者们加强了对问题表征类型和问题表征因素影响的研究。例如在美国，哲学和文化思想被融入问题解决教学之中，形成了探究学习、项目式学习和基于问题解决的学习等新的学习模式。美国学者帕恩斯还提出了创造型问题解决模型，强调问题解决者在制订问题解决计划和执行这一计划之前，要尽量多地运用发散思维寻求更多的解决方案。这一模型对于提升问题解决者的创新能力和问题解决能力非常有帮助。

在我国，自古以来就十分重视问题解决的教学模式，孔子、朱熹等思想家、教育家都十分关注问题解决的教学方法。例如，朱熹指出问题越多，学习的进步越快。他说：“学者读书，须是于从无味处当致思焉。至于群疑并兴，寝食俱废，乃能骤进。”

自20世纪80年代以来，我国学者积极展开了对教学模式的研究工作，在众多的教学模式中，由情境创设、提出问题、分析问题、解决问题、评价总结五个环节组成的问题解决教学模式备受青睐。现在在各个学科的教学中，问题解决教学皆已蔚然成风，而且发挥着越来越大的作用。

由问题解决教学模式的形成和发展可以看出，问题解决教学模式的根本特征是重视学生学习自主性的发挥，强调学生个体经验的获得，主张学生在实际活动中通过发现和解决问题来学习，要求学生从问题情境出发，在亲身体验的过程中进行一系列的假设、推理、检验的活动而获得问题解决，并在其中满足学习需求、激发进取的动机、磨炼意志品质。因此，问题解决教学模式是一种高效和发展性的教学模式。利用这种模式进行教学，学生不仅能通过问题解决掌握了科学结论，更为重要的是能通过亲身探究和实践，参与知识的发生、形成和发展过程，进行“像科学家一样工作”的学习，培养创新精神和创造能力。

二、问题解决教学策略对化学学科关键能力培养的意义

问题解决教学策略对于化学学科关键能力培养的意义主要表现在以下几方面。

（一）促进大概念教学

学生能力的发展离不开知识学习，知识是学科关键能力形成与发展的本源，学生通过对客观知识的知识理解、知识迁移、知识创新将其转化为个体知识来形成学科关键能力。教育理论研究与教育实践证明，科学的知识不是一般的知识，而是与“大概念”相关的真实的知识。

1. 什么是大概念

大概念的英文是big idea，也有学者将其译为大观念，最早被当作广告营销术语使用。

关于大概念思想，可以追溯到18世纪中叶富兰克林提出的“有用的知识”观点。所谓“有用的”是指能使人们将生活中的事务处理得更好的一些特殊技能和一般理解力。在教育领域，20世纪60年代，布鲁纳的教育学、心理学理论成为大概念思想的直接来源，并于20世纪末形成了系统阐述。2009年，在苏格兰举办的一次中小学科学教育国际研讨会形成的《科学教育的原则和大概念》的报告，推动了中小学科学课程结构的改革，使大概念思想得到了广泛关注。英国科学教育专家哈伦等科学家提出了科学教育中的大概念体系，强调科学教育的内容不应是知识片段的堆积，而应是有结构的、有联系的模型。在其他领域如哲学领域，大概念思想的研究和应用也受到广泛关注，学者们普遍意识到以概念（或观念）组织学科知识体系、形成学科整体思想可以为相关领域的发展提供清晰的视角，为学生全面地理解所学知识并建立科学的认知结构提供指导。

我国学者赵康在《大概念的引入与教育学变革》一文中指出：“‘大概念’是一种高度形式化、兼具认识论与方法论意义、普适性极强的概念；‘大概念’已经不再仅仅是一个简单词汇，它背后潜藏着一个意义的世界，它超出了一个普通概念的应有内涵与外延，作为一种深刻思想、学说的负载体，已成为‘思想之网’的联结枢纽。”

大概念包括共通概念（侧重跨学科内容的组织）和核心概念（多用来整合某一学科内的知识），有着丰富内涵并可以应用于诸多领域。

在共通概念方面，STEM教育模型就是大概念的突出代表。赫斯特认为，

STEM教育的目标设置不是着眼于知识体系的构建、过程和技能的培养，而是着眼于在大概念的指引下，使学生认识到所面临的事件和现象与他们在学习期间和之后的生活相关。STEM教育模型不仅关注学科大概念的应用，而且重视跨学科大概念的应用，通过连续性STEM大概念集成课程单元，促进学生深入学习相关课程。连续性STEM大概念主要包括学科内大概念、跨学科大概念以及整合大概念三个方面。查莫斯将STEM大概念分为两个相辅相成的类型：内容大概念和过程大概念。其中，内容大概念主要是概念（如空间、时间、能量）、原理（如能量守恒定律）、理论（如原子理论、混沌理论）、策略（如权衡策略、自上而下以及自下而上的策略）或者模型（如概率模型）等；过程大概念是与获取和有效使用知识有关的技能，如观察、实验、控制变量、制定假设、解释数据等。

在核心概念方面，美国《下一代科学标准》所提到的13个学科核心概念以及5个跨学科概念都属于不同层次的科学大概念。美国、加拿大、澳大利亚等国家出台了国家层面或地方层面的课程标准，普遍构建以“大概念”为核心的学科课程的基本架构。我国东北师范大学教育学部部长吕立杰教授在题为“课程设计中的‘大概念’含义及实施要点”的专题讲座中指出，“大概念”是指在一个学科领域中最精华、最有价值的学科内容。“大概念”所陈述的要点是对学科核心概念理解的具体表述。我国于2017年颁发的《普通高中课程方案》要求“重视以学科大概念为核心，使课程内容结构化，以主题为引领，使课程内容情境化，促进学科核心素养的落实”。

学者们认为，对于大概念，可以从广义与狭义两个角度来理解其含义。从广义角度来看，大概念是在认知结构化思想指导下，以学科基本结构中的核心概念整合相关知识、技能等课程内容要素，形成的有关联的学科内容组块。大概念下的许多小概念或次级概念，共同组成具有严密结构的学科内容体系。由于大概念反映着学科的本质及其特殊性，因此利用大概念可以将学科内容精简为一组命题而构建起学科的基本框架。从狭义层次来看，大概念是对事实性知识或技能的抽象与提炼，是对具体知识或技能本质的揭示，是对不同层级核心概念之间关系的推论性表达。狭义的大概念是居于核心地位的概念，不再是具体的知识和技能。大概念作为能够促进对相关学科内容理解的关键概念，可以组织、联结起丰富的信息、经验乃至理论，创生、拓展及深化相关学科内容的意义。

有的学者从化学知识、化学史和化学社会学三个视角揭示了化学学科大概念的内涵。从化学知识的角度来看，化学是描述、解释和预测物质及其变化的学科，因而化学学科大概念应涵盖物质的组成与结构、化学反应及其规律等方面的基本概念。从化学史的角度来看，化学科学是在实践中产生并由化学家所进行的大量研究的推动而不断发展起来的，学生在学习中需要学习如何在社会实践中发展化学知识，因而化学学科大概念应涵盖化学科学思想的发展、化学科学方法的进步等。从化学社会学角度来看，化学是一种实用性、创造性很强的科学，对个人和社会发展有着重要作用，学生在学习中需要认识和理解社会科学问题，因而化学学科大概念应涵盖温室效应、化学污染等与学生生活、社会科学问题密切相关的内容。

由以上分析可以看出，学科大概念主要是指从学科内容中抽象出来的，能够涵盖学科的基础知识与基本技能并能够解释和预测较大范围内的事物和现象的、有利于学生掌握学科本质特征及内在规律的、可迁移应用的学科核心概念。学科大概念具有深刻的内涵与多维结构，并显示出独有的特性。大概念的“大”不仅指它所涉及范围广、规模大，还指它在学科地位上高——“核心”，更意味着它对学生学科核心素养的发展具有重要作用，这是因为它揭示的是学科的本质特征和内在规律，能够促进学生关键能力的形成。

2. 大概念的表现形式与教学设计

威金斯等学者认为，大概念是对个别的知识和技能赋予意义与联结的概念、主题、问题，因此概念、主题、问题等就成为大概念的表现形式。对此，威金斯等学者做了如下描述。① 理论，即一个推论或一组用来解释现象或实践的观点；② 理解或原理，即对概念之间关系的表述；③ 背后的假定，即提出解释事实的主张而尚未被证明的思考；④ 概念，即以共同属性框定一组实例的心智建构；⑤ 主题，即各类社会活动等所要表现的中心思想；⑥ 持续的论辩与观点；⑦ 自相矛盾之说；⑧ 一再出现的问题。我国浙江大学教育学院刘徽认为，大概念主要有三种表现形式：第一种是概念，概念是大概念的典型表现形式；第二种是观念，指的是一种看法和观点，能够反映概念与概念的关系；第三种是论题，有些大概念很难有明确答案，可能就表现为“论题”，对这种论题的研讨有利于学生建立“专家思维”。

对于课程来说，基于大概念理念，课程内容框架构建已不是孤立的知识和技能堆集，而是被赋予一定意义的知识和技能的有组织、有结构的链接，是有关概念、主题、问题的有机组合。在这样的课程结构中知识系统化了，从而有助于学生对知识的记忆、理解与迁移。现在，围绕大概念设计学科课程已成为课程设计的国际趋势。教育部颁布的《关于全面深化课程改革落实立德树人根本任务的意见》，要求课程建设全面发挥大概念对于发展学生学科核心素养的重要作用，要求教师在更广阔的视域下，认识基于核心素养发展的学科课程内容中隐含的逻辑链条、客观规律和教育模式，大力促进课程建设的科学发展。2018年教育部发布的普通高中各学科的课程标准，强调以学科大概念为核心统整各学科课程内容，以促进学科核心素养培养任务的落实。

从教学内容来讲，大概念是学科最有价值的知识，即最容易转化为素养的知识，对学科大概念的挖掘也就是对学科核心素养的挖掘。从教学过程来讲，学科大概念能促进结构性教学，这不仅有利于学生了解自己需要掌握的核心知识内容是什么，而且有利于学生更加深刻地理解学科学习与自身发展之间的联系有哪些，不断改进自己的学习状况，促进学科核心素养的发展。为此，大概念下的教学设计既要充分揭示学科知识间的内在联系，以优化学科的知识结构；又要对学科的具体事实与学科的抽象概念进行整合，以利于学生在知识迁移应用的过程中发展学科核心素养。

大概念理念指导下的教学，要求学生通过对基本概念及其相互之间关系的理解来形成大概念，这样才有助于概念的调取、迁移和利用。在这样的学习过程中，学生依靠大概念进行知识建构，在深度学习中学会问题解决的方法，促进迁移能力以及实践创新能力的发展，实现学科核心素养的培养。

以高中化学中的关于原子的知识为例，该部分知识涉及的基本概念及各个概念之间的关系如图2-3-1所示。

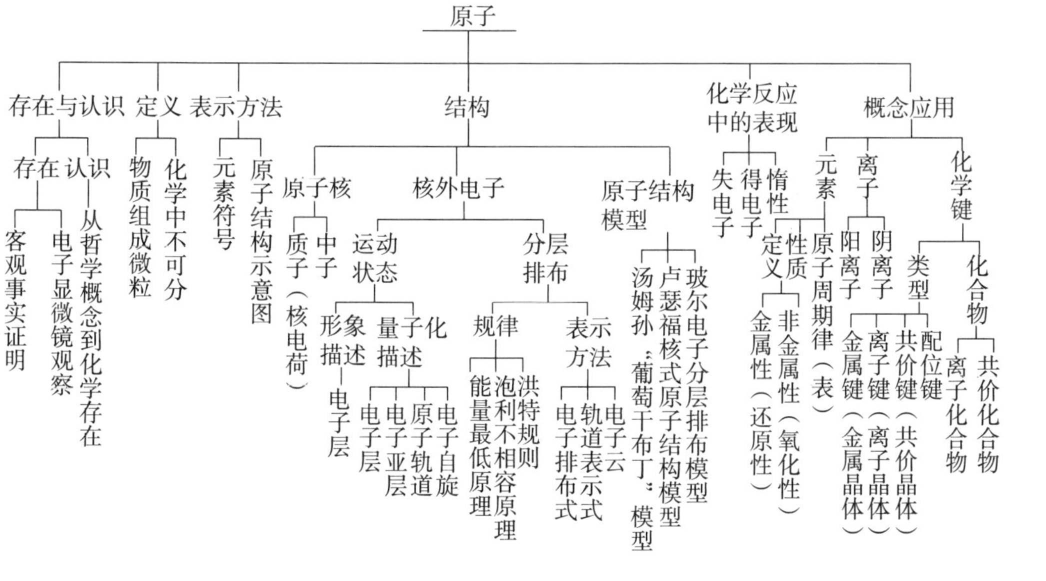

图2-3-1　原子的知识结构示意图

根据图2-3-1，可以构建起有关教学内容的大概念。关于原子知识的大概念包括原子是组成物质的最基本的化学微粒，它具有一定的结构并能衍生出其他微粒，它们共同组成丰富多彩的物质世界；原子是化学变化中的基本微粒，通过核外电子的运动状态的变化引起各种各样的化学反应；原子是一种客观存在，人们通过对它的认识促进化学科学的发展；原子之间存在着相互联系，原子引起的变化具有一定的客观规律性。在这一大概念的统领下，原本零散的基本概念互相联系，共同组成了有关原子知识的概念体系；在这一体系中，各层次的基本概念所处的地位和所具有的作用，它们之间的相互联系、相互作用以及背后隐含的科学价值一清二楚。学生具有这样的知识结构，更容易洞悉关于原子知识的本质，也能够把所学知识迁移应用到新情境中。

刘徽认为，注重真实性学习是开展大概念教学的关键，其考量的不只是学科知识的融会贯通，更是学生今天学的东西是否可以迁移到未来解决真实问题的实践中去。这就像杜威曾提出过的，“最好的一种教学，是牢牢记住学校教材和实际经验两者相互联系的必要性，使学生养成一种态度，习惯于寻找这两方面的接触点和相互的关系”。刘徽指出，大概念教学之所以在当下具有非常重要的价值和意义，主要就是因为它强调的是真实性学习，关注的是学生能否将所学迁移到真实问题解决的实践中去。大概念教学在核心素养培养与课堂教学之间构筑起一座桥梁，是实现课程与教学向“素养本位”转轨的有力工具。

大概念思想指导下的教学并不要求教师把大概念直接教给学生，而要求教师站在大概念的高度上，厘清概念体系，审视概念的发生和发展，合理布局教学内容，选准教学的基本问题，利用有效的教学方法和教学情境来促进学生科学概念的建构，引导学生的学习朝着大概念的方向发展。

理论研究和教学实践都证明，对学科基本问题的探究是理解学科大概念的前提。学科基本问题是指那些指向或突出学科大概念的，能够激励、启发学生超越特定的主题而对所学知识理解得更系统、更深入的，可迁移的真实性问题。对学科大概念的学习，既是为了完成问题解决任务，又是从问题开始的，即学科基本问题及其解决是学科大概念学习的有效驱动力。因此，以问题为导向的问题解决教学策略对于促进学生大概念的学习，进而培养学生的学科关键能力具有重要的作用。

（二）实现深度学习

1. 什么是深度学习

深度学习是一种基于人工智能和脑科学理论，引导学生沉浸于知识情境和学习情境之中，善于运用批判性思维，注重实现知识的内在价值的学习活动。

深度学习的概念源于计算机科学、人工神经网络技术和人工智能研究。自20世纪80年代起，基于计算机科学、人工神经网络技术和人工智能研究的一系列学习模型出现了，使人们对于学习本质的认识越来越深刻，深度学习的概念和思想在教育领域也越来越被重视。其实，早在1956年布鲁姆在《教育目标分类学》一书中将教学目标分为了解、理解、应用、分析、综合、评价六个由浅入深的层次，就意味着“学习有深浅层次之分”。1976年，美国学者马顿和萨尔约在《论学习的本质区别：结果和过程》一文中明确提出了表层学习和深层学习概念。此后，随着信息技术的发展，基于信息技术的深度学习在各类教育、各个学科领域的研究越来越广泛。

2006年，一直从事机器学习模型研究的加拿大多伦多大学计算机系辛顿教授在《利用神经网络刻画数据维度》一文，首次提出深度学习概念和计算机深度学习模型。由此，人工智能研究领域掀起了深度学习研究的热潮。在人工智能领域，深度学习实际上是一种算法思维，其核心是利用计算机来模拟人脑的深层次学习，抽象深层次学习时人脑的认知活动，以此来实现计算机对数据的复杂计算和优化。深度学习模型包括多个人工神经网络，它们具有强大的特征表达能力和对复杂问题的建模能力，可以完成具有高度抽象特征的人工智能任务。加拿大西蒙菲莎大学艾根教授领衔的深度学习研究项目，探讨了中小学深度学习的原则与方法，分析了深度学习对于学生学业成长、教师专业发展和学校改革创新的意义；不仅关注教学设计、学习技术和学习环境研究，而且注重教学观和学习观的更新以及对于教学过程和学习过程的诠释，是在深度学习方面有重要影响的研究。

在我国，2005年，上海师范大学黎加厚教授在《促进学生深度学习》一文中率先介绍了国外关于深度学习的研究成果；自2007年起，华中师范大学教育学院郭元祥教授带领团队，以价值观、知识观、学习观、过程观的重建为基础，以发展学生的学科能力为宗旨，进行了深度教学改革实验，引导学校经历从理念到实践的一整套思维方式和行为模式的转变，对于我国深度学习方面的研究产生了重要影响；2014年，教育部基础教育课程教材发展中心启动了深度学习教学改进项目，有力地推动了我国关于深度学习研究的开展。现在，我国关于深度学习的研究不断深入，取得了一系列研究成果。例如，阎乃胜认为，“浅层学习”是指那种碎片化、快餐化、微型化的学习方式，“深度学习”相应地是指“对信息予以深度加工，深刻理解和掌握复杂概念的内在含义，建构起个人情境化的知识体系，以知识迁移推进现实任务的完成”；张浩认为，深度学习是一种主动的、批判性的学习方式，也是实现有意义学习的有效方式，要求学习者进行理解性的学习、批判性的高阶思维、主动的知识建构、有效的知识迁移及对真实问题的解决。自2017年起，关于深度学习的研究与实践已成为我国教学实验的热点。在有关研究成果的引领下，关于深度学习的课堂教学改革在我国中小学广泛开展，有力地促进了学科教学培养学生核心素养任务的落实。

教学领域的深度学习不同于人工智能领域的深度学习，指的是学生在教师的指导下进行“层进式学习”（对知识的内在结构的逐层深化学习）和“沉浸式学习”（对学习过程的深层次参与）。学生只有进行深度学习，学习才有意义。

浅层学习停留在“记忆、理解”低阶认识水平，强调对知识的机械性记忆和学习，无法达到“运用、分析、评价、创造”高阶认识水平。而学生的学科核心素养，实质上是学生顺利完成学科认识活动和问题解决活动，尤其是解决复杂的、不确定性的现实问题，即进行迁移创新类能力活动过程中表现出来的综合品质或能力。落实到日常教学中，学生的学科核心素养主要表现为能自主建构知识网络，并借助思维模型等实现行为外显，推进知识的系统化和可视化，从而在完成知识学习的同时树立学科思想观念；能从多角度认识学科问题和学科本质，能在真实、复杂的情境中，面对问题的解决完成知识的迁移，实现知识的功能化。因此，培养学科关键能力，就需要进行深度学习。

深度学习以发展高阶思维为目标，强调知识迁移；强调高学习投入，主要包括高认知、高情感、高行为投入；注重批判性建构，理解性学习；强调知识的整合，促进知识的有效迁移；关注反思，能够在试错修正的过程中习得复杂知识、发展思维、学会如何学习；强调迁移应用和问题解决。

进行深度学习，首先要对“深度”有正确的理解。艾根教授从认知论的角度指出，深度学习的“深度”有以下三个标准。

（1）知识的充分广度。

知识具有强烈的依存性。无论是自然科学知识、社会科学知识还是人文科学知识，都具有特定的社会背景、历史背景和文化背景，都是人类思维的产物。离开了社会背景、历史背景、文化背景和人的思维，或者人为地将知识与这些背景和人的思维分离开来，知识就成为一些没有意义的符号、没有根基的概念，毫无价值。知识的充分广度要求为知识学习提供多方面的支架，打好广泛的基础。

（2）知识的充分深度。

深度学习强调学习过程是一个符号理解、符号解码和意义建构的过程，其目标是理解知识的内在本质、建立科学的认知方式、提升包括批判性思维在内的思维品质。因而，深度学习所涉及的知识必须具有充分的深度。

（3）知识的充分关联度。

深度学习理论认为，知识学习不是单一的符号学习，而是涉及符号的意义构建和精神指向的深层次学习，这要关联到学生的情感、态度与价值观。只有具有充分关联度的知识，才具有对其深度学习的价值。

由以上分析可以看出，深度学习就是在教师的引导下，学生围绕着由具有充分广度、深度和关联度的知识组成的，具有挑战性的主题，全身心地、积极地参与，进行意义构建、促进个人发展的学习活动。

2. 深度学习的内涵与基本特征

（1）深度学习的内涵。

深度学习的思维特征是高阶思维，其认知水平对应于“应用”“分析”“评价”“创造”4个较高级的认知层次。因而，深度学习是一种注重理解的学习，是学生以实际问题的解决为目标，整合知识内容，积极主动地、批判地学习新知识和新思想，将它们融入原有的认知结构中并发展高级思维的学习活动。

就高中化学教学来说，深度学习指的是在教师引领下，学生围绕真实情境中提炼出来的具有挑战性的问题，宏观辨析与微观探析相结合，变化观念与平衡思想相结合，证据推理与模型认知相结合，开展以化学实验为主的多种探究活动，理论联系实际地解决问题，获得结构化的化学核心知识，建立化学思想方法体系，树立创新意识、科学态度与社会责任，促进化学学科核心素养发展的学习活动。

例如，对硫酸氧化性知识的深度学习可用以下问题串表示：

① 稀硫酸和浓硫酸都具有氧化性，各如何体现？怎样通过实验来说明？如何用化学方程式或离子方程式来表达？

② 稀硫酸和浓硫酸的氧化性有什么不同？

③ 浓硫酸具有氧化性的内在原因是什么，由此可以得到什么启示？（内在

原因：氢离子的“极化”作用引起硫酸根的不稳定，启示：内因是变化的根据，外因是变化的条件，外因通过内因起作用）

④ 从稀硫酸中的硫酸根的稳定到浓硫酸中硫酸根的不稳定可以得到什么启示？（量变引起质变）

⑤ 稀硫酸和浓硫酸的氧化性在生活和生产中都有些什么应用？

⑥ 关于对稀硫酸和浓硫酸的氧化性的讨论对于认识物质的性质有何意义？

（2）深度学习的基本特征。

① 注重情境创设。

情境认知理论认为，学生要将自己置身于知识产生的特定情境中，通过积极参与具体情境中的社会实践来获取知识、建构意义、解决问题。

深度学习理论认为，学习既是学生对于有关概念、原理等知识的认知过程，也是学生对于知识社会意义的建构过程。深度学习重视情境创设，倡导学生在真实的情境中体验、领悟，认识知识的本质及内在规律，理解知识之间的相互联系，掌握知识承载的社会意义，构建与完善认知结构，提升问题解决能力。

② 注重批判性思维。

深度学习是一种建构性学习，不仅要求学生认识、了解概念、原理等结构化层次的知识，还要求学习者理解、掌握复杂概念等非结构化层次的知识，并利用它们构建认知结构，灵活地解决各种实际问题。为此，深度学习要求学生善于运用批判性思维，对学习内容保持一种批判或怀疑态度，在质疑与辨析中加深对所学知识的理解。深度学习之所以强调批判性思维，是因为批判性思维是一种善于质疑、注重辨析且富于创造精神的思维，有利于学生认识事物的本质和事物变化的规律。

③ 注重对学习内容的有机整合。

孤立、零散、碎片化的知识只能以机械记忆的方式存储于大脑中，用于解决浅层次的问题。深度学习注重学习内容的有机整合，把多种知识有机地连接起来，通过同化和顺应的方式构建或完善认知结构，使知识实现深度融合，以达到长期保持和迁移应用的目的。这就需要学生有意义地统整孤立的知识要素，使学习内容更具弹性和易于意义构建。

④ 注重对学习过程的调控。

深度学习需要学生对已激活的已有信息和所获得的新信息进行精细的深度加工。这是一个复杂的思维过程，只有对这一思维过程进行科学调控，才能取得有效的学习成果。

⑤ 注重创造性地解决问题。

深度学习重视知识的迁移运用和创造性地解决问题，鼓励学生取得有独到见解的创新性学习成果。

3. 深度学习的意义

有研究指出，深度学习是学科核心素养包括学科关键能力培养的关键。围绕本学科领域内知识的主要组织原则和基本概念组织起来的大概念进行深度学习，对于学生认识知识的本质，提取和运用知识具有重要的指导作用。所以，学科教学要引导学生围绕本学科领域的大概念进行深度学习。

深度学习的作用主要表现在以下三方面。

（1）促进学生有意义的学习。

学生学习知识，不是去记忆那些无内在联系的、碎片化的事实或信息，而是理解有内在联系的原理性知识，把握人类社会发展中积累的知识精华。要理解一类知识的内在联系，就要对这类知识的具体知识进行深度研究，一旦掌握了具体知识的本质，便可举一反三、触类旁通。

学生学习知识的最终目的并不仅仅是掌握有意义的知识，而是将学到的知识运用到社会实践中。在深度学习里，知识不是通过教师灌输转移到学生头脑里的，而是学生在教师的引导下通过自主探究与合作学习从由知识发生、发展过程形成的情境中主动获得的。学生亲身经历知识发生、发展的过程，不但能够牢固地理解和掌握知识，而且能够了解知识所承载的精神和文化，提升情感、态度与价值观水平，增强社会责任感，为将来知识运用与社会实践奠定良好的基础。

为了促进深度学习，应教给学生对于学习进行评价的方法，使他们能够对所学知识的价值进行科学的评价。

（2）促进教学内容的改革创新。

深度学习的对象是具有一定挑战性的，具有充分广度、深度和关联度的知识，这对教学内容就提出了很高的要求。深度学习所要求的教学内容不是一般的教材内容，而是经过加工所形成的“教学材料”。所谓的教学材料，指的是教师在教材内容的基础上融入真实事件和有关因素如情感、态度与价值观所构成的情境，便于学生进行思维加工并将其转化为自己的精神力量的教学内容。教材内容变为教学材料，学生学习知识的过程就由“静态的转移”变为“动态的转化”，知识就会变为力量，从而体现出人类知识传承的真正价值。

（3）促进学生学科关键能力的发展。

深度学习不仅仅是加深学生对所学知识的理解，促进学生的高级认知和高阶思维的发展，更重要的是指向包括关键能力在内的核心素养培养即立德树人教育根本任务的落实。在深度学习里，学生学习到的不再是一般的知识，而是有意义的知识，而有意义的知识是能够转化为能力的。因此，深度学习能够促进学生学科关键能力的发展。

显然，深度学习无论是对知识本身的探讨，还是对知识所承载的价值的领悟，都离不开问题的发现、提出、分析和解决，问题解决教学策略的实施能够帮助学生实现深度学习，从而提升学科关键能力。

（三）引领探究学习

1. 什么是探究学习

学习的实质就是“发现问题”“解决问题”“形成思路乃至思想”，这在探究学习中体现得尤为突出。

所谓探究学习，就是一种学生在本能的好奇心驱使下产生学习动机，按照类似科学探究的方式去发现问题、分析问题和解决问题的学习活动。1964年，施瓦布首先提出并使用“探究学习”一词，开创了“探究学习”的新模式；探究学习的倡导者萨其曼博士认为，“探究是人类最基本的学习方法”。

2. 探究学习的价值

（1）有利于培养科学精神。

在探究学习中，学生通过亲历学习过程，会感受到知识与技能的形成过程，体验到认知结构的变化，认识到科学思想方法的指导作用，领悟到科学态度的价值，从而能强有力地培养科学精神。

（2）有利于强化问题意识。

问题意识是学生能够积极主动地发现问题、分析问题和解决问题的重要心理品质之一。

“基于问题”的探究学习以“提出问题”为起点，在复杂的、有意义的问题情境中进行学习；以“解决问题”为中心，使一切活动都围绕着这个中心展开，在解决真实性问题的过程中掌握隐藏于问题背后的知识与技能而形成学习能力，并进一步强化学生的问题意识。

（3）有利于掌握科学方法。

我国西汉史学家刘向在《说苑·建本》一文中说“讯问者，智之本；思虑者，智之道”，意思是说经常请教询问是保持聪明的根本，经常思考问题是掌握科学方法取得智慧的途径。

科学方法是认识自然或获得科学知识的程序或过程，是人们在认识和改造客观世界活动中遵循和运用的，以科学为基础的各种方法和手段的总称。

科学方法可以分为三大类：经验方法，如观察方法、实验方法、测量方法等；理性方法，如逻辑方法、统计方法等；臻美方法，如直觉方法、类比方法等。

科学方法对自然科学研究来说，有着至关重要的作用，可以说，一切关于理论的探索，归根结底是关于科学方法的探索；科学创造过程，实际上是科学方法创新的过程。这正如法国著名数学家庞加莱所说，科学创造“首先需要创造方法”。

科学方法广泛地深入到社会科学和人类生活的各个领域，为人类认识客观世界提供了新的视角和观点。例如，达尔文的生物进化论，不仅是19世纪最伟大的科学成就之一，而且所运用的以通过观察和实验所取得的事实材料为基础实事求是地分析问题和解决问题的方法等，也广泛地渗透于社会科学领域之中。

在探究学习的全过程中，学生按探究程序所进行的每一项活动都必须运用相关的科学方法，这样才能保证这些活动达到预期的目的。因此，坚持探究学习必定会使学生熟练地掌握各种科学方法，并能自如地将它们应用到实践中去。

（4）有利于完善认知结构。

在探究学习中，学生要在已有认知结构的基础上运用科学的方法解决新知识经验与原有知识经验之间的不协调，并将所检验或验证了的关于解决问题的假设和猜想变成可靠的理论融入原有的认知结构中，从而丰富和完善认知结构。

通过探究学习，学生既能掌握有关的知识与技能，又能掌握蕴含在其中的过程与方法，完善自己的认知结构，增强自己的各种意识。

3. 探究学习的要素

（1）激发学习动机。

人的一切活动都是由一定的动机引起的。社会的发展和教育的要求在学生头脑中的反映引起他们对学习的需要，这种需要就激发起他们的学习动机，使他们积极参与到学习活动中来，并在活动中保持一种较稳定的心理状态，将其指向某一目标以满足学习的需要。

根据自发性和目的性的不同，可将学习动机分为外在动机和内在动机两种类型。外在动机主要由成绩评价、各种奖励、升学就业等外部因素引起，内在动机主要由好奇心、求知欲、成就感等心理因素引起。

顾明远教授说："兴趣是最好的导师，没有兴趣就没有学习。"兴趣往往产生于好奇，而具有好奇心又是人的本能。好奇心在学习过程中的体现是对自己感兴趣的问题总想探个究竟，热衷于寻找自己满意的答案。探究学习正是对人类探究本能的一种回应。探究学习起因于学生的好奇心，在整个探究学习的过程中学生的行为始终是围绕着如何满足自己的好奇而展开的，正如心理学家克罗思所说，"好奇心是一种天生的和强有力的动机因素"。

（2）遵循一定的程序。

探究学习是一种按照一定程序进行的学习活动。《美国国家科学教育标准》指出："探究是一种有多侧面的活动，需要做观察；需要提出问题；需要查阅书刊及其他信息源以便弄清楚什么已经是为人所知的东西；需要设计调整方案；需要根据实验证据来检验已经为人所知的东西；需要运用各种手段来搜集、分析和解读数据；需要提出答案、解释和预测；需要把研究结果告之于人。探究需要明确假设，需要运用判断思维和逻辑思维，需要考虑可能的其他解释。"

（3）掌握科学的方法。

对科学学科的探究学习，加涅在《旨在探究的学习条件》中一针见血地指出，一个前提条件就是学习所必需的能力——科学过程技能，这是理解科学所必需的。科学过程技能包括观察、分类、描述、交流、测量、组织运用空间关系、下结论、下操作定义、形成假设、控制度量、解释数据和实验等。

需要特别强调的是，在探究学习中学生要注意掌握提出假设或猜想的策略。对要解决的问题提出假设或猜想，然后去检验和验证，这是探究学习的核心。为此，学生要在探究学习的过程中总结提出假设或猜想的规律，提升这方面的能力。

（4）既重过程又重结果。

就学习本身来讲，"知识与技能"和"过程与方法"是有机统一的：离开了具体的知识与技能，过程与方法就没有意义了；反过来，脱离具体的知识与技能而单纯地学习过程与方法，也是行不通的。

从学习过程来看，任何学习活动都要以已有的知识经验为基础并在一定的观念和方法的指导下进行，在学习过程中提出假设或猜想也要以已有的知识经验为基础，而这些已有知识经验正是先前所进行的学习活动的结果。从这个角度讲，没有"结果"也就没有"探究"，因此，在探究学习过程中既要重视过程，也要重视结果。

4. 探究学习的一般流程

（1）提出问题。

提出问题是探究学习的开始，但并不只是开始探究学习时需要提出问题，在整个探究学习的过程中都需要不断地提出问题并分析问题和解决问题。

（2）建立假设。

一般来说，假设包含着已知事实和推测性论断两种基本成分，它是由学生在已有知识经验和认知结构的基础上对所提出问题进行推测性分析所做出的设想。由此可以看出，形成假设的过程是一个根据已有知识经验和与所解决问题有关的信息而进行推理的心理活动过程。

在提出问题后，学生要应用已有知识经验，对问题的答案进行可能的设想，并对假设的可检验性进行估计。

（3）设计方案。

设计方案指学生利用各种手段搜集与解决问题相关的资料和信息，以及检验或验证假设的必要材料，设计用于检验或验证假设的方案。

（4）获取事证。

获取事证指学生实施方案，获取能用于检验或验证假设的事实和证据，并对这些事实和证据进行评价。获取的事实和证据一定要准确、全面、可靠、有足够的说服力。如果按原方案所得出的事实和证据无法充分说明所做的假设时，则需要调整方案，补充必要的事实和证据。

（5）检验假设。

检验假设指学生用获取的事证检验假设（或猜想），判断所做的假设是否合理，从而进行科学的评价。

（6）表达结果。

表达结果指学生根据获得的事证做出合乎逻辑的结论并表达出来，与学习伙伴交流，同时考虑学习伙伴的评价。

由以上分析可以看出，探究学习就是一种提出问题、分析问题和解决问题，按照问题解决规律进行的学习过程。问题解决教学策略能够引领探究学习，从而促进学生学科关键能力的发展。

（四）推动项目式教学

1. 什么是项目式教学

项目教学是在多元智能理论、建构主义理论、自适应学习理论、实用主义教育理论和情境学习理论等理论的指导下，以学生的探索学习、自主学习和合作学习为基础，教师组织学生通过实施项目来进行学习的教学活动。在这一过程中，学生充分选择和利用各种学习资源，实际体验，探索创新，内化吸收，自主地获得知识、形成技能、磨砺品格、发展素质。

项目式教学萌芽于欧洲的劳动教育思想，起源于16世纪的欧洲建筑和工程教育运动，主要用来弥补当时纯书本理论学习的不足。到18世纪末，项目式教学不再是建筑教育领域的专利。受第一次工业革命的影响，项目式教学完成了从建筑教育领域到工程教育领域的飞跃，并在世界范围内广泛传播，这对项目式教学的实际应用和理论发展具有重要影响。项目式教学可以弥补书本知识的不足，提高学生的操作能力，并考量学生的实践能力和艺术创造力，因此这种教学模式引起了越来越多学者的关注。19世纪末，学者们认为，项目的推动力不应该是工作和学习的需要，而应该基于儿童的兴趣和经验；项目不应仅侧重于技能，创造性对于儿童同样重要；项目不仅应考虑系统性，还应考虑儿童和学科逻辑等。这些观点引发了项目式教学模式的重大变革。随着时代的发展和研究的深入，人们逐渐认识到，项目式教学除了使学生掌握技能外，对于激发个人兴趣和丰富个人经验也具有特殊意义。项目式教学不仅要考虑单个项目从设计到结果的完整性，还要考虑学科逻辑。

1918年，杜威的学生克伯屈在其著作《设计教学法》中，最先提出项目教学概念，并完善了项目教学的理论框架、介绍了项目流程。基尔帕特里克认为，项目教学就是“在社会环境中发生的、全身心的、有计划的行动”，“项目教学使学习者参与某些能产生结果的项目中去，然而教学过程的主要目标是学习效果而不是项目产出的结果”。

1965年以后，项目教学法在欧洲教育界再度获得重视，并被大型公司和高等职业学校视为培养职业综合能力最为有效途径之一。

自20世纪70年代起，随着新实用主义在美国哲学界甚至整个思想界的影响愈大，项目式教学开始在教育界盛行。美国的一些教育研究学者认为，应将基于项目的学习与传统的教学模式协调起来，以解决课程教学和项目式教学之间的矛盾。各种研究极大地丰富了项目式教学的内涵和主导思想。这样，项目式教学从“是什么”到“如何做”都有了非常清晰的概念，其思想也被普遍接受。于是，基于多元智力理论，以教育者自身实践经验为基础的项目式教学课程被陆续开发并广泛应用，项目式教学成为教师采用最频繁的教学模式。项目式教学有效地将课堂与社会联系起来，项目活动被看成是现实生活的缩影，学生可以从中了解和解决实际问题，培养理论联系实际的能力、分析和解决问题的能力、合作交流的能力等，有效地开发、培养多元智力。

在德国，自1971年起，项目式教学课程就被作为一门新型课程列入了德国某些学校的课程表中，一组来自综合中学的教师首先提出了“项目周”（集中一周时间进行教学）的倡议和实施方案，并进行了大量的教学实践活动。经过多年的探讨，项目式教学在培养学生能力方面表现出的独特优势，使其成为德国教育界讨论最热、研究最多的课题。

总体来讲，国外对于项目式教学的理论研究已基本成熟，也出现了很多有代表性的著作，如伯曼的《多元智能与项目学习》。在单学科领域，项目式教学也涌现出很多成功的适合中小学基础教育的项目活动，如克拉耶克的“基于项目的科学（Project-based Science，简称PBS）”。从20世纪末开始，克拉耶克及其同事以美国中小学科学课程为实验点，应用项目学习的基本原理，大胆开拓新方式PBS。PBS的特点是“重视驱动性问题的选择，以引导学生的探究。学生以小组为单位，开展相似的实验，收集能用来回答驱动性问题的数据。学生决定数据的分析方法，发掘数据的意义，并确定产品展示的方式。虽然这个探究过程花费了大量的时间，并且要求学生互相亲密合作，但是它体现了真实的科学探究”。项目式教学涉及高等教育、职业技术教育、中等教育、初等教育、小学教育等各级各类学校教育，覆盖范围广泛，效果显著。

1927年，克伯屈应邀来华讲学，掀起了我国有关项目式教学实验的高潮。虽然国内项目式教学的研究起步较晚，但经过项目式教学研究者在理论方面的深入探讨和在实践方面的探索创新，取得了丰硕的成果。1998年，洪长礼发表的《项目教学法的培训效果初探》一文开启了我国项目式教学研究的新纪元。上海师范大学夏惠贤教授致力于多元智能理论的研究，著有《项目学习的理论与实践——多元智力理论视野下的跨学科项目设计与开发》，并翻译引进了多本该领域的经典。夏惠贤教授在重视理论研究的同时，还重视理论与实践的有机结合，带领上海师范大学教育科学学院的研究人员与上海浦东新区东方小学合作，设计并开发了多元智力视野下的数个多学科交叉的综合项目。中央教育科学研究所的任伟研究员翻译了美国巴克教育研究所所著的《项目学习教师指南——21世纪的中学教学法》，为广大教师系统介绍了项目式教学的核心价值体系与追求的目标，给出了整个项目式教学建构的完整过程，而且还提供了

“点子库”、项目表格和在基于项目的学习实践过程中得出的经验等有用的信息。青岛三十九中在北京师范大学专家教授的指导下，深入开展项目式教学研究，取得了显著成果，并编写出版了“普通高中国家课程项目式教学实践研究丛书”。现在，项目式教学逐渐成为国内教学研究的主流方向之一，越来越受到重视、得到肯定。随着新课程改革的推进和相关专家、学者对项目学习研究的深入，这种教学模式正在被越来越多的教师所认识和接受，其理论体系在教学过程中逐渐完善，项目学习的实践操作在教学过程中不断改进，使项目式教学成为一种常规的教学模式，并且从跨学科的大项目过渡到单学科的小项目、微项目。在北京师范大学王磊教授主持的“中小学生学科能力表现研究”的课题研究中，项目式教学体现出了明显的教学成效。

项目式教学被认为是21世纪学习方式的一场革命。它从根本上改变了学生、教师、学习材料和学习环境这四种教学要素的作用以及它们之间的关系：教师成为资源的提供者和学习活动的参与者，从专家变成学生学习的顾问或协助者；教学关注学生的兴趣和需求，最直接的学习材料是现实生活中的实际问题而不是教科书；教学内容围绕项目而展开，突破了传统的学科界限，消除了传统教学理论脱离实际的弊端；学生在解决实际问题的过程中通过决策整合、批判性思维和合作学习活动来了解世界，从而获得知识、发展个性并提高能力；教学评价多样化、实用化，注重过程性评价或绩效评价与表现性成果相结合。因此，学生基于项目的学习是一种深度学习，项目式教学理念被认为是传统教学理念无法替代的创新教育理念，项目式教学也就成为发展学生关键能力的重要教学方式。

2. 项目式教学的构成要素

完整的项目教学包括内容、活动、情境和结果四大要素。

（1）内容。

项目教学的内容来自教学要求相关联的项目任务，学科知识融在项目任务中，学生完成项目任务的过程也就是学习体验、感悟学科知识的过程，在此过程中学生建构起对学科知识的个性化理解，发展高阶思维能力。项目教学的内容具有实用价值，而不是按学科知识逻辑构建起来的教学内容。对于这些内容，学生可以自行安排学习行为，取得学习收获。

（2）活动。

项目教学的内容是通过学生的一系列实践活动而不是单靠学习书本知识或教师讲解来完成的。这些活动，一是具有一定的挑战性，在活动中学生不仅需要利用所学知识和技能来分析解决问题，而且要学习新知识、新技能，在克服一道道难关的过程中提升学习能力和创新能力；二是要具有建构性，为学生提供发挥自己潜能的空间，让学生亲临活动、构建新知。

项目式教学活动以“团队”为基本组织形式，强调师生、生生合作，形成“学习共同体”。在“学习共同体”中，成员之间交流互动，共享思维成果。

（3）情境。

项目任务蕴含在情境中，这些情境支持着学生主动参与到项目活动中，有效利用各种资源完成项目中相互联系的各种任务。项目式教学的情境是真实的、有意义的、具有挑战性的，学生通过对情境的分析来明确项目任务、寻求达成目标的途径、展望完成项目任务取得的成果。

（4）结果。

项目教学的结果即项目任务完成后取得的成果。项目式教学的成果的形式多种多样，如可以是实物或视频、也可以是报告或论文。项目式教学的成果要进行展示和交流，供学生共享以促进共同提高，使项目式教学不断得以深化。

3. 项目式教学的基本流程

关于项目式教学的流程，克伯屈制定了“目标、计划、实施、检查”的基本框架，弗瑞提出了“创意、目标、计划、实施、检查、总结”模型，维曼则认为应包括“创意、目标、计划、决策、实施和评价”等六个阶段。

对于学生来说，项目式学习的具体步骤为明确项目目标、了解项目任务、制订项目方案、实施项目方案、展示项目成果、进行项目评价。

（1）明确项目目标。

进行项目式学习，必须明确项目目标，并利用目标来指导、激励、评价所进行的项目式学习。

（2）确定项目任务。

这一阶段主要是学生明确项目任务，分解项目任务。项目任务可以是一个也可以是几个；教师要和学生共同讨论，进而确定项目实现目标和具体任务体系。

（3）制订项目方案。

这一阶段主要是根据项目任务和目标制订项目方案，包括人员分工、用品和工具准备、采取的方法策略及应注意的问题等。项目方案的制订可采用“头脑风暴”法，汇集项目小组全体成员智慧，凸显个性化和创新性，然后进行全班展示和互相评价，进行方案优化。

（4）组织项目实施。

项目实施是项目式教学的核心阶段。在这个过程中，各小组应首先按照所制订并优化的方案开展活动，并做好各项记录。在项目实施过程中遇到问题时，学生要及时与同学或教师商讨解决。

（5）展示项目成果。

这一阶段主要是进行项目总结和成果展示，引导学生交流并内化项目教学中的收获、促进素养的提升。

（6）进行项目评价。

评价方式可包括以下几种方式，即自评、组内互评、组间互评与师评相结合。自评就是指各项目组成员对自己在项目实施过程中的表现进行评价；组内互评就是项目小组在组长组织下就组内成员在知识应用、合作精神、问题解决能力、创新意识等层面进行评价；组间互评是指各项目小组之间依据项目完成实际情况进行相互评价；师评就是指教师在学生自评、互评的基础上，依据其对各小组观察和检查结果进行综合评价。

4. 项目式教学的基本特征

项目式教学，从导向上看，注重的是人人参与创造性实践活动，而不是最终结果的形成；从目的上看，是在教学过程中将理论知识与生活、生产实践结合起来，充分开发学生创造潜能，增强学生分析问题和解决问题的能力、主动探究能力、自我管理能力、自主发展能力和团队合作能力等；从教学的关键点上看，重视项目选择、成果展示、评估总结等。

与以“传道、授业、解惑”为特征的传统教学模式相比，项目教学模式有着截然不同的特征。

（1）以项目为主线。

项目式教学就是通过完成项目来进行的教学，项目任务的完成贯穿于教学活动的始终。项目一般要综合几门课程的内容或一门课程几个部分的内容。项目本身具有使用价值，不是凭空虚构；尽管不一定都是真实情境的全部，但一定要与真实情境相关联或是真实情境的改造。项目往往由几部分组成，因而需要学生合作完成。在项目式教学中，学生要在教师的指导下，明确项目任务和目标，分解项目任务和目标，根据项目任务和目标制订并实施项目方案直至项目任务完成、项目目标达成。这一切，都是围绕项目这条主线来进行的。

（2）以学生为主体。

在项目式教学中，无论是项目任务和目标的明确、项目任务和目标的分解，还是项目方案的制订与实施以及项目成果的展示与评价，都是由学生自己完成的，即学生是项目教学的主体。在这一过程中，新目标和新主题不断生成，学生要发挥主动性和创造性，用所学的知识和技能发现问题、提出问题、分析问题和解决问题，不断提出创造性见解，在此基础上发现和学习新知识、完善认知结构并提高有关能力。

项目式教学具有自我组织和自我控制的内在要素，无论是明确任务、明晰目标、制订方案，还是项目实施、交流总结、成果展示，都给予学生自主发挥和创造的空间，由学生自主安排。

（3）以教师为主导。

在项目式教学活动中，教师要根据教学要求选择项目或将需要完成的任务、需要解决的问题设计成项目，将项目下达给学生；学生以小组合作的方式，在教师的指导下，共同完成项目任务。

项目式教学主张师生双向互动，要求教师要具有创造性和应变能力，从讲台上讲走到学生中间与学生一起研讨，教学方式由“讲授”“灌输”转变为“启发”“引导”，教师成为学生活动的组织者、咨询者和评价者。

从项目式教学是一个完整的教学活动的角度来看，它具有“行为导向”的特点：① 实践性：项目任务与真实世界密切联系，学生的学习面向实践；② 自主性：以学生为主体，提高学生的自主探究能力和合作学习水平；③ 发展性：长期项目与阶段性项目形结合构成实现教育目标的系列活动，促进学生的发展；④ 综合性：项目内容涉及学科交叉和知识的综合利用；⑤ 开放性：在项目式教学中，学生综合运用已掌握的知识，自由展开自己的想象，减少传统的禁忌，与老师、同学进行平等交流，甚至对老师的看法和要求提出质疑，师生之间、生生之间是互动的、双向的和合作的，内容是开放的，成果展示、总结评价也是多种多样的。

问题解决教学策略能够推动项目式教学的深入开展。美国心理学家帕金斯认为，提高学生高层次认知技能，需要学生有解决问题的任务，需要向学生提供如何解决问题的指导。学生在项目式学习中一般要经过发现问题—提出问题—分析问题—提出假设—评价、验证—得出结论等过程，其中的每个环节都有助于学生能力的发展。例如，在分析问题和提出假设阶段，学生需要从各个角度去思考解决问题的途径，这时主要有两种思维在起作用：一是通过直觉性思维获得解决问题的想法，二是通过分析性思维检验想法正确与否。因此从实质上来看，项目式学习就是在寻找问题和解决问题中学习，通过学习获得新知、发展能力。

（五）强化方法观念

无论是大概念教学、深度学习，还是探究学习、项目化教学，都离不开化学方法和化学思想方法的应用。化学教学实际上就是一个问题解决的过程，而化学问题的解决不是为了解决某个单一的化学问题，而是要将解决问题的方法策略归纳总结起来构建方法体系，并在解决问题的过程中不断使其优化，形成较强的迁移能力去解决更多的现实问题。这一切，都离不开问题解决教学策略。这也就是说，问题解决教学策略能够强化学生的方法观念，引导学生掌握科学的思想方法，促进学生化学学学科关键能力的提升。

第三章

化学教学与问题解决

项目式教学、研究性学习、实验教学、情境创设、习题教学是运用问题解决教学策略培养学生关键能力的重要途径。

第一节　项目式教学与问题解决

项目式教学是一种引导学生通过完成项目任务来达成教学目标的新型的教学方式。在项目式教学中，学生在驱动性问题的激发下运用有关的方式方法来完成项目任务，整个过程就是一个问题解决的过程。

一、化学项目式教学系统构建

（一）项目确定与目标制定

1. 项目确定

项目式教学是在探究学习的基础上产生的一种教学模式。在项目式教学中，教师给出的项目即是学生应完成的学习任务。在完成项目任务期间，学生需要分解项目模块，通过自主探究、分工合作来查阅资料、整理数据、分析问题、解决问题等途径形成项目作品。在复习含硫物质转化这部分内容时，我们设计了“联合办厂——基于项目式教学的含硫物质转化复习”项目式教学。对于含硫物质转化的复习，以往教师是将含硫物质进行分类，引导学生分门别类地讨论物质的性质，通过化学方程式表征物质之间的转化。这种复习模式只是在知识层面上对学习内容进行了概述，不能引发学生深度思考。“联合办厂”模拟真实项目，引导学生基于工业生产实际进行讨论分析，最终形成基于“价–类”二维模型分析元素化合物相互转化的思维方法。

化学项目式教学的项目内容主要包括：① 物质性质研究，如“探秘膨松剂——碳酸氢钠的性质”“探究久置补铁剂的成分——铁及其化合物的性质”“黄花菜中硫元素的测定——基于模型应用的硫及其化合物复习”；② 工业生产流程模拟设计，如“联合办厂——基于项目式教学的含硫物质转化复习”“灭火器的制作——盐类水解的应用”；③ 物质转化方案可行性探讨，如“工业废气合成甲醇方案的确定——基于项目式教学的化学反应快慢和限度复习”“‘海上桥梁防腐方案’建议书设计——金属的腐蚀与防护”；④ 新材料与新物质研发，如“解酒药的研制与开发——基于模型建构乙醛性质的研究”。

教师根据教学内容选择项目时要注意以下几点。首先，对高中化学教学内容进行仔细梳理，明确项目教学内容及项目任务的发展点。其次，确定项目是大项目、中项目、微项目，还是跨学科融合项目。第三，选择适合所确定项目的教学模式。

化学项目式教学的教学内容应该达到以下三方面要求：① 符合化学学科的内容目标和学业要求；② 能提升学生的化学学科素养；③ 具有真实的、完整的、复杂的问题情境。

以鲁科版《普通高中教科书 化学 必修 第一册》第2章微项目“科学使用含氯消毒剂——运用氧化还原反应原理解决实际问题”为例。

（1）符合化学学科的内容目标和学业要求。

微项目“探秘84消毒液——基于项目式教学的氧化还原反应复习”的内容是根据化学课程标准的内容标准和学业要求来确定的。化学课程标准规定的这一部分的内容标准是：① 认识元素在物质中可以具有不同价态，可通过氧化还原反应实现含有不同价态同种元素的物质的相互转化；② 认识有化合价变化的反应是氧化还原反应，了解氧化还原反应的本质是电子的转移，知道常见的氧化剂和还原剂；③ 结合真实情境中的应用实例或通过实验探究，了解氯及其重要化合物的主要性质，认识这些物质在生产中的应用和对生态环境的影响。化学课程标准规定的这一部分的学业要求是：① 能从物质类别、元素价态的角度，根据复分解反应和氧化还原反应原理，预测物质的化学性质和变化，设计实验进行初步验证，并能分析、解释有关实验现象；② 能从物质类别和元素价态变化的视角说明物质的转化路径；③ 能说明常见元素及其化合物的应用对社会发展的价值、对环境的影响。据此，教材以微项目“科学使用含氯消毒剂——运用氧化还原反应原理解决实际问题”为载体，引导学生对本章节的重点知识内容进行回顾总结，发展“价–类”二维模型思维，强化建模、用模的过程。

（2）能提升学生的化学学科素养。

微项目“科学使用含氯消毒剂——运用氧化还原反应原理解决实际问题”引导学生通过对有关氧化还原反应的分析来树立变化观念，通过探究学习来强化证据推理与模型认知，通过动手实验来体验科学探究与提升创新意识。这些都有利于学生化学学科核心素养的培养与发展。

（3）具有真实的、完整的、复杂的问题情境。

微项目“探秘84消毒液——基于项目式教学的氧化还原反应复习”以家用84

消毒液及其使用、里约奥运会泳池水变色事件为问题情境，并引导学生利用学校游泳池消毒这种身边的情境。这些情境都是真实的、完整的、复杂的情境。

一个好的项目内容，要能够承载知识主题和素养主题，能够让学生在真实地解决实际问题的过程中探求新知、提升能力、发展素养。

2. 目标制定

教学目标的制定应以化学课程标准为依据，分清课型是新授课还是复习课、是单元复习课还是总复习课等具体情况，通过课前预测确定真实学情，然后围绕项目内容确定项目目标。项目目标确定了，项目式教学的实施才能有的放矢，也才能实现教学效果的最大化。

（二）素材收集与问题设计

1. 素材收集

一般情况下，项目素材来源于四个方面。

（1）身边的化学素材。

生活中的化学最容易吸引学生兴趣，作为项目式教学切入点，往往能够迅速带领学生进入状态。同时，解决身边的化学问题能够提升学生对化学学科价值感的认同，如汽车尾气的排放——研究氮氧化物的转化、学校游泳池的消毒方式——研究氧化还原反应在生活中的应用等。

除了生活中的化学外，还可以选择化工生产素材，如汽车中的化学、工业废气合成甲醇方案的确定、解酒药的开发与研制、“海上桥梁防腐方案”建议书的设计等。

（2）化学实验素材。

实验是常用的项目式教学素材。化学是以实验为基础的学科，实验能提供真实、复杂的情境素材，在实验过程中发展学生的化学学科核心素养、提高学生的科学探究与创新意识。例如，“通过实验解决黄花菜中硫的测定”就是一种项目式教学实验素材。

（3）文本素材。

不少项目素材来源于文本素材，如家用84消毒液的使用说明书、膨松剂的成分表等。另外，教材上也有许多平常注意不到的项目素材，化学课程标准中也提供了很多情境素材建议。所以，教师在日常教学过程中要注意各种文本项目素材的收集和整理。

（4）新闻事件和科研成果素材。

自然现象和社会生活中蕴含着丰富的项目式教学素材，由此可以确定项目式教学的课题，如雾霾问题——雾霾天气中空气的重要成分研究、大馒头上了青岛“上合峰会”的国宴——馒头制作过程中膨松剂的反应原理探究、对新型生物电池、燃料电池素材的使用研究等。这样的项目式教学，可以改善课堂教学素材陈旧的状况，更好地发展学生的科学探究与创新意识。近几年的高考题中，最新的科研成果作为题目情境素材的试题越来越多，这与新高考所提倡的发展学生的学科核心素养密切相关。

2. 问题设计

项目式教学关注的实际上就是学生如何来解决问题，以驱动性问题组织和引导教学任务和活动是项目式教学的一个主要特点。

项目式教学过程中的驱动性问题设计应注意以下几点。

第一，问题要与化学课程标准的要求保持一致，直指化学学科的核心内容，以利于实现项目式教学的教学目标。

第二，问题要与学生的知识经验和生活经验相关、要有趣味性，能吸引学生的学习兴趣。

第三，问题要具有挑战性，能承载高质量的、丰富的科学内容和方法，能引发学生的深度思考，能激励学生面对困难采用自己所不熟悉的手段来解决。

第四，问题任务要具有可操作性，能被拆解成可实施的次级问题任务作为项目的子任务，即大问题任务能够拆解成小问题任务、小问题任务能够再被拆解成更小的问题任务，使问题任务逐步被解决。同时，问题设计时不仅要考虑学生是否能够在某一时间段内完成问题任务，还要考虑学生可利用的教学资源以及学生的技能水平。

第五，问题是开放性的，要求学生具有高阶思维，要能通过对信息的整理、综合、分析、批判性评价确保问题的解决。

第六，问题解决要具有可行性。

第七，问题要符合正确的价值观的要求。

项目式教学要求学生在真实情境中解决实际问题，就需要学生从情境中剥离出核心化学问题。另外，解决这些真实问题需要经过一定的步骤，这就要求学生能将实际问题拆解开来。这个过程要由学生来完成，教师不可替代。在教学中，教师应着重引导学生将实际问题转化为化学学科核心问题，在驱动性问题（驱动性任务）的引导下进行问题拆解。

以“工业废气合成甲醇方案的确定——基于项目式教学化学反应快慢和限度复习”项目式教学为例。这一项目蕴含的核心化学问题是外界条件对化学平衡和化学反应速率的影响，解决的问题的关键是如何提高甲醇的产率。对此，学生一般会分别从压强、温度、催化剂或浓度等角度对问题任务进行拆解，但是实际问题是比较复杂的，并不是轻而易举就能把问题任务拆解好的。例如，增大压强能够增大产率，那么，缩小体积和增大通入气体的量这两种增大压强的方法中哪种更可行？能否无限增大压强来增大产率？对于这样的问题，学生往往难以考虑周密。为此，教师在教学中可以引导学生通过“论证‘多快好省’制甲醇的方案”“探寻‘多快好省’制甲醇的措施”“研讨‘多快好省’制甲醇的流程”三个驱动性任务进行问题任务拆解。

（三）工具支持与活动组织

1. 工具支持

化学项目式教学的工具支持可以分为硬件资源支持和软件资源支持。

（1）硬件资源支持。

项目式教学的硬件资源主要包括各种实验仪器和实验药品、白板和各种电子硬件。涉及元素化合物知识的项目式教学几乎都有实验探究活动。因为项目式教学的教学内容多是全新的，使用的药品或者仪器很多是传统教学中的实验用不到的，这就对化学学科的实验室后勤准备工作提出了更高的要求。除此以外，使学生拥有能够查阅资料的相关电子器材也很重要。项目式教学以学生为中心，交流分享和成果展示时经常组织学生汇报自己的见解，为此要用到投影或磁吸板等。

（2）软件资源支持。

项目式教学的软件资源是学生课堂学习的支架，包括在学生解决问题或完成任务的过程中，教师设计好的、有助于促进学生参与问题解决过程的各类支持。

项目式教学过程中，教师作为学生学习的指导者和帮助者，需要对学生的项目活动进行观察和指导，有时还要介入学生的学习过程提供学习支架。从最近发展区理论上来看，学习支架的作用在于帮助学生顺利穿越“最近发展区”，以获得进一步发展。

学习支架有很多，可根据教学需要来选取。

①“价-类”二维图。

“价-类”二维图对于涉及元素化合物知识的项目式教学具有重要的意义，它能够指导学生从物质类别和化合价角度综合性地认识物质变化，将凌乱的元素化合物知识变得井然有序。这样，不但有利于记忆元素化合物知识，而且有利于学生形成认识和解决元素化合物问题的思路。比如，在关于含氯消毒剂的项目式学习中预测次氯酸钠性质时，当把次氯酸钠放在“价–类”二维图（图3–1–1）中时可以发现，氯的化合价为+1价，既具有氧化性又具有还原性。这样，在用实验证明预测的化学性质是否正确时，学生就会灵活地选用合适的氧化剂或者还原剂来设计实验。

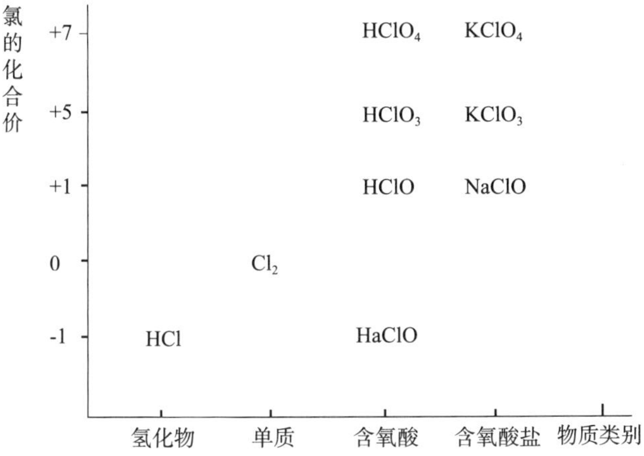

图3–1–1　氯与常见化合物的“价–类”二维图

② 化学史资料。

化学史资料在项目式教学中是一种很重要的课堂学习支架。例如，侯德榜制碱法的故事在案例“世纪回眸探制碱——基于纯碱工业的水溶液模型建构”中，可直接为学生提供分析水溶液中平衡关系的背景材料。

③ 模型。

模型建构对学生形成有序思维、多层次地认识化学物质和化学变化、形成化学学科能力有着重要的意义。例如，在“海水电池的制作——基于项目式教学的化学电池学习”项目式教学中，电化学模型（图3–1–2）可以帮助学生认识电池的基本组成和原理，成为学生设计新型电池的依据。

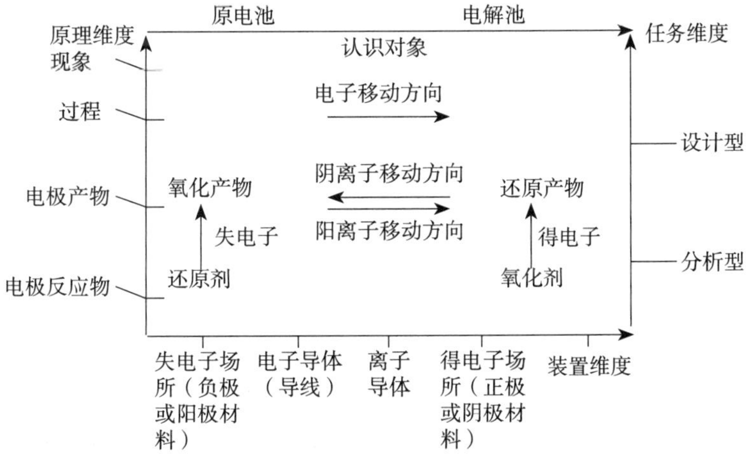

图3–1–2　电化学模型

另外，在项目式教学的实施过程中，学生解决真实问题时需查阅大量的资料，这时需要教师为学生提供必要的资料，教给学生查阅文献的方法；学生在“交流研讨”环节，教师要对学生回答或汇报的问题提出质疑引发学生讨论；在“实验探究”环节，教师要以资料卡形式为学生呈现个别物质的性质、实验仪器的使用、对化学概念的解释、化学计算公式等。这些，也都是教师给学生提供的学习支架。

2. 活动组织

项目式教学要保证项目活动和学生的核心知识的有机融合，避免将问题解决和知识学习割裂开来，只关注知识点而忽视问题解决过程。为此，教师要引导学生在解决问题的过程中获得知识。

在项目式教学活动中，教师要扮演好指导者这一角色，既要善于发现学生在探究过程中暴露的问题，如实验操作的规范性问题；又要对学生给出的答案进行质疑，提出高水平的探究问题，激发学生进行高阶思维。在这一过程中，教师要对学生在解决问题中出现的错误进行纠正。

对于一些复杂性问题，学生需要以小组为单位进行学习，这也是项目式教学通常采用的教学方式，即在学生自愿结合和由教师适当调整的原则下，学生分成小组，优化小组结构，确立学习共同体。这就要求教师在设计项目活动时，既要考虑如何充分调动学生自主学习的积极性，又要考虑如何发挥小组合作学习的作用。

（四）过程评价与目标达成

尽管项目式教学是以结果为导向的教学方式，但项目式教学活动更关注项目实施过程中学生的表现，因而应加强项目式教学的过程性评价。

化学课程标准提出，“过程性评价”关注学生在学习过程中采取的学习方式，关注非预期效果，也就是打造生成性课堂。在项目式教学的过程中，过程性评价期望可以通过学生的互评、自评，帮助学生掌握正确的学习方式、实现深度学习。

项目式教学的评价方式与传统教学的评价方式不同。传统教学的评价方式是给出具体的分数，这在项目式教学中是要坚决杜绝的。项目式教学通过优秀、良好、合格、不合格等来对学生的学习情况进行评价。评价结果要包括优秀的地方，不足的地方；如果项目失败了，要弄清原因在哪里、失败的经验和教训是什么。

过程性评价包括三个部分：核心活动的评价（小组或个人评价），阶段性成果及项目作品的评价（小组评价），项目总结的评价（个人评价）。为此，教师可以分别设计相应的等级评价量表、自我反思记录表或活动表现观察记录表进行针对性评价。一张完整的评价表一般包括指标、评价标准、等级等内容。

二 大概念类项目式教学案例

探秘84消毒液

——基于项目式教学的氧化还原反应复习

（一）项目开发背景

氧化还原反应是高中化学课程的重要内容。化学课程标准中关于氧化还原反应的内容要求为“认识元素在物质中可以具有不同价态，可通过氧化还原反应实现含有不同价态同种元素的物质的相互转化。认识有化合价变化的反应是氧化还原反应，了解氧化还原反应的本质是电子的转移，知道常见的氧化剂和还原剂”；关于氧化还原反应的学业要求进一步强调“能从物质类别、元素价态的角度，依据复分解反应和氧化还原反应原理，预测物质的化学性质和变化，设计实验进行初步验证，能分析、解释有关实验现象”。由此可见，化学课程标准不仅要求学生认识氧化还原反应的特征、本质以及知道氧化剂、还原剂，还要求学生能够根据氧化还原反应原理认识物质及其变化，能够用氧化还原反应知识解释、解决实际问题。

本项目根据鲁科版《普通高中教科书 化学 必修 第一册》第2章微项目相关内容进行设计，以如何为学校的游泳池设计消毒方案这个真实问题为切入点，引导学生将主任务拆解成“理解84消毒液的消毒原理”“认识84消毒液使用中的问题”“为学校设计合理保存和使用84消毒液方案”等系列子任务，使生活中的实际问题转化为化学问题，在问题解决过程中主动调用氧化还原反应的有关知识，体会从价态和物质类别两个角度分析物质性质的价值，初步建立含氯元素物质的“价–类”二维图，为后续元素化合物的学习提供认识模型。这一认识模型的建构，外显了化学学科核心素养，促进知识向包括关键能力在内的学科核心素养的转化。

（二）项目设计

1. 制定项目目标

根据化学课程标准中相关主题的内容要求和学业要求，结合学生具体情况，制定本项目教学目标如下。

（1）依据核心元素的化合价推断物质氧化性和还原性，运用氧化还原理论和离子反应原理选择试剂、设计并优化实验，能合作设计完成实验探究，形成物质性质探究的一般思路，增强科学探究与创新意识。

（2）尝试从化合价和物质类别角度认识物质的性质，初步绘制“价–类”二维图。

（3）知道84消毒液的消毒原理，正确使用84消毒液，建立阅读使用说明书及正确使用化学品的意识，增强社会责任感。

（4）通过为学校游泳池设计消毒方案并进行原理分析和充分交流，能初步建立分析真实化学情境的一般思路和方法，体会如何用化学的方法将一个复杂的实际问题转化为一个简单的化学问题的过程。

2. 开发项目资源

84消毒液是家庭中常用的含氯消毒剂，其主要成分为次氯酸钠，而84消毒液与本节课中的氧化还原反应教学内容相关性很大。根据我校游泳池所用消毒剂为84消毒液这一真实而富有价值的问题情境，以“为我校游泳池量身定做消毒方案”为核心任务进行任务拆解的一系列教学活动，实现了氧化还原复习与项目式教学的有效结合。在教学过程中，学生不但可以建立基于物质类别、元素价态预测和探究物质性质的认识模型，而且通过完成任务、活动体验提高了解决实际问题的能力，实现了化学学科核心素养的发展。

3. 项目设计流程

（1）分析教学内容，确立项目主题（图3–1–3）。

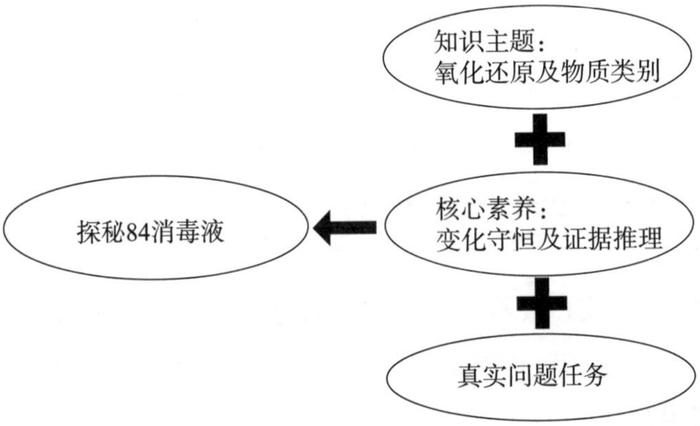

图3–1–3　项目主题的确立

（2）根据项目主题，选择教学素材（图3–1–4）。

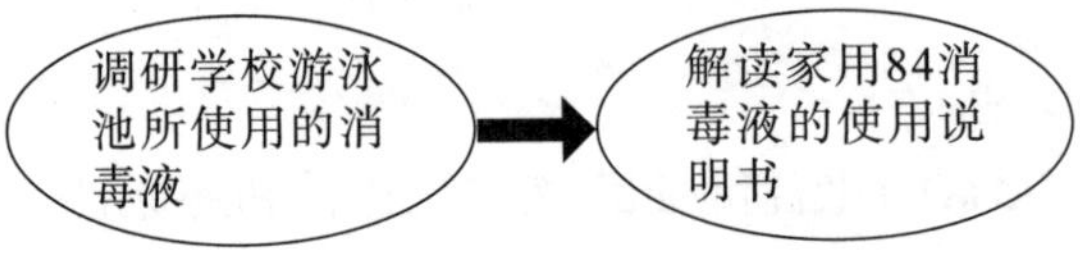

图3–1–4　教学素材的选择

（3）梳理项目内容，进行任务拆解。

本项目式教学的主任务可拆解为四个子任务：

① 84消毒液的消毒原理是什么？设计实验探究。

② 你还想了解84消毒液的哪些性质？设计实验方案。

③ 使用84消毒液需要注意哪些问题？阅读84消毒液的说明书，明确对说明书中的哪些内容可以解释、哪些内容还不理解。

④ 如何保存84消毒液？研讨84消毒液消毒的实际使用问题。

4. 设计课堂活动任务

本项目式教学设计了如图3–1–5所示的课堂活动任务。

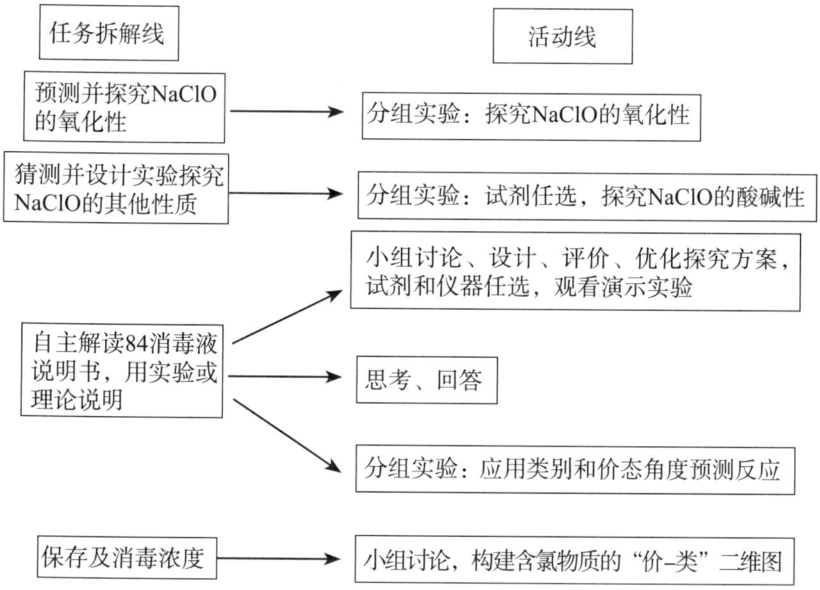

图3–1–5　课堂活动任务的设计

5. 设计课堂学习支架

学习支架的具体形式：

（1）向学生提供认知模型，如“价–类”二维图模型；

（2）给学生提示或给予解决问题的线索，如提供资料卡、实验试剂等；

（3）向学生指明解决问题或完成任务过程中需要考虑的问题因素，告诉学生在探究过程中应当注意什么，特别是如何抓住问题的关键；

（4）告诉学生的学习行为表现是否适当，需要做哪些改进与调整；

（5）帮助学生在解决问题的过程中遇到困惑时找到出路；

（6）通过提问帮助学生诊断发生错误的原因并且掌握修正策略，如教学过程中的多次提问与追问；

（7）激发学生努力达到任务所要求目标的兴趣并引导学生将活动过程指向预定目标。

6. 设计评价方案

（1）项目评价目标。

（2）项目检测题（包含项目产品）。

（三）项目框架

依据项目式教学活动设计特点和教学目标，本项目以探秘84消毒液为活动载体，以“如何为学校游泳池量身定做消毒方案”为切入点，引导学生从定性和定量两个角度探究84消毒液的性质及使用注意事项，体会物质类别、化合价两个认识角度在认识陌生物质性质及其应用中的重要价值，感受化学知识的学习对于认识和解决生产、生活中问题的重要贡献，发展用科学的态度认识和使用化学品的意识和能力。

在本项目中，学生为了给学校游泳池制订合理使用84消毒液的方案，需要完成如下任务：了解NaClO的性质；运用NaClO的性质解读84消毒液的使用说明，推测使用注意事项和对使用方法的优化；根据NaClO的性质和使用方法，结合游泳池具体情况，为游泳池管理部门提供消毒液保存和使用的具体方案。本项目中各项问题、任务与学生的知识应用、学科活动、能力发展的对应关系如图3-1-6所示。

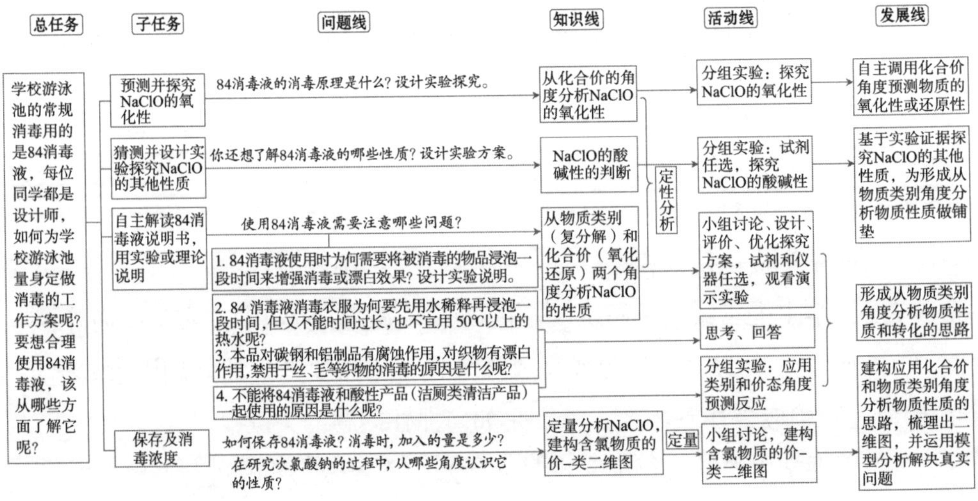

图3-1-6　项目式教学设计思路

（四）项目实施

教师活动	学生活动	设计意图
【板书】科学认识和使用消毒剂		
【导入】同学们有没有参观过学校的游泳池呢？游泳池漂亮吗？其实，我们学校的游泳池都是需要定期消毒的。游泳池水因循环多次使用，水中细菌不断增加，如果解决不好，游泳池便可能成为传播疾病的场所。游泳池中水温相宜，是伤寒、副伤寒、痢疾、肝炎、急性结膜炎等致病菌的适宜生长环境；而且，肝炎病毒、脑炎病毒往往是通过水的途径来传播的，因此要做好游泳池的消毒工作。这是我们学校的游泳池（放一张照片），课前有一个小组作为志愿者已经对我们学校游泳池使用的消毒剂情况进行了调查。下面这个小组派代表来汇报你们的调查结果。 我们学校游泳池的常规消毒用的就是84消毒液，现在在座的每一位同学都是设计师，能不能为学校的游泳池量身定做一个消毒方案呢？要想合理使用84消毒液，应该从哪些方面了解消毒剂呢？ 【板书】一、认识消毒剂 资料卡：医用双氧水常用于皮肤、黏膜伤口的消毒。双氧水之所以能消毒是因为它具有氧化性，可以把脓液、污染物中的细菌氧化，从而杀死细菌。因为有氧化性，双氧水还可以用作漂白剂。与双氧水类似，有很多消毒剂是因为具有氧化性而具有消毒功能的。	全班共同讨论，提出想要研究的问题。 引导学生进行项目拆解：84消毒液的消毒原理是什么？使用时要注意哪些问题？怎样利用84消毒液进行消毒？如何保存84消毒液？	由学校游泳池真实的情境出发，开展项目活动，由学生进行项目任务的拆解。
【问题驱动1】84消毒液是具有氧化性的消毒剂吗？为什么？	可能会回答：84消毒液的有效成分是NaClO。NaClO中Cl的化合价为+1价，可以降低，具有氧化性。	自主运用化合价分析预测NaClO的性质，体现了“宏观辨识与微观探析”的化学学科核心素养。

续表

<table>
<tr><th>教师活动</th><th>学生活动</th><th>设计意图</th></tr>
<tr><td>【讲述】预测NaClO有氧化性，你认为它会和哪些物质反应呢?
【追问】你为什么选用这些物质呢?
【实验设计1】请根据这些试剂设计实验验证84消毒液的氧化性。为安全考虑，各小组讨论出实验方案后，举手示意，经老师允许后再进行实验。</td><td>学生回答还原剂的具体物质：Fe、Cu、SO_2。
回答：它们是还原剂。</td><td>通过用氧化还原理论对实验过程设计的分析讨论，体现了“变化观念”“科学探究与创新意识”的化学学科核心素养。</td></tr>
<tr><td>【PPT投影】实验可供选择的药品和仪器：稀释的84消毒液，淀粉碘化钾溶液；蒸馏水，表面皿，玻璃棒。
实验过程及记录：<table><tr><th>实验方案</th><th>实验现象</th><th>实验结论</th></tr><tr><td></td><td></td><td></td></tr></table></td><td>小组讨论得出实验方案，经老师允许后进行实验。小组可能会出现的实验方案：用淀粉碘化钾溶液，因为KI中的I^-具有还原性。</td><td></td></tr>
<tr><td>【板书】→氧化性</td><td></td><td></td></tr>
<tr><td>【过渡】你还想了解84消毒液的哪些性质呢?
【问题驱动2】你还想了解84消毒液的哪些性质?
【实验设计2】设计实验方案。为安全考虑，各小组讨论出实验方案后，举手示意，经老师允许后再进行实验。
【PPT投影】实验可供选择的药品和仪器：稀释的84消毒液，pH试纸，石蕊试纸；表面皿，玻璃棒。
实验过程及记录：<table><tr><th>实验方案</th><th>实验现象</th><th>实验结论</th></tr><tr><td></td><td></td><td></td></tr></table></td><td>小组讨论得出实验方案，经老师允许后进行实验。小组可能会出现的实验方案：用pH试纸来检验84消毒液的酸碱性和漂白性。</td><td></td></tr>
<tr><td>【过渡】使用84消毒液时需要注意哪些问题?同学们阅读84消毒液的说明书。对说明书中的哪些内容可以解释，哪些内容还不理解?</td><td></td><td></td></tr>
</table>

续表

教师活动	学生活动	设计意图
【问题驱动3】使用84消毒液需要注意哪些问题? 思考1：为什么84消毒液使用时需要将被消毒的物品浸泡一段时间来增强消毒或漂白效果？分析原因并说明理由。	小组讨论、汇报。 猜测：可能是浸泡一段时间后NaClO与H_2O、CO_2反应生成氧化性更强的物质，这种物质应该是HClO。	基于事实证据对NaClO的变化提出假设，通过分析推理加以证实。
思考1.1：如何想到次氯酸钠与水、二氧化碳反应的?	因为HClO具有强氧化性，具有漂白性。	形成运用物质类别分析NaClO性质的思路和从环境中找反应物的方法。
【实验设计3】请小组同学先进行猜想，并设计实验证明猜想，说出设计思路。	小组讨论、设计、评价、优化探究方案。 可能情况： 小组1：利用HClO见光分解（NaClO见光不易分解）的性质检验次氯酸。因为HClO光照分解生成HCl和O_2；用带火星的木条检验，若木条复燃则有O_2生成，说明有HClO生成。 小组2：若产生的HClO量少，分解生成O_2慢，则带火星的木条无法检验。我们的方案是利用HClO的氧化性、漂白性比NaClO强来检验HClO的生成，方案如图所示： 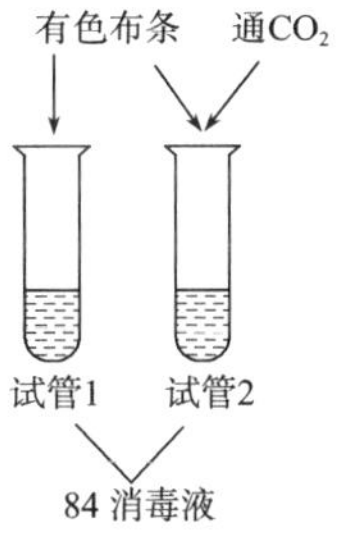	通过对实验方案的不断优化，提高“科学探究和创新意识”的化学学科核心素养。
【讲述】在实验设计中注意使实验条件与真实情境一致，要设计控制变量的对比实验，所以增加了试管1的实验。试管3中直接通二氧化碳，增强二氧化碳的影响不是增强消毒效果，而是方便短时间内看到实验结果。	观察现象，分析并得出结论。 现象： 试管1红布条不褪色； 试管2红布条不褪色，短时间内无明显变化； 试管3通入CO_2后，再放红布条快速褪色。 结论：NaClO与H_2O、CO_2反应生成氧化性更强的HClO。	

续表

<table>
<tr><th>教师活动</th><th>学生活动</th><th>设计意图</th></tr>
<tr><td>【PPT投影】
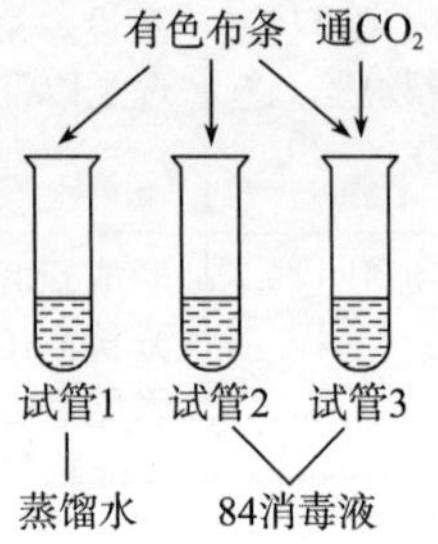
【演示实验】</td><td></td><td></td></tr>
<tr><td>【投影】$NaClO+CO_2+H_2O \longrightarrow HClO$</td><td></td><td></td></tr>
<tr><td>思考2：为什么84消毒液消毒衣服要先用水稀释再浸泡一段时间，但又不能时间过长，也不宜用50 ℃以上的热水呢？
思考3：本品对碳钢和铝制品有腐蚀作用，对织物有漂白作用，禁止用于丝、毛等织物的消毒，这是为什么？</td><td>思考并回答。</td><td>学以致用，运用模型分析解决真实问题。</td></tr>
<tr><td>【问题驱动4】如何保存84消毒液？用84消毒液消毒时，每次加入的量是多少？
阅读资料卡片：
游泳池池水水质常规检验项目及限值（CJ/T244-2016）
<table>
<tr><th>序号</th><th>项目</th><th>限值</th></tr>
<tr><td>1</td><td>浑浊度（散射浊度计单位）/NTU</td><td>≤0.5</td></tr>
<tr><td>2</td><td>pH</td><td>7.2 ~ 7.8</td></tr>
<tr><td>3</td><td>尿素/（mg/L）</td><td>≤3.5</td></tr>
<tr><td>4</td><td>菌落总数/（CFU/mL）</td><td>≤100</td></tr>
<tr><td>5</td><td>总大肠菌群/（MPN/100 mL或CFU/100 mL）</td><td>不得检出</td></tr>
<tr><td>6</td><td>水温/℃</td><td>20 ~ 30</td></tr>
<tr><td>7</td><td>游离性余氯/（mg/L）</td><td>0.3 ~ 1.0</td></tr>
<tr><td>8</td><td>化合性余氯/（mg/L）</td><td><0.4</td></tr>
<tr><td>9</td><td>氰脲酸$C_3H_3N_3O_3$（使用含氰脲酸的氯化合物消毒时）/（mg/L）</td><td><30（室内池）
<100（室外池和紫外消毒）</td></tr>
<tr><td>10</td><td>臭氧（采用臭氧消毒时）/（mg/m^3）</td><td><0.2（水面上20 cm空气中）
<0.05 mg/L（池水中）</td></tr>
<tr><td>11</td><td>过氧化氢/（mg/L）</td><td>60 ~ 100</td></tr>
<tr><td>12</td><td>氧化还原电位/ mV</td><td>≥700（采用氯和臭氧消毒时）
200 ~ 300（采用过氧化氢消毒时）</td></tr>
</table>
思考：在研究次氯酸钠的过程中，从哪些角度认识它的性质，分析过程又是怎样的？</td><td></td><td>阅读资料卡片并分析NaClO的性质，得出加入的84消毒液的量和保存方法，分析解决真实问题。</td></tr>
</table>

续表

教师活动	学生活动	设计意图
【投影】展示"价–类"二维图。 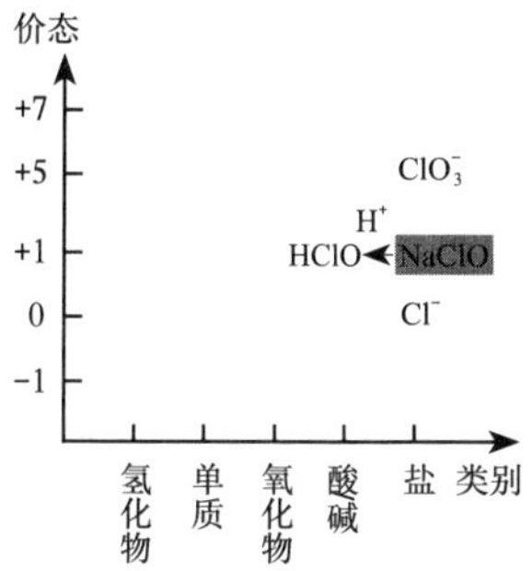 【小结】我们学校游泳比赛时偶尔也会用臭氧消毒，其与84消毒液的相同点是什么？二者有什么区别？臭氧消毒的优势是什么？无论是84消毒液也好，臭氧也好，在使用化学品时要注意使用条件和使用安全。臭氧杀菌消毒时间短，所以人工成本和药物经济成本都很高，不适宜学校常规使用。	总结方法，形成思路并回答。	形成运用化合价和物质类别分析物质化学性质及转化的思路方法。
【板书】二、正确使用消毒剂		
【投影】事件1"使用含盐酸的洁厕灵的同时使用84消毒液"用视频的形式呈现。多角度综合分析这个事件，你能提出哪些问题？请预测可能发生的反应。	小组讨论，结合这个事件提出想要研究的课题，并小组展示。	提出项目活动，由学生进行项目的拆解；关注物质及其性质，渴望一探究竟，并且呈现出化学知识的社会化意义，这对于提升化学学科素养有重要意义。
【讲述】下面我们一起来研究这些问题。	小组内、小组间充分讨论与交流，分析事件并预测发生的反应。 学生1： $NaClO+HCl = Cl_2\uparrow +NaOH$ 学生2： $NaClO+2HCl = Cl_2\uparrow + NaCl+H_2O$ 学生3： $NaClO+ HCl = NaCl+HClO$ $HClO+ HCl = Cl_2\uparrow + H_2O$	提升分析反应产物的角度。 原有角度：反应现象、元素守恒； 提升角度：酸碱环境、反应原理（复分解、氧化还原）。

续表

<table>
<tr><th>教师活动</th><th>学生活动</th><th>设计意图</th></tr>
<tr><td>【实验设计4（微型实验）】请小组同学根据提供的药品和仪器一起讨论，设计实验证明猜想。由于氯气有毒，为安全考虑，在实验时注意取的量要少。
各小组讨论出实验方案后，举手示意，经老师允许后再进行实验。
【PPT投影】实验可供选择的药品和仪器：稀释的84消毒液、洁厕灵、红色纸条、淀粉碘化钾试纸、氢氧化钠溶液；表面皿、培养皿、镊子、胶头滴管、脱脂棉。
实验方案设计与实施：
<table><tr><th>探究的问题</th><th>实验内容</th><th>实验现象</th><th>实验结论</th></tr><tr><td></td><td></td><td></td><td></td></tr></table></td><td>小组讨论，设计、评价、优化探究方案，并进行小组实验。
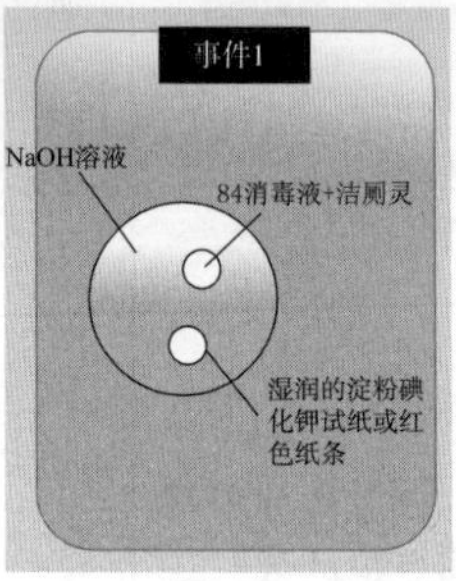
</td><td>实验设计涉及产物的检验和尾气的处理，提高了学生环保意识，体现了“科学态度和社会责任”的化学学科核心素养。</td></tr>
<tr><td>思考：这个化学反应为什么会发生？请用双线桥法分析这个反应，并且写出反应的离子方程式。</td><td>思考并回答。
学生先分析氧化还原或先分析物质类别都可以。书写反应的离子方程式，其中一名学生在黑板上书写。</td><td>进一步强化运用化合价和物质类别角度全面分析预测物质性质。</td></tr>
<tr><td>【小结】事物总是一分为二的，在家里混合会导致中毒，在实验室我们可以利用这个反应制取氯气。现在家用消毒产品有很多，不同种类的消毒剂消毒原理、功能、适用范围和使用方法也不同，因此要认真选择适合的消毒剂。</td><td></td><td></td></tr>
<tr><td>【交流】谈一谈本节课你有哪些收获。</td><td>畅所欲言。</td><td></td></tr>
<tr><td>【总结】科学在关注生活，我们也应该关注生活中的科学，充分利用所学的知识，正确合理地使用这些产品，还要研制出更多、更好的产品为生活服务。</td><td></td><td></td></tr>
<tr><td>【布置作业】如果你是学校游泳场馆负责人，除了84消毒液以外，你还会选择什么消毒剂来怎样设计消毒方案？请说明设计理由。</td><td></td><td></td></tr>
</table>

（五）项目评价

1. 项目评价目标

项目活动评价标准见表3-1-1。

表3-1-1　项目活动评价标准表

评价活动	评价标准		
	水平一	水平二	水平三
84消毒液的氧化性和其他性质	知道NaClO具有氧化性和碱性，不能自主设计实验探究。	知道NaClO具有氧化性和碱性，能自主设计实验探究。	知道NaClO具有氧化性和碱性，能自主设计实验探究，能对实验过程中的异常现象进行系统分析。
84消毒液的正确使用、保存和用量	能对84消毒液使用过程中的问题、保存和用量进行部分解释，不能设计合理的实验方案探究。	能对84消毒液使用过程中的问题、保存和用量进行解释，能设计合理的实验方案探究。	能对84消毒液使用过程中的问题、保存和用量进行系统分析，能设计创新性的实验方案探究并进行方案评价与优化。
建立分析陌生物质性质的思路与方法，构建“价-类”二维图	理解NaClO的性质，但是不能建立分析陌生物质性质的思路与方法，不能够从类别和价态两个角度认识含氯物质的转化关系。	理解NaClO的性质，能建立分析陌生物质性质的思路与方法，能从类别和价态两个角度认识含氯物质的转化关系。	理解NaClO的性质，能建立分析陌生物质性质的思路与方法，能从类别和价态两个角度认识含氯物质的转化关系，主动建模分析模型中转化关系的不同点。
学校游泳池消毒方案的设计	不能应用NaClO的性质设计学校游泳池消毒方案。	能应用NaClO的性质设计学校游泳池消毒方案。	能应用NaClO的性质设计学校游泳池消毒方案，并提出创造性建议。

在项目实施过程中一直伴随着师生、生生之间的过程性评价，并根据学生在课堂中的表现调整项目实施过程。

2. 项目检测题

（1）学习·理解。

家庭中常用消毒液（主要成分NaClO）与洁厕灵（主要成分盐酸）清洁卫生。某品牌消毒液包装上的说明如下：

> 注意事项：
>
> 1. 本品对棉织品有漂白脱色作用，对金属制品有腐蚀作用。
>
> 2. 密封保存，请勿与洁厕灵同时使用。
>
> 3. 保质期为一年。

请结合氧化还原反应的相关知识解释消毒液与洁厕灵不能同时使用的原因。

（2）应用·实践。

Na_2SO_3是一种白色固体，易溶于水，对植物性食品内的氧化酶有强烈的抑制作用，因此常用作蜜饯、竹笋等食品的防腐剂。请从氧化还原反应的角度预测Na_2SO_3的性质并设计实验验证。

（3）迁移·创新（即项目产品）。

如果你是学校游泳场馆负责人，学习本节课的内容之后，你还会选84消毒液进行消毒吗？关于游泳池的消毒方案又会如何优化呢？说明设计理由。（可以设计成海报的形式……）

（六）项目反思

经过本项目的实施，从学生的表现看出驱动性问题的设置、实验的开放性探究及教师与学生的互动都很好地符合化学课程标准提出的素养发展需求。一方面，驱动性问题的设置能引发学生的思考与思维的碰撞，并能主动构建知识体系；另一方面，通过教师的追问、评价和示范等行为有效促进了学生用化学知识解决问题，在问题解决过程中学生也不断反思其认识思路和角度，外显其思维过程，从而诊断了学生的学习发展障碍点，提升了其解决问题的思维，实现了将项目式教学与复习课整合了真实问题解决的素养发展模式，并且在后续的元素化合物的学习中，学生会主动运用“价–类”二维图解决问题，形成用“价–类”二维图这一工具研究铁、氮、硫等元素及其化合物的思路和方法。

1. 优化消毒方案的点评

学生从不同的视角提出了自己关于学校游泳池消毒方案的建议。现以其中一篇消毒方案为例说明。此方案描述了84消毒液、滴露消毒液和94消毒液的功能，给出了游泳池水质卫生标准的依据，认为游泳池的消毒剂可以用三氯异氰尿酸，对游泳池所用消毒剂进行了深化与拓展。

2. 用项目式教学进行氧化还原的单元复习课

通过以84消毒液的有效成分NaClO为核心物质的氧化还原反应单元复习课的项目式教学的设计与实施，将学校游泳池作为研究对象，在解决真实问题情境过程中不断从化合价和物质类别两个维度分析NaClO的性质，这与以往氧化还原的教学不同。本次教学不是单纯的氧化还原反应理论教学，而是把氧化还原做成一个项目去研究，很有系统性。

3. 问题线的设置具有进阶性

作为项目式教学的实施者，要看到项目的3条主线：项目线、知识线和学生发展线。对于项目线来说，项目的本体结构是重要的，要找到项目的本体逻辑：总任务和子任务是什么。要完成子任务，一定要有子问题（问题活动），从而构成三级项目问题结构。在问题线的设置中，本次教学体现了问题的进阶性：从定性讨论到定量分析，层层递进，体现项目式教学目标问题设置的较高水平。教师要作为问题解决指导者，梳理整个项目的学习活动过程，从项目主体中去寻找学过的知识和知识背后所隐藏的能力与素养。此时，再把学生引进项目活动中，教师要知道学生对于应然知识的缺失点，预测学生问题解决的障碍点，这也是在教学过程中要重点抓的对话点。教师要通过与学生的对话、追问，诊断并提升学生的思维发展过程。凡是学生有困难、有障碍的学习内容，都是待发展的点，这就构成了另外两条线：知识线和发展线。

4. “价–类”二维图的绘制

与以往氧化还原教学不同，本次教学是从元素化合价和物质类别两个角度研究NaClO的性质，从而构建出两条线：“价态线”和“类别线”。对于给出的陌生物质，首先要找出它的核心元素，考虑核心元素化合价的改变，从化合价角度引导学生从氧化还原的角度认识物质，在“价–类”二维图中呈现出的是化合价的纵向变化；再从物质类别的角度分析物质间反应，梳理出含核心元素物质的具体类别，如单质、氧化物、酸、碱、盐等之后，就能根据各类物质的一般性质分析出它的性质。后续元素化合物知识烦琐难学，本次教学实践构建的“价–类”二维图对学生学习后续元素化合物知识具有重要的指导作用。

[以上内容摘自刘翠《化学项目式教学实践研究》（山东科学技术出版社，2020年出版），有改动；课例以李晓倩为主设计。注：本课例获山东省“一师一优课、一课一名师”省级优课，获青岛市“一师一优课、一课一名师”二等奖，获中国化学会2018年（暨第十三届）全国基础教育化学新课程实施成果特等奖及说课一等奖，在首届（2018年）“项目式教学/学习案例成果评选”活动中获一等奖并在中国化学会第31届学术年会第十四分会“基础化学教育”上进行展示]

四 物质性质类项目式教学案例

以“含硫物质”为例的项目式教学设计

化学课程标准进一步明确了化学五大核心素养，关于非金属及其化合物的要求为“结合真实情境中的应用实例或通过实验探究，了解氯、氮、硫及其重要化合物的主要性质，认识这些物质在生产中的应用和对生态环境的影响”；同时，要求“结合实例认识金属、非金属及其化合物的多样性，了解通过化学反应可以探索物质性质、实现物质转化，认识物质及其转化在促进社会文明进步，自然资源综合利用和环境保护中的重要价值”。由此可见，结合生产、生活中的真实情境来体现元素化合物知识的功能价值，是化学课程标准倡导的化学学科核素养的培养目标之一。项目式教学以项目驱动性问题为出发点，以学生为项目学习和执行的主体，在教师的整体把握和指导下，将学生学习置于有意义的问题情境里，使学生通过分析真实问题、完成项目任务来建构项目承载的科学知识和科学方法体系，同时提高学生解决问题的综合能力。开展项目式教学，既可以促进元素化合物主题对于“宏观辨识与微观探析”以及“证据推理与模型认知”等化学学科核心素养的培养目标的实现，又可以兼顾学生“科学态度与社会责任”的化学学科核心素养的培养目标的落实，非常符合化学课程标准对于化学学科核心素养发展的要求。

（一）基于“黄花菜中硫元素的测定”项目的含硫物质复习课教学设计

1. 教学素材选取

基于化学课程标准的相关内容提出项目议题时已接近年关，恰逢新闻报道涉及关于二氧化硫的食品安全问题。除去学生比较熟悉的银耳，新闻报道中还出现了黄花菜，再结合教学素材中常出现的葡萄酒，所以我们最终确定了“测定黄花菜和葡萄酒中的硫元素”的项目主题，引导学生关注食品安全。

前期，学生做了社会市场调查，趁年货节走进干货市场，了解干货和葡萄酒中二氧化硫食品添加剂的情况，还购买了黄花菜样品。

关于葡萄酒中硫元素的测定，有许多现行的具体方案。这些方案大致分为两类：酸碱中和滴定，用标准碘液滴定。然而，关于黄花菜中二氧化硫含量的测定缺乏具体的材料支持，实际实验过程中也可能遇到未预想到的问题，这极大地激发了学生的学习动机和探究兴趣。所以，我们最终将建立学生学科思维和培养核心素养能力为最终目标，选取具有一定社会价值和学科价值的“黄花菜中硫元素的测定”作为项目课题。学生自主设计一套完整的实验方案，基于认识模型对陌生复杂体系进行系统分析，可以培养迁移应用能力。

为了系统地建立硫元素的认识模型，课堂教学是基于对黄花菜中硫元素的定性和定量测定活动展开的。

2. 学情分析

本节课是面向高二学生的复习课，学生对硫及其重要化合物（主要是二氧化硫和浓硫酸）的主要性质及含硫物质之间的转化关系已有事实性的具体记忆，但是对本部分内容所传达的核心概念领悟不够，缺乏统领整个硫元素及其化合物的核心方法，这导致学生的迁移拓展能力比较薄弱。面对一个陌生问题，学生很难形成一个系统的思维过程和掌握有关的问题解决方法，这样来解决问题或许能学到“知识”，但不会有“化学学科素养”和“学科能力”的提升。

3. 教学目标

（1）通过对黄花菜中二氧化硫的检验，建立关于硫元素的“价-类”二维图认知模型。

（2）通过对焦亚硫酸钠的检验，体会应用元素化合物的认识模型来解决陌生问题的过程。

（3）通过对黄花菜中硫元素由定性检测到定量检测的过程，体会用化学的方法将一个复杂的、实际的问题转化为一个简单的化学问题的过程，增强科学探究与创新意识。

（4）掌握学习元素化合物的核心思想，学会从类别、价态两个视角认识物质的性质及转化。

（5）在实验学习过程中感受民生问题，关心食品安全，增强社会责任感。

4. 教学设计思路

本项目式教学设计了如图3-1-7所示的教学思路。

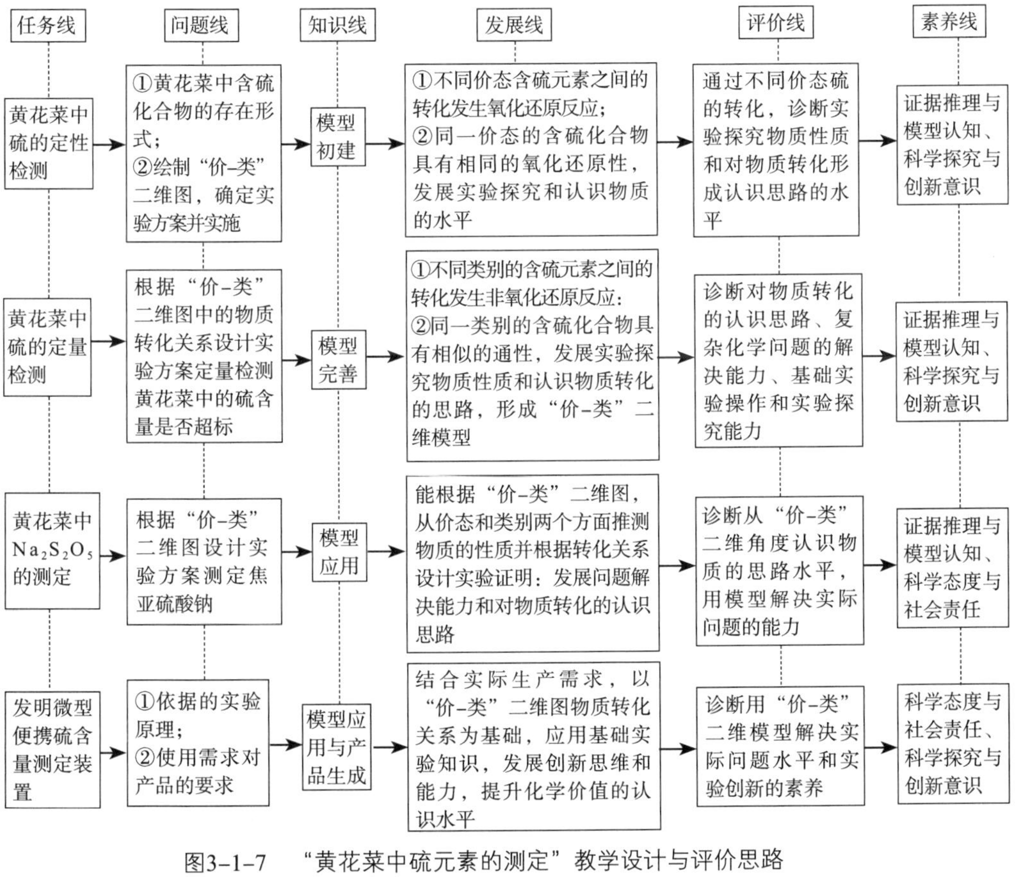

图3-1-7　“黄花菜中硫元素的测定”教学设计与评价思路

5. 教学过程

本课时以“黄花菜中硫元素的测定”为主题，三个任务贯穿课堂教学，对应三个探究实验，具体教学过程如下。

【情境驱动】

教师播放市场上黄花菜多为硫黄熏制的视频，学生调查二氧化硫作为食品添加剂的用处。学生观看、思考。

【设计意图】

引导学生正确认识食品添加剂，认识化学对人类社会的进步有较大的促进作用，强调化学科学的正面作用。

提出教学任务——购买的黄花菜样品是否被硫黄熏过，将一个实际问题转化为化学问题，培养学生科学探究的素养。

【任务一】

黄花菜中硫的存在形式。

［学生实验］

实验药品：黄花菜浸出液，碘液，酸性$KMnO_4$溶液，Na_2S溶液。

［评价］

（1）实验结果展示，实验结果分析与实验改进。

（2）黄花菜中是否存在其他的含硫化合物?

（3）如果含有的是其他含硫化合物，先前的实验方案是否还能证明存在呢?

［设计意图］

引导学生回忆二氧化硫的氧化性和还原性，进行实验设计。首先确定研究任务——黄花菜浸出液中硫的存在形式，学生猜测可能是二氧化硫。从价态的角度分析，+4价的硫既有氧化性又有还原性，选取合适的试剂来检验，在检验的过程中会发现由于黄花菜中色素的影响可以选取合适的试剂。教师及时评价学生的实验方案。

［模型初建］

在图纸上标出上述实验中出现的含硫化合物及其转化关系，尝试总结反应特点。

在分析原理的时候发现，不同价态硫元素的转化的反应类型都是氧化还原反应。

追问问题（2）（3）时，教师要特别关注学生对同一价态含硫化合物具有相同的氧化还原性的掌握情况。二氧化硫的氧化还原性转化如图3-1-8所示。

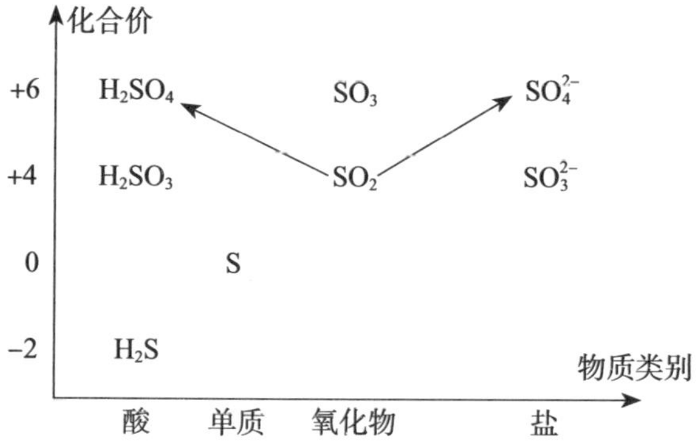

图3-1-8　二氧化硫的氧化还原性转化

【任务二】

黄花菜中二氧化硫的定量检测。

［情境驱动］

播放视频：市场上黄花菜的二氧化硫含量是国家标准的184倍。

［项目展示］

课外兴趣小组关于黄花菜中二氧化硫含量的项目研究成果汇报。图3-1-9展示了学生测定黄花菜中二氧化硫含量的实验活动。

图3-1-9　黄花菜中二氧化硫含量的测定学生实验

［模型完善］

在图纸上标出含硫化合物及其转化关系，尝试总结反应特点。

这一环节的任务是基于课外的学生项目式探究——黄花菜中硫元素的定量测

定。在课外的实验探究中，学生遇到问题就解决问题，体验到科学研究过程的艰难和曲折。其中，比较有代表性的问题是如何除去黄花菜中色素对滴定结果的影响。学生先后尝试用活性炭、胶体、色母片减轻色素影响。在这个过程中，学生尝到了探究的乐趣。

这一研究过程可以作为课堂教学的材料，引导学生利用这段材料，通过实验原理的分析，完善认识模型。图3-1-10为黄花菜中硫的测定实验中的物质转化关系图。

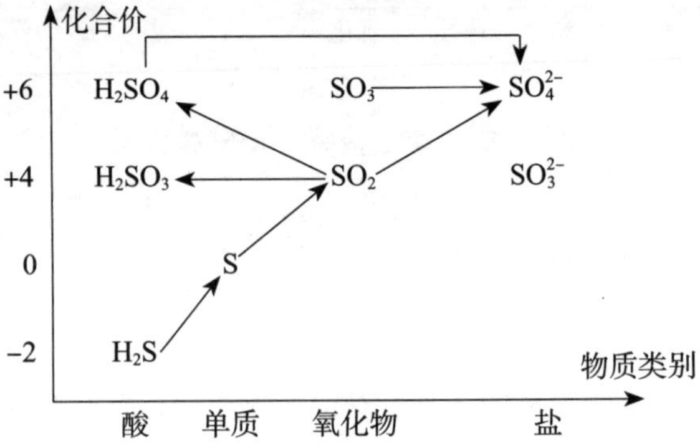

图3-1-10　黄花菜中硫的测定实验中的物质转化关系

【任务三】

$Na_2S_2O_5$中硫元素的检验。

［情境驱动］

新闻图片：用硫黄熏制黄花菜周期长且气味明显，黑心商人用焦亚硫酸钠浸泡黄花菜。

［知识支持］

简单介绍焦亚硫酸钠。

［实验探究］

［学生实验］

实验药品：$Na_2S_2O_5$溶液，碘液，酸性$KMnO_4$溶液，Na_2S溶液，稀硫酸。

［评价］

哪一个实验方案最优？其他实验方案证明$Na_2S_2O_5$有什么性质？

［模型应用］

（1）如果不局限于提供的药品，有没有更好的实验方案呢？

（2）葡萄酒中多含焦亚硫酸盐抗氧化，有一瓶久置的焦亚硫酸钠，如何通过实验检测其有没有被氧化？

焦亚硫酸钠对学生来说是一个陌生物质，学生要想检验其中的硫元素，首先要在认识模型中找到它的位置（图3–1–11）。

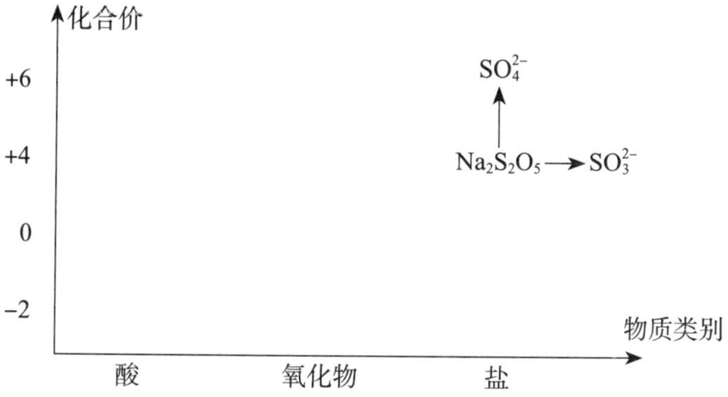

图3–1–11　通过“价–类”二维图认识焦亚硫酸钠

学生根据“价–类”二维图设计实验方案，然后交流汇报，教师着重关注和追问学生从不同的角度认识焦亚硫酸钠并设计转化途径。

学生设计方案分为以下几种。

学生1：向$Na_2S_2O_5$中加入酸性$KMnO_4$溶液。

学生2：向$Na_2S_2O_5$中加入H_2S溶液。

学生3：加热$Na_2S_2O_5$溶液检验生成的气体能否使品红褪色。

［设计意图］

本环节引导学生用模型研究陌生物质，内化模型，用模型突破思维障碍；将$Na_2S_2O_5$在模型中再定位，认识到焦亚硫酸根具有氧化性和还原性，并类比亚硫酸根的性质预测焦亚硫酸根的性质。教师采用追问和评价的方式使学生的思路外显，进而自主运用模型解决问题，培养学生的迁移应用能力和创新思维。

（二）基于“黄花菜中硫元素的测定”项目的学生研学实践

1. 课前任务

【问题提出】

随着人民生活水平的提高，食品安全问题也越来越被重视。二氧化硫对食品有漂白和防腐作用，能够达到使产品外观光亮、洁白的效果，同时又有护色的作用，因此广泛应用于食品中。二氧化硫及其盐类的氧化性能有效抑制食品加工过程中的非酶褐变；同时，利用其还原性和漂白性，可作为防腐剂，抑制霉菌和细菌的生长。含硫物质中，常用作食品添加剂的有亚硫酸钠，低亚硫酸钠和焦亚硫酸钠等，但它们一旦使用过量且无后续清除技术，必然会导致二氧化硫超标。本实验在现有测定方法的基础上，优化了实验试剂，使得测量更加准确快速。

【第一组学生实验设计】

［实验原理］

样品中的二氧化硫以游离和结合型存在，加入氢氧化钾破坏其结合状态并固定。加入硫酸又使得二氧化硫游离，然后用碘标准溶液滴定。到达滴定终点时过量的碘与指示剂（淀粉）生成蓝色复合物。根据标准溶液的消耗量计算出二氧化硫的含量。

$$SO_2+I_2+2H_2O = H_2SO_4+2HI$$

［实验用品］

0.1 mol · L^{-1} H_2SO_4溶液，0.1 mol · L^{-1} NaOH溶液，淀粉标准溶液，碘标准液；250 mL锥形瓶，刻度吸管，酸式滴定管，具塞三角瓶，量筒。

［实验步骤］

（1）由于黄花菜属于水不溶性样品，采用水不溶性样品处理方法。准确称取5.0 g样品，置入具塞三角瓶中，加入50.0 mL蒸馏水，加入2 mL 0.1 mol · L^{-1} NaOH溶液。盖塞后振荡两分钟，将溶液用滤纸过滤，用量筒或刻度吸管取10 mL澄清溶液（此时样品取样量为1 g），稀释至20 mL，并将溶液转移至锥形瓶中。

（2）在待测三角瓶中加入3 mL 0.1 mol · L^{-1}硫酸溶液（确保测定在酸性溶液中进行）。

（3）加入3~5滴10 g · L^{-1}淀粉溶液，用0.005 mol · L^{-1} 碘溶液滴定，至恰好出现蓝色且30 s内不褪色为止。记录下碘溶液的消耗量。

（4）碘液消耗量乘以实验系数5×10^{-3}，可得到样品中二氧化硫含量（单位mol · kg^{-1}）。

（5）上述实验重复3~5次，实验结果取平均值。

［实验结果］

将实验结果填写在表3-1-2中。

表3-1-2　测定黄花菜中二氧化硫含量的实验数据

取样量/g	1	1	1
滴定碘液用量			
二氧化硫含量			

［实验注意事项］

（1）实验中如样品液颜色较深，为保证滴定终点明显，可使用色母片除色后再进行滴定。

（2）实验时，碘溶液及淀粉溶液需现用现配；否则，会造成实验数据误差过大，影响结果。

（3）确保在酸性条件下进行碘液滴定。

（4）在样品中添加氢氧化钠溶液时，需过量。

【第二组学生实验设计】

碘吸收法测定黄花菜中硫的含量。

［实验原理］

在密闭容器中对样品进行酸化处理并加热蒸馏，以释放出其中的二氧化硫，释放物用乙酸铅溶液吸收，吸收后用浓盐酸酸化，再以碘标准溶液滴定。根据所消耗的碘标准液计算出样品中的二氧化硫含量：$SO_2+I_2+2H_2O = H_2SO_4+2HI$。

［实验用品］

盐酸（1+1）：浓盐酸用水稀释一倍；乙酸铅溶液（20 g · L^{-1}）：称取2 g乙酸铅，溶于少量水中并稀释至100 mL；碘标准液：将碘标准液0.1 mol · L^{-1}用水稀释10倍；淀粉指示液（10 g · L^{-1}）：称取1 g可溶性淀粉，用少许水调成糊状，缓缓倾入100 mL沸水中，随加随搅拌，煮沸2 min，放冷，备用，此溶液应临用时新制；全玻璃蒸馏器，酸式滴定管，碘量瓶。

［实验步骤］

（1）样品处理：将黄花菜用粉碎机打成粉末，称取5 g。

（2）测定：

① 蒸馏。将称好的样品置入圆底蒸馏烧瓶中，加入250 mL水，装上冷凝装置，冷凝管下端应插入碘量瓶中的25 mL乙酸铅（20 g · L^{-1}）吸收液中，然后在蒸馏瓶中加入10 mL 盐酸（1+1），立即盖上塞子，加热蒸馏。当蒸馏液约200 mL时，使冷凝管下端离开液面，再蒸馏1 min。用少量蒸馏水冲洗插入乙酸铅溶液的装置部分，在检测样品的同时要做空白试验。

② 滴定。向取下的碘量瓶中依次加入10 mL浓盐酸、淀粉指示液（10 g · L^{-1}）。摇匀之后用碘标准滴定溶液（0.01 mol · L^{-1}）滴定至变蓝且在30 s内不变色为止。

③ 计算。

$$X_3=\frac{(A_2-B)\times 0.01\times 0.032\times 1000}{m_2}$$

式中：

X_3—样品中的二氧化硫总含量，$g \cdot kg^{-1}$；

A_2—滴定样品所用碘标准滴定溶液（0.01 $mol \cdot L^{-1}$）的体积，mL；

B—滴定试剂空白所用碘标准滴定溶液（0.01 $mol \cdot L^{-1}$）的体积，mL；

m_2—样品质量，g；

0.0032—与1 mL碘标准溶液［$c(1/2I_2)=1.000\ mol \cdot L^{-1}$］相当的二氧化硫。

【第三组学生实验设计】

用pH计测定黄花菜中硫元素的含量。

［实验原理］

$H_2O_2+SO_3^{2-} \xlongequal{} SO_4^{2-}+H_2O$。

［实验用品］

H_2O_2溶液，0.1 $mol \cdot L^{-1}$ NaOH溶液，酚酞溶液；碘量瓶，酒精灯，碱式滴定管，pH计。

［实验步骤］

（1）样品处理：将黄花菜粉碎成粉末，称取5 g。

（2）将黄花菜粉末放于碘量瓶中，加入20 mLH_2O_2溶液浸泡2小时，过滤，加热除去多余的过氧化氢，加入酚酞溶液，用0.01 $mol \cdot L^{-1}$的NaOH溶液滴定，记录消耗的体积。（pH计）

（3）计算含硫量。

2. 课后任务

【问题提出】

黄花菜味鲜质嫩、营养丰富，是我们家中常见的蔬菜。在市场上，我们经常能看到它的身影。但是，为了提高销量，不法商贩给黄花菜“美容”——用硫黄熏蒸黄花菜，利用二氧化硫的漂白性，使黄花菜色泽光润，但过量的二氧化硫会对人体有害。我们的实验主要目的是定量的测定市场里不同的黄花菜中的二氧化硫含量。

【实验原理】

通过查阅资料我们得知，不法商贩用来漂白黄花菜的是焦亚硫酸钠（$Na_2S_2O_5$）。所以，黄花菜中硫的主要存在形式是焦亚硫酸钠，可利用以下反应来测定黄花菜中的硫含量：

$$Na_2S_2O_5+2H_2O_2 \xlongequal{} H_2SO_4+Na_2SO_4+H_2O$$

$$Ba^{2+}+SO_4^{2-} \xlongequal{} BaSO_4$$

【实验用品】

酸式滴定管，锥形瓶，电子天平，量筒，胶头滴管，烧杯，玻璃棒；氯化钡，黄花菜，H_2O_2溶液。

【实验步骤】

（1）称取黄花菜约100 g，研磨捣碎，放入锥形瓶中，用足量H_2O_2溶液浸泡。

（2）过滤，滤去未反应的固体。

（3）用电子天平称取33.3 g氯化钡固体，并用量筒量取1 L水。

（4）在烧杯中混合，用玻璃棒搅拌，配制0.1 $mol \cdot L^{-1}$的$BaCl_2$溶液。

（5）将$BaCl_2$溶液放入酸式滴定管中，记下初始读数A_1。

（6）用酸式滴定管滴定锥形瓶中的溶液。滴定过程中，锥形瓶中会产生沉淀，当滴入最后一滴$BaCl_2$溶液，沉淀不再生成时，记下酸式滴定管读数A_2。

（7）根据消耗的氯化钡的量，计算出溶液中SO_4^{2-}量，以此记录出S元素的量。

（8）多次实验，记录表格，分析数据，得出结论。

【实验记录】

将测定结果填写在表3-1-3中。

表3-1-3　测定市场里黄花菜中硫含量的实验数据

测定内容	A_1	A_2	（A_2-A_1）	n（SO_4^{2-}）
第一次				
第二次				
第三次				

（三）基于“硫酸工业”项目的含硫物质新授课及复习课教学设计

1. 基于“基于硫酸工业项目的元素化合物模型建构”的新授课项目设计

新授课中对《硫的转化》这一节，设计了“基于硫酸工业项目的硫元素转化探究”的项目化教学。具体教学设计如下。

【项目提出】

角色扮演：假设你是硫酸厂的厂长，你会从哪些角度使硫酸厂效益最大化？

（学生讨论汇报）

生1：原料来源要广泛，成本要低；反应的装备要先进，原料的利用率要高，当然成本也得考虑在里面。反应过程最好能够寻找到合适的催化剂，这样可以省很多能源的费用。

生2：原料产地及硫酸消费市场要考察好，把硫酸工厂的位置选好。

生3：原料我觉得能否用其他厂的废料，这样不仅成本低，同时可以减少污染，化废为宝。

生4：对，我觉得除了考虑生产成本，也要考虑环境成本……

【总结】

要真正建厂思考的问题非常多，从化学的角度来体验建硫酸厂的流程主要集中在这几个方面：①寻找合适的原料；②探究反应的机理；③工业产生的污染物治理；④工厂选址的原则等。

【模型初构】

师：建厂一般从目标产物出发，寻找其所需原料，请讨论完成问题组一：

① 根据所学知识预测哪些物质可以经过转化制取硫酸？

② 反应的原理是什么？

生：学生展示课前任务卡中整理的“价–类”二维图，如图3–1–12所示。

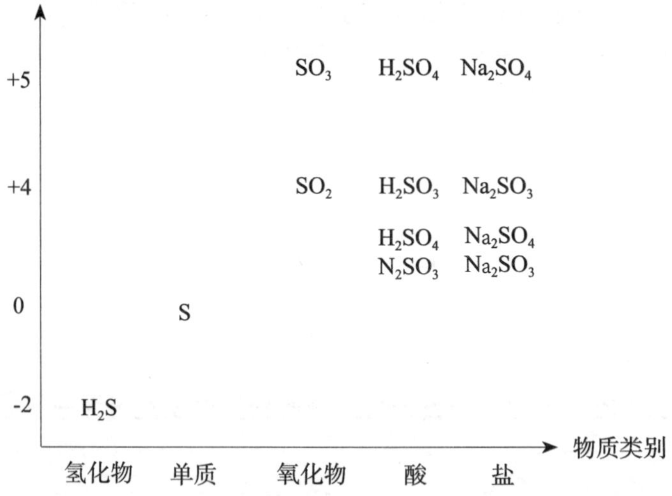

图3–1–12　学生课前梳理“价–类”二维散点图

小组讨论：完成“价–类”二维图，从中整理出的物质间的转化，找到制备硫酸的可能路径。

学生展示：梳理工业制硫酸的常见原料及反应机理（表3–1–4），同时寻找到核心反应$2SO_2+O_2 = 2SO_3$。

表3-1-4　学生梳理常见硫酸制备机理

反应机理 $S+O_2 \xlongequal{点燃} SO_2$ $4FeS+11O_2 \xlongequal{高温} 8SO_2+2Fe_2O_3$ $2SO_2+O_2 \xrightleftharpoons{五氧化二矾，\triangle} 2SO_3$	反应装置
硫黄、硫铁矿、有色金属冶炼烟气、石膏、硫化氢、二氧化硫 $SO_3+H_2SO_4$（浓）$= H_2S_2O_7$ 废硫酸$H_2S_2O_7+H_2O = H_2SO_4$	沸腾炉（制取SO_2） 接触室（氧化为SO_3） 吸收塔（加水变成焦H_2SO_4）
$S+O_2 \xlongequal{点燃} SO_2$ $4FeS_2+11O_2 \xlongequal{高温} 8SO_2+2Fe_2O_3$ $SO_2+H_2O = H_2SO_3$ $H_2SO_3+H_2O_2 = H_2SO_4+H_2O$ $2H_2SO_3+O_2 = 2H_2SO_4$	沸腾炉

【模型应用】

师：在工业生产中制备硫酸的关键是将+4硫转化为+6价的硫，请大家思考并完成下列问题，设计出合理的实验方案来证明你的分析。

① 实验室中还可以通过哪些方式将SO_2转化为+6价硫元素？

② 利用课前任务卡中的“价–类”二维图，分析二氧化硫还具有怎样的化学性质。

③ 我国硫酸工业中也会选择冶炼烟气作原料，如何判断烟气中含有二氧化硫？

生：分组讨论，借助“价–类”二维图，从价态及物质类别角度分析反应过程及二氧化硫可能具有的性质，提出本组实验方案。

【小组讨论】

小组间实验方案交流，完善本组实验方案。

分组实验。药品：二氧化硫的水溶液，酸性$KMnO_4$溶液，氯水，Na_2S溶液，KI溶液，淀粉溶液，品红溶液，NaOH溶液，酚酞，澄清石灰水，$CaCl_2$溶液，紫色石蕊溶液。

仪器：酒精灯、试管夹、试管、胶头滴管等任选。

生：分组实验方案及实验结果展示。

师小结：工业制硫酸的流程和反应原理，同时给出工业装置图。

【绿色化学】

师：工业生产中难免会产生污染物，你作为硫酸厂的厂长，对污染物的处理原则是什么？接触法制硫酸过程中会产生固体废弃物及含二氧化硫的尾气等，根据所学知识思考如何进行处理；若不加处理，可能会导致酸雨的形成，原因是什么？

生1：废弃物是放错了位置的资源，尽量提升原料的利用率，实在利用不了的一定处理到符合国家标准再排放。

生2：处理污染物可能需要的成本很高，我可以考虑将产生的废弃物提供给有需要的厂，这样处理成本会降低，同时其他厂的原料价格会低。

【实际问题解决】

师：原料、设备都确定好了以后，决定或影响厂址的因素是什么？

生1：考虑靠近原料地还是消费地吧，这样运输成本能节省不少。

生2：刚刚既然提到了污染物可以处理，我能不能选择与其他的厂一起联合办厂呢？

2. 基于“联合办厂”复习课的项目设计

【项目背景】

（1）学生需求：新授课中对《硫的转化》这一节，设计了“基于硫酸工业项目的硫元素转化探究”的项目式教学。在硫酸工厂选址问题中，学生从硫酸厂的原料出发，提出了想将“硫酸厂与钢铁厂联合办厂”的想法。而在我校首届化学创意大赛中，也有学生提交了“联合办厂”的创意作品，如图3-1-13所示。因此，在本节内容的复习课中，以“联合办厂”的设想为切入点进行含硫物质的复习。

图3-1-13　学生提交的联合办厂的模型

（2）学科实际：元素化合物知识内容繁杂，反应的化学方程式多，作为元素化合物知识的复习课，应该杜绝让学生背反应的化学方程式的复习方式，转而抓元素化合物知识的两条线“价态线”和“类别线”。“价态线”能够引导学生从氧化还原的角度认识物质，并找到转化所需要的氧化剂或还原剂；“类别线”能够引导学生从分类的角度分析物质间的反应，在梳理出一类物质（如酸、碱、碱性氧化物、酸性氧化物等）的通性之后，只需要将物质正确归类就能认识这种物质的性质。“价–类”二维图的绘制对于学生形成系统的元素化合物的知识体系有着相当重要的作用。

【项目设计】

（1）制定项目目标：本项目是由学生“发现和提出的有价值的化学问题”，从不同层次认识含硫物质的多样性，并对含硫物质进行分类，同时从宏观与微观相结合的视角分析和解决实际问题，培养宏观辨识与微观探析的化学学科素养，符合高中化学课程的目标要求。在课堂教学中“真问题”“真解决”，在问题解决中建模，建立含硫物质的“价–类”二维图的模型，并运用此模型解决化学问题，培养学生证据推理和模型认知的学科素养；以废弃资源的利用为核心进行含硫物质的再利用，培养学生节约资源、保护环境的“社会责任”核心素养；从硫酸工业出发，使学生认识化学对创造更多财富、对美好生活的重大贡献，同时形成节约资源、保护环境的可持续发展意识。

（2）开发项目资源：提供本节课所需信息背景。

① 硫酸工业的原料有硫黄、硫铁矿、金属冶炼烟气、石膏、硫化氢、二氧化硫和废硫酸等。其中，硫黄、硫铁矿和冶炼烟气是三种主要原料。

② 我国是世界钢铁产量最大的国家，炼铁的主要原料是铁矿石，包括磁铁矿（Fe_3O_4）、赤铁矿（Fe_2O_3）、菱铁矿（$FeCO_3$）、硫铁矿等，其中产生的冶炼烟气中含有较多硫的氧化物、碳的氧化物等。

【项目设计过程】

提出本节课的主任务：作为硫酸厂厂长是否考虑与钢铁厂联合办厂？

学生通过辩论进行任务拆解：① 联合与否得看钢铁厂的烟气是否提供硫酸厂所需的原料，提出问题组一：a. 如何设计证明铁厂的冶炼烟气中含有SO_2？b. 如何定量测定烟气中SO_2的含量？此时提供开放性的实验方案，让学生设计实验，并进行验证。

经过实验验证发现，这些方案中有的可用、有的不可用，再进行分类实验及讨论。

【项目框架】

本课时是元素化合物的复习课。在本节课前学生初步学习完必修课程，接触到基本的元素化合物知识，也了解了高中化学中的基本概念、基本原理及基本实验方法等，理论型抽象逻辑思维发展趋于成熟。本节教学通过“如果你是硫酸厂的厂长，你是否考虑与炼铁厂联合办厂”任务的完成，最终达成以价态、类别两维度来串联复习元素化合物的目的。本课时项目式教学拆解如图3-1-14所示。

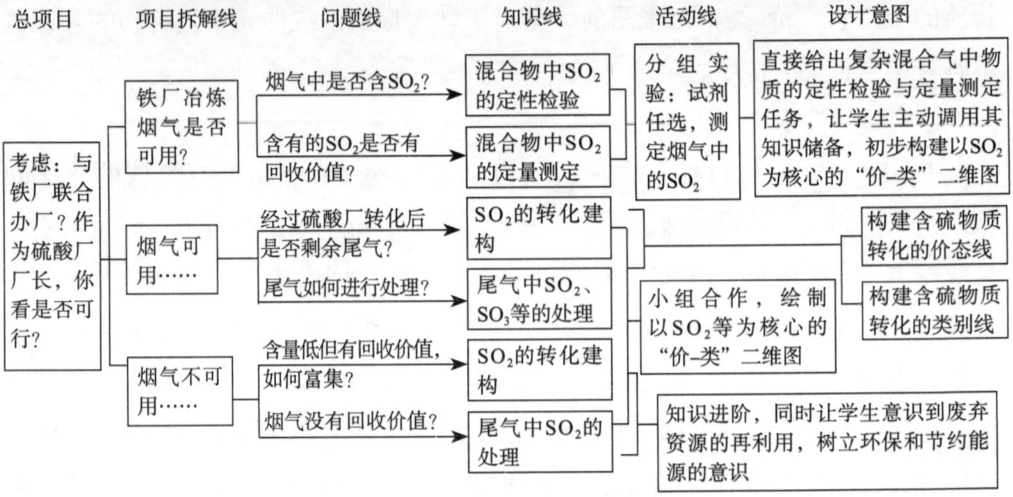

图3-1-14 联合办厂教学思路

【项目实施】

环节	活动内容	设计意图
建模的契机：工业生产导入	【课题导入】1. 新授课环节学生提出的硫酸厂选址问题。 2. 青岛39中首届化学创意大赛作品之一：联合办厂！ 【任务提出】如果你作为硫酸厂厂长，会不会考虑联合办厂？	在新授课阶段曾经设计硫酸工业项目的主线，学习含硫物质间的转化，课堂情境更加真实。此时联合办厂的思路提出也为后续研究SO_2、CO_2性质做了铺垫。
信息背景	【信息背景】1.硫酸工业的原料有硫黄、硫铁矿、有色金属冶炼烟气、石膏、硫化氢、二氧化硫和废硫酸等。其中，硫黄、硫铁矿和冶炼烟气是三种主要原料。 我国是世界钢铁产量最大的国家，炼铁的主要原料是铁矿石，包括磁铁矿（Fe_3O_4）、赤铁矿（Fe_2O_3）、菱铁矿（$FeCO_3$）、硫铁矿等，其中产生的冶炼烟气中含有较多硫的氧化物、碳的氧化物等。	通过给出相应信息，学生自主去寻找其中的有用信息作为佐证，培养综合利用信息的能力。 预设：学生回答当然可以，因为铁厂的烟气中含SO_2。此时，可以让小组补充看法。如果没有，教师追问：只用“有”就足够了？还需要考虑量有没有回收的价值吧？

续表

环节	活动内容	设计意图
任务拆解一：判断烟气是否可用？	【问题组一】1. 如何设计证明铁厂的冶炼烟气中含有SO_2？ 2. 如何定量测定烟气中的SO_2含量？	通过学生自主选择混合物中SO_2的检验方法，让学生不得不分析目标物SO_2与杂质之间的性质不同点，从而引出价、类二维思考的思路和方法。
自主设计实验并进行分组实验	【实验探究】设计实验探究炼铁厂的冶炼烟气中是否可用。 实验药品：冶炼烟气、其他任选。 实验仪器：医用注射器。	在确定有SO_2的过程中，有学生可能会直接找到SO_2的特性。此时结合工业实际，学生要考虑除品红外的其他试剂去检验SO_2。高二学生已有定量测定的基础，让其设计定量实验，培养其严谨的逻辑思维能力。因烟气的污染性，设计了针筒实验，防止烟气溢出。
建模初体验	【建模】通过对比混合气中SO_2与CO_2的性质，绘制含硫物质和含碳物质的“价–类”二维图。	通过问题组一初步建立起以SO_2为代表的“价–类”二维图的雏形，并以此为契机在后续进行补充和完善。
任务拆解二：烟气若可用，如何回收处理？	【问题组二】 如果冶炼烟气可用，则经过硫酸工厂后，是否剩余尾气？若有，尾气如何处理？	引出硫酸工业中最重要的转化$SO_2 \rightarrow SO_3$，进一步完善“价–类”二维图，同时通过工业生产的尾气处理培养学生绿色环保意识，引导学生从“价–类”二维角度分析SO_2的固定，熟悉模型的应用。
任务拆解三：烟气若含量不高，为尾气处理支招	【问题三】如果冶炼烟气中SO_2含量不高，但是有回收价值，如何进行进一步优化操作？ 【信息补充】如图是用废氨水回收含有低浓度SO_2工业尾气的流程示意图。请回答下列问题： A的化学式是________； 此法处理尾气的优点是______、______。 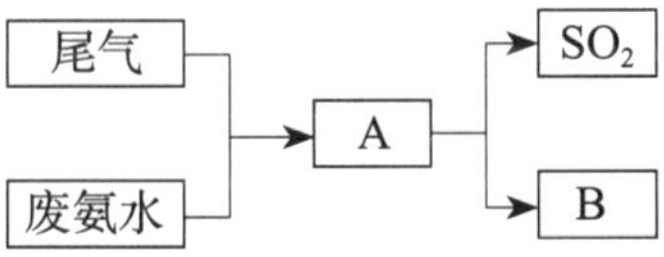	问题三属于学生思维发展的进阶，难度偏大。学生可能从已有知识角度考虑不周全，此时以信息填空的形式给出，拓展学生思维。
能力提升	【思考】如何在实验室中制备模拟烟气？	完善以硫酸为核心的含硫物质转化关系，完善含硫物质的“价–类”二维图。
模型应用	【信息背景】《神农本草经》记载，硫酸钠具有清火消肿、泻热通便、软坚润燥等药效。某地盛产硫黄，若以此制备硫酸钠，请设计生产路线。	构建出模型后，对模型进行应用，构建物质转化关系。
课堂小结	本节课的“价–类”二维图的构建及应用，使你对元素化合物知识是否有了更系统的认识？	引导学生总结概括所用到的建模的思路和方法，同时将其迁移到其他元素化合物知识的学习中去。

续表

环节	活动内容	设计意图
课后任务	【生活中的化学】1. 葡萄酒中抗氧化剂的残留量是以游离SO_2的含量衡量，我国国家标准（GB2760－2014）规定葡萄酒中SO_2的残留量≤0.25 g·L^{-1}。请课后设计实验证明自家葡萄酒中是否含有SO_2及SO_2的含量是否合格。 2. 以本节课建构二维图为思路，自主构建含氮物质的“价–类”二维图。	化学无处不在。引导学生关注生活、关注化学，全面认识化学的利弊，同时进行化学知识的迁移应用。

4. 基于“硫酸工业”实验的项目设计

【问题提出】

中华人民共和国国家标准（GB2760-2011）规定葡萄酒中SO_2最大使用量为0.25 g·L^{-1}，请为测定某市售葡萄酒中SO_2含量是否符合国家标准设计实验。

【实验原理】

葡萄酒中含有亚硫酸盐，$H_2O_2+SO_3^{2-}$ ══ $SO_4^{2-}+H_2O$。

【实验用品】

药品：葡萄酒300 mL，H_2O_2溶液，盐酸，沸石，0.09 mol·L^{-1}NaOH标准溶液，酚酞溶液。

仪器：碱式滴定管，铁架台，冷凝管，蒸馏烧瓶，冷凝管，酒精灯，弯玻璃导管（2根），直玻璃导管（1根），锥形瓶，橡胶管，托盘天平，100 mL容量瓶，胶头滴管，烧杯。

【实验步骤】

（1）配制NaOH标准溶液：用容量瓶配制0.0900 mol·L^{-1}NaOH标准溶液。注意操作程序（计算→称量→溶解→冷却→移液→洗涤→振荡→定容→摇匀）。

（2）按图3-1-15所示，安装装置、检验气密性。

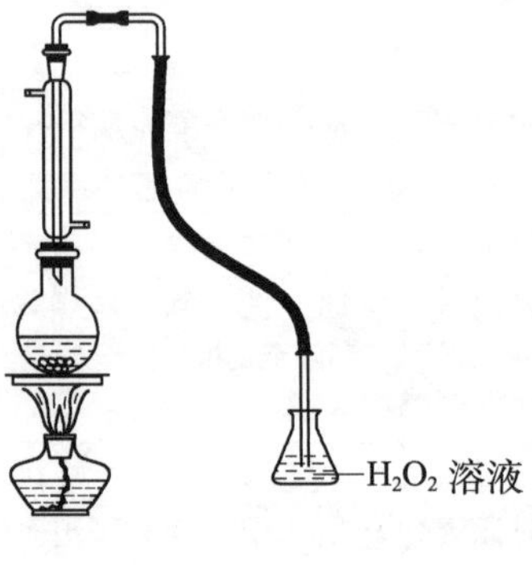

图3-1-15 测定葡萄酒中硫含量实验的装置图

（3）实验过程：

① 将300 mL葡萄酒和25 mL盐酸加入圆底烧瓶中，加入沸石，锥形瓶中加入H_2O_2溶液20 mL，加热，直至H_2O_2溶液中没有气泡冒出。

② 将盛有H_2O_2溶液的锥形瓶放在石棉网上加热，除去多余的过氧化氢，冷却。

③ 向碱式滴定管中加入NaOH标准溶液，记录滴定前的数值。向冷却过后的锥形瓶中滴入一到两滴酚酞溶液，进行滴定，即将到达滴定终点时注意缓慢滴加NaOH溶液，直到锥形瓶中的溶液变为粉红色且30秒钟内不褪色，记录滴定后的滴定管数据。

【实验记录】

将实验数据记录在表3-1-5中。

表3-1-5　NaOH标准溶液的用量

	滴定前	滴定后	用量
NaOH标准溶液			

第二节 研究性学习与问题解决

研究性学习以其在教育教学中鲜明的特点和独特的功能越来越受到人们的重视。在我国，研究性学习不仅根据教育部于2000年1月颁布的《全日制普通高级中学课程计划（试验修订稿）》的要求被列为综合实践活动课程作为其中的一个板块，而且在各个学科的教学中也得到了普遍应用。2016年，教育部等11部门印发了《关于推进中小学生研学旅行的意见》，要求各地教育部门将研学旅行摆在重要位置来推动研学旅行健康、快速地发展，其核心也在于引导研究性学习。

化学教学中的研究性学习对于提高学生的问题解决能力、发展学生的学科核心素养具有重要作用。

一、研究性学习

研究性学习是一种积极的学习过程。教育部印发《普通高中研究性学习实施指南（试行）》指出，“在研究性学习过程中，学习的内容是在教师的指导下学生自主确定的研究课题，学习的方式不是被动地记忆、理解教师传授的知识，而是敏锐地发现问题、主动地提出问题，积极地寻求解决问题的方法，探求结论”。美国国家科学教育标准中认为，研究是多层面的活动，包括观察；提出问题；通过游览书籍和其他信息资源发现什么是已经知道的结论，制订调查研究计划；根据实验证据对已有的结论作出评价；用工具收集、分析、解释数据；提出解答、解释和预测；以及交流结果。研究要求确定假设，进行批判的和逻辑的思考，并且考虑其他可以替代的解释”。这一标准指出，科学研究既指科学家研究自然界，根据研究中发现的证据提出解释的多样化的方式，也指学习过程，指的是一种积极的学习过程——让学生自己思考做什么和怎么做，而不是让他们接受教师给出的现成结论。

研究性学习是建立在现代学习理论基础之上的一种学习方式。它反对被动地接受、记忆和继承知识，倡导主动地理解、应用和创新知识；要求学生把学习看作研究，认识到学习过程就是创造性发现问题、提出问题、分析问题和解决问题的过程。

对于研究性学习，有广义——研究性学习方式和狭义——研究性学习活动两种理解。

（一）研究性学习方式

1. 研究性学习方式的含义

研究性学习是相对于接受式学习而言的，泛指学生像科学家进行科学研究那样去获得知识和应用知识的学习方式。研究性学习可看作一种学习观念、策略、方法，它渗透于学生所有学科的学习活动之中。

2. 研究性学习方式的特点

（1）重过程方法。

研究性学习过程是学生亲历知识的形成与发展，将学习知识、掌握方法与形成正确的情感、态度、价值观有机结合起来并实现高度统一的过程。它注重的不是学生能否掌握具体的知识与技能，而是学生能否运用科学的方法通过过程体验而使所学的知识与技能得以内化并形成问题解决能力，进而有所发现、有所创造。另外，研究性学习本身就是一种学习方式，具有方法论的意义。

（2）重问题解决。

从认知心理学的角度来看，学习可以分为三个层次：一是概念学习，即利用概念来认识事物及其变化；二是规则学习，即利用规则来理解事物及其相互之间的联系；三是问题解决学习，即利用概念和规则来解决实际问题。研究性学习主要是问题解决学习，目的在于提高发现问题、提出问题、分析问题和解决问题的能力。

（3）重自主探究。

研究性学习是学生在一定的问题情境中，借助教师的指导，利用有关的学习资源，围绕一定的问题收集、加工、处理信息，以科学方法进行探究学习的过程。这一过程需要讨论交流、合作学习，但这种交流合作都是建立在自主探究基础上的。这样，学生才能真正将自己的智慧与集体的智慧结合在一起，通过“头脑风暴”找到解决问题的方式和方法，进而形成正确的结论。

（4）重发现创新。

探究本身就是有所发现、有所创新。研究性学习的过程就是学生探究和发现的过程。在这一过程中，学生不但可以获得具有创新意义的学习成果，而且可以培养不迷信权威、不墨守成规、敢于质疑的创新人格和不惧困难、勇往直前及刻苦探索、善于发现的创新精神。

3. 研究性学习方式的基本程序

（1）提出问题。

问题主要来自两个方面。一是教材。教材中的某些基本原理、概念和规律等知识，虽然对人类是已知的，但是这些结论对学生来说是未知的，可以把这类课题设计成让学生再创造和再发现的过程。二是现实生活。通过在研究性学习中解决身边与学科内容有关的实际问题，学生可以获得对社会的直接感受，体会到自己所学的知识和所掌握的技能对于现实生活的重要性，从而加深对学习目的的理解。

问题多存在于真实情境中，学生需要将情境问题转化为学科问题然后进行分析、解决。

（2）形成假设。

形成假设指的是针对提出的问题形成假设，或者提出解决问题的想法或思路。

（3）收集证据。

证据的获取是研究性学习过程的关键。在科学研究中，科学家们十分重视证据收集。他们或是利用感觉器官或借助工具、仪器，通过观察和测量来获得证据；或是在实验室中通过控制条件进行实验来收集实证资料，而当他们不能控制条件或控制条件会歪曲现象时，便会通过对自然发生的情况进行大范围的观察或长时间的观察来收集证据。科学家们还要通过检验性的测量、重复观察和实验以及收集与同一现象有关的不同种类的数据来验证证据，他们所收集的证据要经受来自各方面的质疑和对它们的进一步调查研究。

与科学家的研究相似，在研究性学习中，学生也要根据实证资料验证假设，包括观察、实验、测量，以及从教师、教学材料、网络或其他途径获得实证资料等。

（4）给出解释。

给出解释指的是学生根据证据形成对问题的解释。

在取得实证的基础上，学生要对研究的问题进行归类、分析、判断、批判性推理等，揭示问题的因果关系并给出解释。这种解释必须与实验或观察得来的实证材料相一致，即重事实、尊重规律。

（5）评价结果。

评价结果指学生根据其他解释对自己的解释进行评价。

评价所体现的是科学研究的实事求是的特征。学生通过比较研究结果或把他们的研究结果与教师或教材提出的结果相比较，来评价对所研究的问题作出的各种解释。与科学研究不同的是，学生只是利用与他们的发展水平相适应的科学知识对所作出的解释进行评价，以此来达到研究性学习的目的。

（6）交流检验。

交流检验指的是学生交流学习成果和进一步验证学习成果。

科学家一般通过重复有关研究者的实验来验证其结果是否正确。这就要求研究者对所研究的问题、研究步骤、获取的证据、提出的解释及其对解释的评价进行明确具体的描述，以使所做的研究能够经受更多的质疑，也为其他科学家用这些解释来研究新问题提供借鉴。

交流和检验研究性学习的结果，可以为学生提供质疑问题的提出是否科学、实证材料是否可靠、推理是否正确以及对同一问题提出不同解释的机会。这种交流与检验的过程，能够深化学生对研究性学习成果的理解，并使他们进一步认识以实证为基础的论证方法的重要性。

（二）研究性学习活动

1. 研究性学习活动的含义

研究性学习活动是一种专题研究活动，包括设置的研究性学习课程、综合实践活动中的“研究性学习”模块和学科教学中组织的研究性学习活动。

教育部印发《普通高中研究性学习实施指南（试行）》指出，“研究性学习强调对所学知识、技能的实际应用，注重学习的过程和学生的实践与体验”，达到“获得亲身参与研究探索的体验”“培养发现问题和解决问题的能力”“培养收集、分析和利用信息的能力”“学会分享与合作”“培养科学态度和科学道德”“培养对社会的责任心和使命感”的目标。

刘树仁在《研究性学习的定位及其实施要领》一文中指出，研究性学习把“以学生发展为本”作为指导思想，让学生通过亲身实践获取直接经验，初步形成唯物主义的科学观，形成对国家和民族的责任感以及正确的人生观和价值观；以科学的认识论为基础，使学生联系实际养成良好的科学态度、一定的探究精神和创新意识，掌握基本的科学方法，激活各种学习中的知识储存，提高综合运用所学知识解决实际问题的能力；引导学生学会沟通与合作，培养团结合作积极进取的精神，促使德、智、体、美等方面的素质得到全面的提高，个性与特长得到开发与持续的发展。

2. 研究性学习活动的特点

研究性学习活动，除了具有研究性学习方式的特点外，还突出地表现出以下特点。

（1）主体性。

在研究性学习活动中，从课题的选择、确定与资料的收集、分析到报告的撰写、答辩与成果的整理和展示等，整个过程都是学生自己去操作，学生具有很大的自主性；教师只起指导作用，扮演指导者、协助者、参与者的角色。

（2）开放性。

研究性学习活动研究的问题、解决问题的方法、所取得的学习成果的表现形式等具有开放性，为学生的发现、创造留下较大的空间。

研究性学习活动的大多数学习内容来自自然界中的现象以及现实社会生活中的事件，学生到社会上、生活中、自然界里去寻找自己感兴趣的问题进行研究，培养适应未来的社会生活的能力。

在研究性学习活动中，学生事先并不知道确切的结果，需要他们在探究过程中自己去寻找结果；解决研究课题内容的方式方法可由学生自由选择，如查阅资料、操作实验、调查研究、专题访问等；学习场所可以在教室，也可在社区、农村、厂矿等；成果表现形式可有多种形式，如实物、图画、报告、表演、总结等。

（3）实践性。

研究性学习活动的研究内容来源于自然现象、社会实践和生活实际，研究方式是理论联系实际，有些研究成果可用于实际生活与生产。

研究性学习活动的情境是来自实践的真实情境，学生要透过情境发现问题并将其转化为学科问题，利用有关方法分析、解决问题，发展实践能力和创新精神。没有实践性的问题情境，也就没有研究性学习活动。

（4）创新性。

创造力是人的一种潜能，有待唤醒和激发。研究性学习为学生充分发挥创新潜能创造了宽松环境，其学习成果主要的不是对所获得的知识的展示，而是对创造能力提高的展现。

（5）成长性。

研究性学习可以分层次进行，这就为具有不同潜能的学生提供了不同层次的学习，有利于每个学生的成长。

研究性学习要在自主探究的基础上进行合作学习，学生不仅可以通过探究在问题解决的过程中收获成长，而且可以通过合作学习学会与人相处，增强责任感、合作意识和人文素养，体验共同努力获得成功的喜悦，促进个人成长。

研究性学习活动倡导评价方式、评价标准、评价主体的多元性，关注学生在研究性学习过程中的进步程度，鼓励学生主动、客观地评价自己的表现，定性描述与定量统计相结合来评价学习成果，十分有利于学生的全面发展。

3. 研究性学习活动的基本程序

教育部印发的《普通高中研究性学习实施指南（施行）》把研究性学习的实施分为进入问题情境阶段（师生共同创设问题情境，确定研究范围或研究题目，教师帮助学生搜集相关资料，学生建立研究小组共同讨论和确定研究方案）、实践体验阶段（搜集和分析信息资料，调查研究，初步交流成果）和总结表达交流阶段（归纳整理、总结提炼学习收获，交流、研讨与分享学习成果），据此可将研究性学习活动具体化为以下过程。

（1）选题确定。

选题确定主要有教师提供参考课题和学生自选课题两种方式。教师在提供参考课题时，要充分考虑学生的知识经验、能力水平和学习需求。教师应鼓励学生自选课题。学生的自选课题经教师审批后方可实施。

（2）研究实施。

这个阶段由学生独立完成，教师可随时为学生提供必要的咨询和指导。此阶段主要经过“提出假设—收集资料—提供证据—验证假设—得出结论—呈现结果”的程序。

（3）学习评价。

研究性学习小组对自己取得的学习成果进行评价，小组之间可以互评，教师也可进行指导性评价。评价要突出实践和创新两个方面。

（4）成果交流。

教师要组织学生进行研究性学习成果交流。成果交流可由小组代表陈述研究报告、论文或产品说明的主要内容，重点介绍自己小组研究成果中的独到之处；在此基础上，其他小组的同学提出质疑；最后，教师进行小结。

二、青岛39中研究性学习活动案例

青岛39中化学学科的研究性学习活动在内容上分成三大模块。一是对课堂学习内容的进一步深化和补充，二是对与海洋化学相关知识的补充与探究，三是提高学生海洋意识的社会实践内容。化学教材中涉及的海水淡化，海水提溴、提碘、提镁等都是初中化学和高中化学中比较重要的知识，与初中、高中化学教学密切相关。以这两部分内容为主体，青岛39中化学组在中国海洋大学海洋化学专家教授的指导下，制定了《山东省青岛第三十九中学海洋化学校本内容标准》，以此为依据组织学生选择课题开展研究性学习，具体内容见表3-2-1。

表3-2-1 山东省青岛第三十九中学海洋化学校本内容标准

主题1 认识海洋中的化学物质

内容标准	活动与探究建议
1. 了解海水中常量元素的种类和存在状态，认识镁、溴等的性质和用途 2. 了解海水中微量元素的存在价值，认识开发和保护海水资源的重要意义 3. 了解大洋锰结核等海洋金属，并掌握他们的性质 4. 了解海洋中的有机物质、营养元素等，认识海洋作为资源宝库的重要作用	1. 查阅资料：海水中的物质分类 2. 通过调查问卷或网上调研的方式，找出海水中的元素在人类生活中的重要用途，并撰写调查报告

主题2 海洋资源的综合开发利用

内容标准	活动与探究建议
1. 以海水等自然资源的综合利用为例，了解化学方法在实现物质间转化的重要作用 2. 了解海水的综合利用途径和方式，认识化学在自然资源综合利用中的功能 3. 认识化学实验的作用，树立安全意识 4. 举例说明金属镁的用途，了解其生产原理，掌握金属镁的还原性 5. 通过海水晒盐、海水淡化、溴碘的提取等实验，知道物质分离和提纯的常用方法，初步培养操作技能及实验设计能力 6. 通过对氯碱工业的认识，掌握化学能与电能的相互转化，掌握氯碱工业的原理及用途 7. 了解侯氏制碱法的原理，认识纯碱的用途，了解制碱法发展的历史，树立民族自豪感 8. 了解当前能源的主要类型，掌握可燃冰的性质，了解其可持续发展的开采方式	1. 查阅资料：海水资源及其利用 2. 查阅资料、科普讲座、参观或观看录像：认识现代仪器设备在化学工业的重要作用 3. 就近参观生产、加工金属材料的企业或者收集有关资料，撰写有关科学小论文 4. 调研饮用水的主要来源，深刻认识海水淡化的重要性，小组合作探究实验方案，实现海水资源的充分利用 5. 查阅资料，讨论氯碱工业发展中体现的科技对生产力的作用 6. 自主搜集资料：了解制碱的发展历史 7. 参观考察或观看影像资料，自己尝试模拟侯氏制碱法 8. 对当前能源资源进行调研，认识可燃冰科学开采的重要性

主题3　化学与海洋环境保护

内容标准	活动与探究建议
1. 通过例证水污染的危害，掌握污水处理的方法 2. 通过举例废水的处理、海洋水净化等，知道如何运用化学进行水处理 3. 培养绿色化学意识，树立可持续发展的观念	1. 参加化工厂或观看有关的影像资料片，考察企业的选址情况及工业制品对海洋环境的影响，撰写调查报告 2. 查阅资料：海洋污染的主要污染物 3. 查阅资料：常见的污水处理措施，并对附近海水中的污染成分进行调研，探究海水污染处理的方法

案例1　以“海水电池”为例的校本课程教学设计

（一）教学目标

（1）通过原电池的工作原理的复习与回顾，能够书写特殊电池的电极反应式，并根据原理自主设计铝–空气–海水电池。

（2）通过活动探究，培养观察能力和分析解决问题的能力，同时体会原电池的应用，能够从能量角度深入理解化学对人类生活的重要贡献。

（3）提升对海洋能源的利用意识，培养多方面开发海洋资源的意识。

（二）教学过程

【课题引入】

据估算，世界钢产量约有1/10损耗于腐蚀、锈蚀。腐蚀对我国造成的经济损失每年至少在400亿元以上。那么，钢铁腐蚀的原因是什么？

【设计实验】

钢铁腐蚀原因探究。

取四个广口瓶，四个等大的铁钉，分为四组实验：

（1）将铁置于干燥的广口瓶中，密封。

（2）将铁置于盛满水的广口瓶中，密封。

（3）将广口瓶中盛装少量的水，使铁钉一半在液面以上。

（4）将广口瓶中盛装少量的饱和食盐水，使铁钉一半在液面以上。

几天后观察铁钉被腐蚀的程度。

实验结果：钢铁的腐蚀速率：D>C>A≈B。

【实验结论】

在潮湿、有氧的环境中钢铁腐蚀速率快。

思考：为什么D腐蚀速率要快于C?

【实验原理探究】

钢铁实际是铁合金，其中有少量的C，因此可以将钢铁腐蚀近似为Fe-C-NaCl溶液组成的原电池。书写此反应的电极反应式。

【小结】

钢铁腐蚀中绝大多数是属于电化学腐蚀，铁-空气-电解质溶液形成的原电池加快了钢铁的腐蚀速率。

思考：各种舰艇、船只也主要是由钢铁制作的，如何降低船只的腐蚀速率?

【资料引入】

有一种以“铝-空气-海水”为能源的海水标志灯已研发成功，只要把灯放入海水中，不久就会发出耀眼的光，能量甚至比日常生活中常见的干电池高20~50倍。

思考：此“铝-空气-海水”电池的原理是什么?

【讨论小结】

负极（Al）：$4Al-12e^- = 4Al^{3+}$；

正极（Pt）：$3O_2+6H_2O+12e^- = 12OH^-$；

总反应：$4Al+3O_2+6H_2O = 4Al(OH)_3$。

【应用】

查阅资料，写一篇海水电池发展现状的调查报告。

【课外活动布置】

自己制作一个“铝-空气-海水”电池。

（三）教学反思

从化学反应原理出发解决身边的问题，让学生意识到化学不是课本上的死知识，而是可以服务于日常生活的。同时，设计的“海水电池”对学生认识海洋资源起到比较重要的作用。本节课中主要是采用学生自主探究的方式巩固原电池的反应原理，同时从原理出发，设计原电池。

案例2　关于“海水电池”的研究性学习

（一）问题的提出

救生衣灯，适用于夜间向救助人员指示穿着救生衣的落水人员在海上的位置。基于利用天然海水形成电解液这样一种结构特点，海水电池在救生衣灯的应用方面具有许多突出的优势。而我国对海水电池的研究仍在发展中。海水电池还面临着诸多挑战，而它本身的部分优点如轻便、省体积、环保，却被发电效率低下等劣势遮掩。

（二）研究成员

组长：王嘉琪

组员：梁宇嘉　郭晓韬　何中智　唐欣然　王骏艺

指导教师：刘　翠　青岛第三十九中学　教师

李　峰　青岛农业大学化学与药学院　教授

（三）研究过程

（1）参观团岛灯塔发电装置、青岛农业大学分析化学实验室。

（2）设计装置图纸，初稿如图3-2-1所示；改进装置图纸，改进稿如图3-2-2所示。

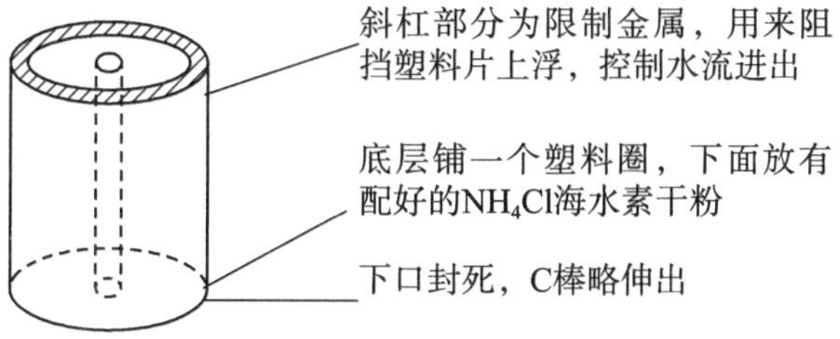

图3-2-1　实验装置设计图初稿

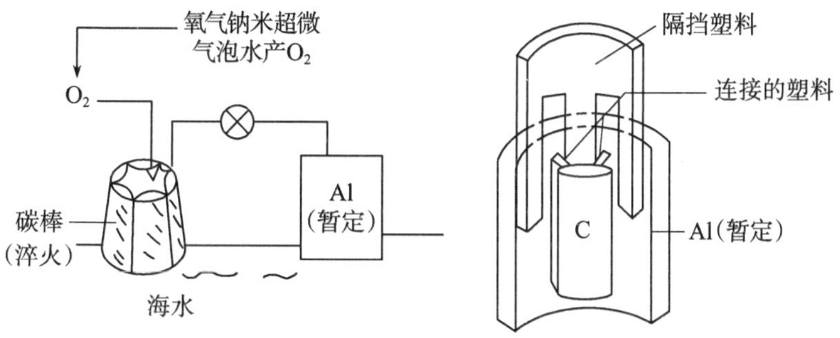

图3-2-2　实验装置设计图改进稿

（3）实验探究过程。

【实验一】

实验目的：

① 探究不同性质的金属对发电效果的影响；

② 极板间距对电流的影响；

③ 极板与电解液接触面积对电流的影响；

④ 海水素浓度对电流的影响。

实验材料：Al板，Zn板，Cu板，Mg条，250 mL烧杯一个，海水素若干，自来水，灵敏电流计，导线若干。

实验结果：实验结果不明显，仅测出微弱的电流变化。且电流示数极其微弱，只有十几微安。

实验反思：

① 实验设计欠佳；

② 极板材料不佳。

改进实验步骤：改为先加电解液，再将极板浸入。

$$(-)\ Mg(s)\ |\ Mg^{2+}(C)\ \|\ OH^-(C)\ |\ Cu(s)\ (+)$$

正极：$2H_2O+O_2+4e^- = 4OH^-$

负极：$2Mg-4e^- = 2Mg^{2+}$

总反应：$2Mg+2H_2O+O_2 = 2Mg(OH)_2$

【实验二】

实验目的：探究电解液浓度和极板与电解液接触面积对导电效果的影响。

实验材料：Al板，Zn板，Cu板，Mg板，砂纸，多用电表，黑色防水胶带，200 mL烧杯×5，刻度尺，纯净水，NaCl溶液五组。

实验前准备：利用防水胶带在电极等2 cm处（竖直）处标记。

实验A：取一组0.6 mol·L^{-1}溶液，Al板、Cu板实验：

① 将Cu板全浸入溶液中，改变Al板接触面积，记录；

② 将Al板全浸入溶液中，改变Cu板接触面积，记录。

实验B：取五组溶液，利用Al板、Cu板实验。

保持金属片浸入电解液中表面积相等，测得电流，记录下来。

实验数据见表3-2-2和表3-2-3。

表3-2-2 浓度对电流强度的影响实验数据

浓度/（mol·L^{-1}）	0.2	0.4	0.6	0.8	1.0
电流/μA	11	10	12	11.5	13

表3-2-3 相同浓度下，改变接触面积实验数据

Cu片插入格数	Al片插入格数	电流 /μA
1	1	13

续表

Cu片插入格数	Al片插入格数	电流/μA
2	2	15
3	3	16
1	2	15
1	3	13
2	1	14
3	1	15.5

【实验三】

实验目的：探究不同电解质溶液对电流的影响。

实验材料：Cu板（10×5），Mg板（10×5），海水素，NaCl溶液，$(NH_4)H_2PO_4$溶液。

实验结果：导电能力：$(NH_4)H_2PO_4$溶液>NaCl溶液>海水素（让电解液显弱酸性效果最好），但仍达不到预期导电标准。

第三次实验过程如图3-2-3所示。

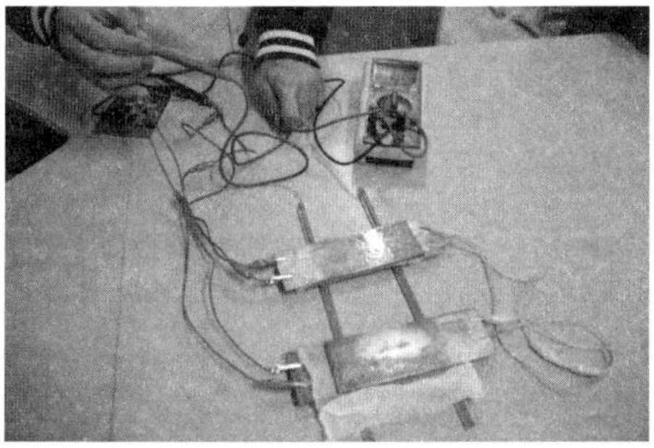

图3-2-3　第三次实验过程

第三次实验结果如图3-2-4所示。

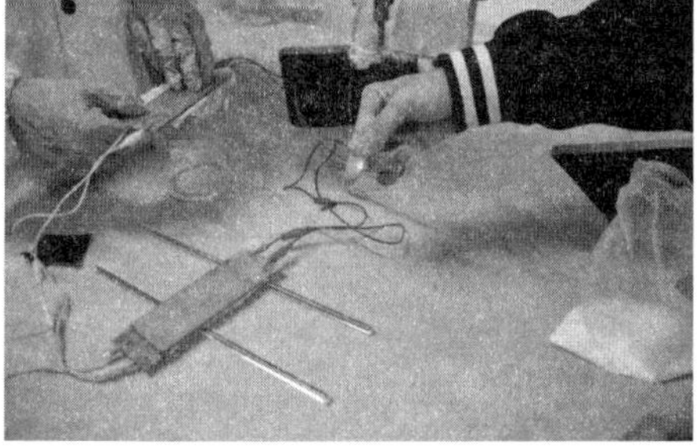

图3-2-4　第三次实验结果

【实验四】

实验目的：探究原电池两极板间不同连接方法对导电能力的影响。

实验过程：

① 将2组原电池在烧杯里进行串联。

实验结果：二极管发光微弱。

② 将2组原电池用沾有电解质溶液的纱布再次串联，并用毛巾将电池包起，防止水分散失太快。

实验结果：二极管灯光极亮，如图3–2–5所示。

实验结论：两极板间不同的连接方法导致极板间的电解液内电阻不同，电解液内电阻越小，导电效果越好。

图3–2–5　第四次实验结果

【实验五】

实验目的：探究不同灯泡对发光时长的影响。

二极管发光时长测试：24小时后，发光效果仍然良好。

测量手电筒灯泡：发光时间约为3小时。

【实验六】

猜想：Cu–Mg–Cu–Mg排列发电效率会更强。

实验结果：电流I大幅增加，电动势E大幅减小，输出功率P大幅减小。

改变电极连接方式的电流电压强度变化见表3–2–4。

表3–2–4　改变电极连接方式的电流电压强度数据

电极连接方式	电流/A	电压/V
Mg–Cu	0.2	1.2
Mg–Cu串联Mg–Cu	0.3	2.5

续表

电极连接方式	电流/A	电压/V
Mg-Cu-Mg	0.1	1.27
MgMg-CuCu	0.2	1.3

海水电池电势差是由两极板间带不同电荷的粒子富集导致的。若将镁2与铜1构成一个海水电池，部分氢氧根会由本来镁1处分流一部分至镁2处，导致原镁1与铜2之间的电势差减小，电压将近变为原来的1/2。同样是极板串联且为共用电解液，铅蓄电池为何不会出现这种情况？这是因为硫酸铅会在当前极板沉淀，电子在溶液内运输是通过析氢来推动进行的，因而不会产生大量氢氧根富集导致电势差减小的情况。（具体情况其实与金属阳离子有关，因其浓度与氢氧根离子浓度相关。为了便于学生理解，利用氢氧根离子进行讲解）

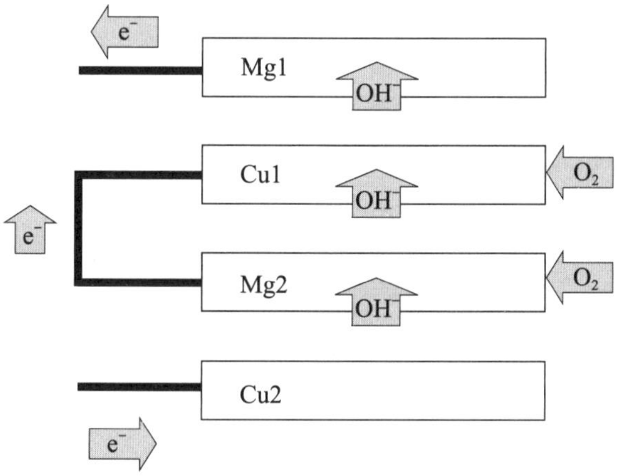

图3-2-6　原理模拟图

（4）遇到的问题及改进方法。

① 实验数据与预期不符，经检验，是由于实验设计有误，我们更换思路重新设计得到了较好的结果。

② 海水电池电流、电动势过低，我们通过实验六得到了结论，将多个电池组串联得到了较大电流的海水电池。

③ 海水电池电阻过高，导致电压过低，我们改进了极板连接方法。

④ 海水电池电极腐蚀过快。

（四）研究结果

（1）海水电池技术创新。

材料：铝、铜为电极的铜铝电池（图3-2-7）。

结构：简化电解液、优化电池结构。

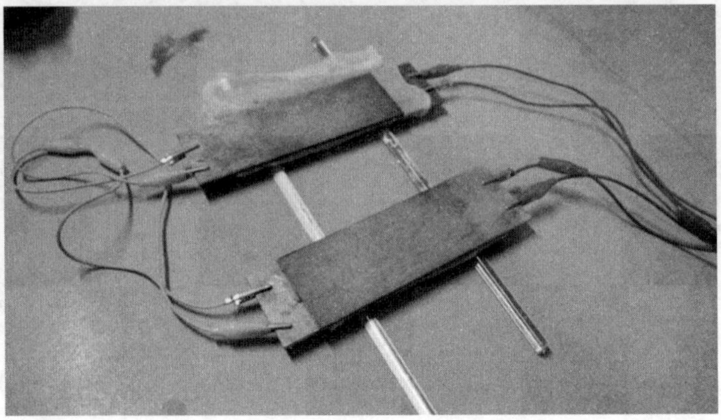

图3-2-7　铜铝电池

（2）海水电池实物。

将电池组连接入电路，制作海水电池实物并检测其性能。海水电池两极板电势差相差越大越好且铝元素对人体健康有害，所以我们将传统海水电池的铝铜极板改变成以镁铜为极板的新型海水电池。我们还改变了两极板间的连接方式。图3-2-8是我们在设计过程中的思路图，图3-2-9是海水电池实验结果。

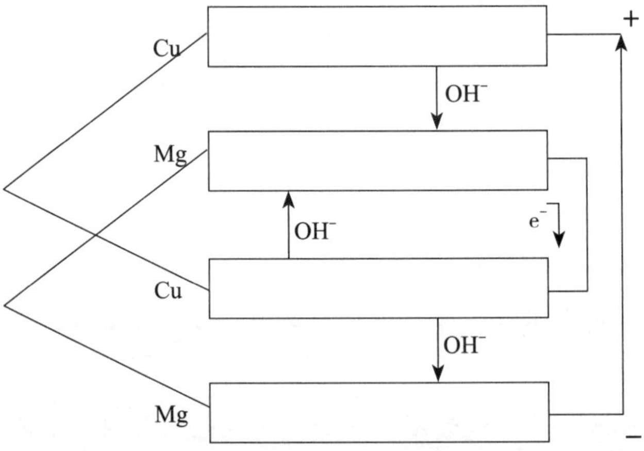

图3-2-8　第五次实验原理简图

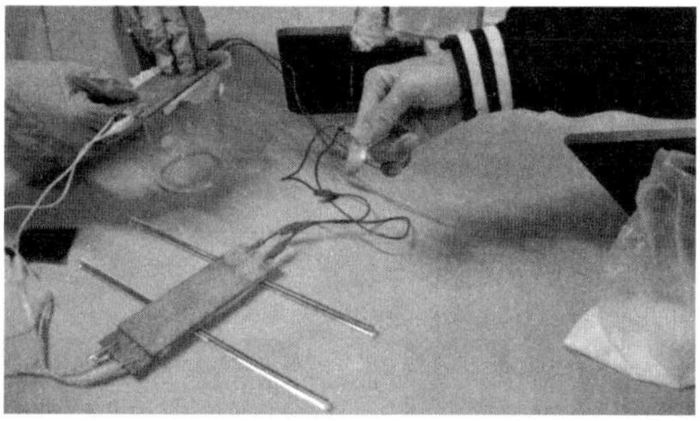

图3-2-9　海水电池实验结果

（3）海水电池放电功率、电流密度，如图3-2-10、图3-2-11所示。

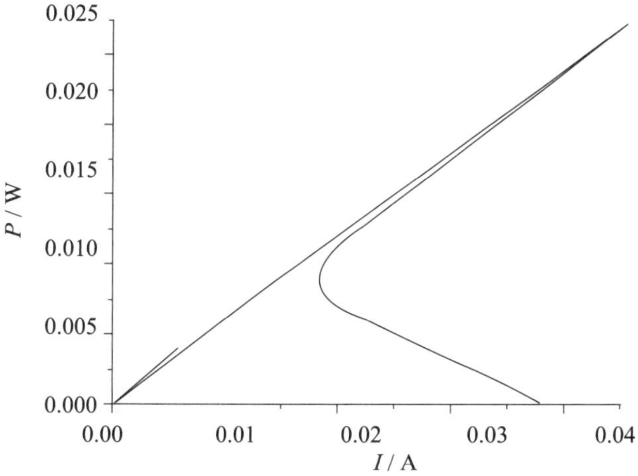

图3-2-10　海水电池放电功率

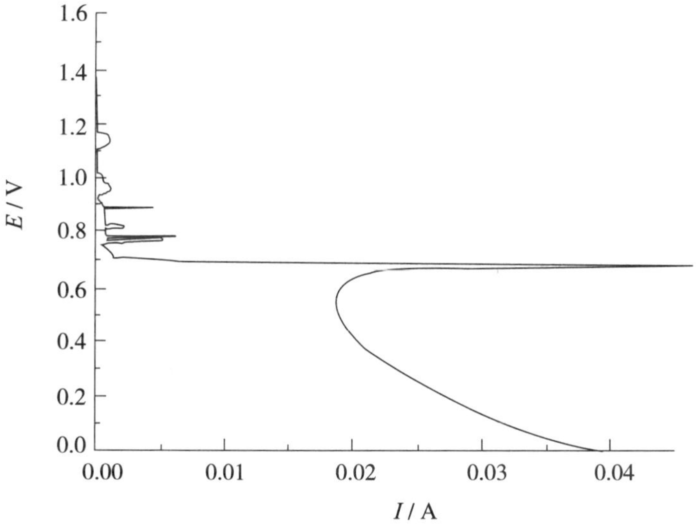

图3-2-11　海水电池电流密度

（4）救生衣灯。

如图3-2-12所示，我们将制作的海水电池接入闭合回路，与灯泡相连，并安装在了救生衣上。经我们小组成员亲身实践检验，发光效果良好。

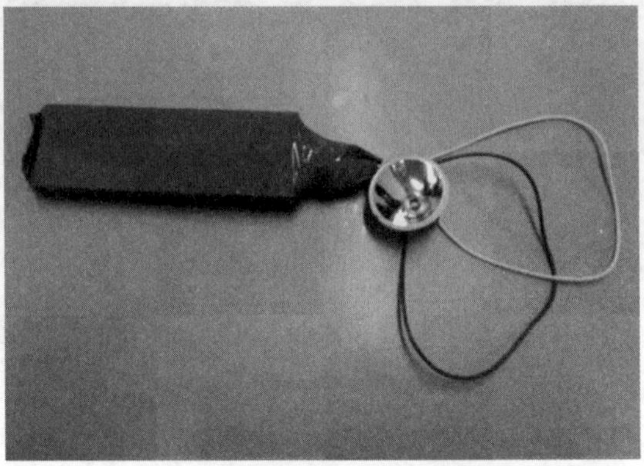

图3-2-12　海水灯成品图

第三节　实验教学与问题解决

化学是一门以实验为基础的学科，对化学现象的观察、比较，对化学现象的探究，对化学原理的思考，都离不开化学实验的支持。化学实验教学对于提升学生的问题解决能力具有不可替代的重要作用。

一、化学实验的重要意义

科学实验是指人们根据一定的目的、运用一定的手段如仪器、设备等方法，通过人工控制创造一定的条件或环境，观察、研究自然现象及其发展变化规律的社会实践形式，是人们获取经验事实、检验科学假说和理论真理性的重要途径。

意大利天文学家、数学家、物理学家伽利略说："科学的真理不应该在古代圣人的蒙着灰尘的书上去找，而应该在实验中和以实验为基础的理论中去找。"

丹麦物理学家奥斯特说："我不喜欢那种没有实验的枯燥的讲课，因为归根到底所有的科学进展都是从实验开始的。"

中国科学院外籍院士、诺贝尔物理学奖获得者丁肇中强调,实验是自然科学的基础。理论如果没有实验的证明，是没有意义的。当实验推翻了理论后，才可能创建新的理论，理论不可能推翻实验。过去400年，我们对物质基本结构的了解，大都来自实验物理。

化学实验是科学实验中的一种，必定具有科学实验的一般特征。

化学实验和化学观察是化学发现与化学创新的起点。

例如，自古以来人们把水看作世间万物的重要组成元素。我国古代盛行的金、木、水、火、土"五行学说"以及古希腊盛行的水、土、气、火"四元素说"中，都有水存在。对于这种物质观，英国物理学家、化学家波义耳首先提出了怀疑。他认为，物质是由元素组成的，元素是一种实物，它不能用化学方法再分。于是，他于1661年提出了“元素”的概念。但是，当时人们并不接受这种观点。直到100多年后，以实验事实为依据，人们对水的认识才有了根本性的变化。1784年，英国科学家卡文迪许通过实验证明氢气和氧气可以化合成水。1800年，尼克尔森实现了水的电解实验。这些实验使人们终于认识到水不是一种元素。

实验教学是化学教学的重要组成部分。我国无机化学家、化学教育家戴安邦教授说：“化学实验教学是实施化学全面教育的一种最有效的形式。”

化学课程标准指出，“化学实验是研究和学习物质及其变化的基本方法，是科学探究的一种重要途径”，“以实验为基础是化学学科的重要特征之一，化学实验对于全面发展学生的化学学科核心素养有着极为重要的作用。化学实验有助于激发学生学习化学的兴趣，创设生动活泼的教学情境，帮助学生理解和掌握化学知识和技能，启迪学生的科学思维，训练学生的科学方法，培养学生的科学态度和价值观”。东北师范大学化学教育研究所所长郑长龙教授指出，发展学生化学学科核心素养离不开化学实验，化学实验在发展学生科学本质观、科学实践观和科学价值观等方面都发挥着不可替代的作用。

化学实验教学不仅能使学生掌握化学实验知识与技能，还能培养学生的探究能力与创新精神，从而促进学生问题解决能力的提升。

二、高中化学实验教学的主要内容

除了教师的演示实验外，化学课程标准规定必修课程有9个学生必做实验，选择性必修课程有9个学生必做实验，见表3-3-1。

表3-3-1　学生必做实验一览表

课程	实验名称
必修课程	1. 配制一定物质的量浓度的溶液 2. 铁及其化合物的性质 3. 不同价态含硫物质的转化 4. 用化学沉淀法去除粗盐中的杂质离子 5. 同周期、同主族元素性质的递变 6. 化学反应速率的影响因素 7. 化学能转化成电能 8. 搭建球棍模型认识有机化合物分子结构特点 9. 乙醇、乙酸的主要性质

续表

课程	实验名称
选择性必修课程	1. 简单的电镀实验 2. 制作简单的燃料电池 3. 探究影响化学平衡移动的因素 4. 强酸与强碱的中和滴定 5. 盐类水解的应用 6. 简单配合物的制备 7. 乙酸乙酯的制备与性质 8. 有机化合物中常见官能团的检验 9. 糖类的性质

根据实验目的，化学实验可分为验证性实验和探究性实验。

1. 验证性实验

验证性实验是指对研究对象有了一定了解，并形成了一定认识或提出了某种假说，为验证这种认识或假说是否正确而进行的一种实验。

纵观化学科学的发展历史可以看出，任何一个化学理论的建立和发展都离不开化学实验结果的支持。不论是化学家们通过对大量实验现象观察和分析提出的理论，还是化学家们通过大胆想象或演绎提出的假说，在得到实验验证之前仍然不能成为科学的定论；化学理论或假说正确与否，必须接受化学实验的检验。

例如，1756年俄国化学家罗蒙诺索夫进行在密闭的容器里煅烧锡的实验时发现，锡变成了白色的氧化锡，但容器和容器里的物质的总质量在煅烧前后并没有发生变化。这引起了他的高度关注。他又反复进行同样的实验，但得到的结果都一样。于是，他提出了在化学变化中物质的质量是守恒的观点。不过，这一观点在当时并没有引起科学界的注意。直到1777年，事情才出现了转机，因为法国化学家拉瓦锡做了同样的实验且得到同样的结论。不过，拉瓦锡时代的工具和技术（小于0.2%的质量变化觉察不出来）不能满足更为精确的实验的严格的要求，要确切地证明或否定在化学变化中物质的质量是守恒的这一结论，还需要改进实验技术使实验结果更为精确。1908年德国化学家朗道耳特、1912年英国化学家曼莱都利用质量为1000 g左右的反应物做了精确度极高的实验，所用的容器和反应物的质量为1000 g左右，反应前后质量差小于0.0001 g。质量变化小于一千万分之一。这样，科学家终于承认了质量守恒定律是正确的。

在化学教学过程中，大量的实验都属于验证性实验，如物质性质的验证性实验、物质的制取方法的验证性实验、物质的鉴别方法的验证性实验等。

2. 探究性实验

探究性实验是不知道实验结果，通过实验进行探索、分析和研究得出结论的一种实验活动。探究性实验在化学发现与创造性活动中具有十分重要的作用。

例如，卡文迪许特别擅长气体研究，他曾详细地研究过氢气，采用排水银集气法收集和研究了二氧化碳，还曾研究过氢气和氧气化合的体积比。在一次利用放电的方法研究氢气、氧气和空气时，卡文迪许发现用空气做实验且其中的氢气、氧气和氮气（当时叫作“浊气”）及二氧化碳无可怀疑地都被消耗完了时，总会剩下一个小气泡，它的体积小得不足原有空气体积的1/120。为了得知这个微不足道的小气泡是什么，卡文迪许又进行了多个实验。尽管他没有得出科学的结论，却为揭开空气组成的秘密、发现稀有气体奠定了基础。他的探索记录被尘封了100多年，直到1894年，由于一点蛛丝马迹，人们又想起了他的发现。英国物理学家瑞利前后用了10多年的时间进行气体密度的实验研究。他用两种方法来测定氮气的密度：一种方法是从空气中提取氮气。他用化学方法除掉了空气中的氧气、二氧化碳等气体后，剩下的气体（氮气）密度是每升1.2572 g；另一种方法是用氨气分解制氮气，但这一氮气的密度是每升1.2508 g。两个实验的结果相差只有0.0064 g。反复实验，结果都是如此。这只有千分之五的微小差别使得瑞利百思不得其解。他在英国皇家学会的一次会议上宣读了他的实验报告。1984年，在瑞利宣读了实验报告后，苏格兰化学家拉姆塞告诉瑞利这种由空气而得到的氮气里一定含有一种未知的密度较大的气体。他们得知100多年前卡文迪许发现了小气泡，便找到卡文迪许的实验记录，照着做了实验，果然得到了卡文迪许所说的那个小气泡。莱姆塞则用赤热镁粉吸收氮气的方法，也从空气中得到一种密度是氢气的19.086倍的气体。他们坚信，这是一种新的特殊气体。

1894年的8月13日，瑞利和拉姆塞正式宣布发现了一种新元素。这种新元素被称为“迟钝者”，中文音译为“氩”。其实，1894年所发现的氩气，并不是纯净的氩气，而是五种稀有气体元素氦、氖、氩、氪、氙的混合物，只是其中氩的含量最多而已，它占空气中全部稀有气体体积的99.74%。后来，在拉姆塞的指导和委托下，拉姆塞的助手终于又从空气中发现了另外四种稀有气体元素。从卡文迪许到拉姆塞的助手，他们所做的关于稀有气体元素发现的实验都属于探究性实验。

在化学教学中，探究性实验与化学课程标准提出的“科学探究与创新意识”学科核心素养培养要求相契合，关注探究性实验教学是实现实验教学价值的重要途径。

化学教学中的探究性实验与化学家们在科学研究中的探究性实验有所不同，其主要区别在于，尽管指导思想和所遵循的程序基本是一致的，但科学研究中的探究性实验探究的是真实的未知，而化学教学中的探究性实验探究的只是学生未知的，目的是引导学生认识探究的特点、掌握探究的方法和程序，并通过探究来学习有关的知识和技能。根据探究实验任务，学生必做实验中的探究性实验可以分为六类，见表3–3–2。

表3–3–2　探究实验分类

探究实验任务类型	实验名称
物质性质探究	铁及其化合物的性质 不同价态含硫物质的转化 乙醇、乙酸的主要性质
物质制备探究	简单配合物的制备 乙酸乙酯的制备与性质 糖类的性质
物质检验探究	有机化合物中常见官能团的检验
反应规律探究	同周期、同主族元素性质的递变化学反应速率的影响因素 化学能转化成电能 简单的电镀实验 制作简单的燃料电池 探究影响化学平衡移动的因素 盐类水解的应用
分离提纯探究	用化学沉淀法去除粗盐中的杂质离子
组成结构探究	搭建球棍模型认识有机化合物分子结构特点

三　实验教学与问题解决能力的培养与提升

（一）在化学实验的问题解决过程中培养和提升问题解决能力

问题解决能力是在具体的问题解决过程中培养和提升的。化学课程标准提出，化学教学要使学生能发现和提出有探究价值的化学问题，能依据探究目的设计并优化实验方案，完成实验操作，能对观察记录的实验信息进行加工并获得结论。

不论是探究性实验还是验证性实验，化学实验都是一个缜密的问题解决过程。重视实验过程的问题解决化，有利于学生问题解决能力的培养和提升。

化学实验的问题解决过程一般包括以下环节。

（1）确定问题解决的目的（实验目的）。

（2）提出问题解决的假设（实验预设）。应事先提出自己的预测或明确需要检验的观点、理论等。

（3）设计问题解决的方案（实验方案）。化学实验是在人为控制条件下对研究对象进行研究的过程，必须依照精心设计的实验方案来进行。

（4）做好问题解决的准备（实验准备）。实验准备包括选择实验环境、准备好实验物品。

（5）验证问题解决的假设（实验实施）。实验过程中要根据研究目的控制实验中的各种因素，仔细观察实验现象并注意异常现象的发生，尽可能得到精确数据，认真做好实验记录，以验证对实验提出的假设。

（6）得出问题解决的结论（实验结论）。实验结束后，要对实验中记录的现象、获得的数据做进一步的加工整理，从中提取化学事实或总结某种规律，得出有关结论。

案例1　海带提碘

【学情分析】

（1）学生已形成基于原子的结构、元素周期表位置和元素性质以及物质的性质的模型。

（2）学生有基本的物质提纯分离的认识和实验操作。

（3）学生能从价态角度认识物质的氧化还原性。

【教材分析】

将鲁科版《普通高中教科书 化学 必修 第一册》中的元素化合物的内容与元素周期表内容相融合，促使学生基于元素周期表和元素周期律对物质的性质、应用、转化的再认识。在海带提碘的过程中，学生面临氧化剂和还原剂的选择；海带中提取碘是从复杂体系中提取物质，可以发展学生对分离提纯的认识，完善他们对物质分离提纯问题的解决思路。

【教学目标】

（1）以海带提碘活动工艺流程的设计，建立真实的复杂体系中物质富集、分离、提纯的基本思路。

（2）以海带提碘活动工艺流程的设计，体会元素周期律、元素周期表在分析、解决实际问题中的价值。

（3）通过海带提碘活动，巩固基本实验操作，能够利用反萃取法进行物质分离，培养创新精神和实践能力，提升实验素养。

【教学过程】

［提出问题］

碘对动植物的生命是极其重要的。碘以碘化氨基酸的形式集中在甲状腺内，缺乏碘会引起甲状腺肿大。约2/3的碘及化合物用来制备防腐剂、消毒剂和药物，如碘酊和碘仿（CHI_3）。碘酸钾作为食品添加剂补充碘摄入量不足。放射性同位素碘-131用于放射性治疗和放射性示踪技术。碘还可用于制造染料和摄影胶片。

碘在工业上是如何制备的呢？选择什么样的原材料？

［资料阅读］

中国科学院海洋研究所原所长、研究员周名江认为，我国至今尚未发现类似的富含碘的矿、地下卤水或油田废水等资源，而我国海带制碘的原料量充足，海带提碘有巨大的生产潜力，较之矿物等提碘具有可持续、可再生的优势。

周名江提出预想：“在相当长的时间内从海带中提碘，是我国从战略高度应对碘资源缺乏最有效和可靠的方式和途径。”

［实验目的］

海带中提取碘单质。

［问题组］

碘在海带中的存在形式、如何提取。

如何将碘离子转化为碘单质？

［设计实验方案］

实验方案设计1

将干海带剪碎，称取10 g，放入坩埚中加酒精，加热灼烧，形成海带灰。

（1）将海带灰放入烧杯中加入50 mL蒸馏水，浸泡静置1 h，过滤后得到滤液。

（2）将滤液中加入7 mLH_2O_2溶液，2 mLH_2SO_4溶液，搅拌，使其充分反应，得到黄色水溶液。

（3）将水溶液进行蒸馏操作。

实验结果：

得到的产品加入淀粉变蓝，未得到单质碘。

实验反思：

碘的升华温度为45 ℃到77 ℃，水的沸点是100 ℃，难以通过蒸馏操作进行分离。为此，应采取萃取与分液的方法。

方法导引

萃取与分液

利用某种溶质在两种互不相溶的溶剂里溶解能力的不同，用一种溶剂（萃取剂）将其从原溶剂中提取出来的方法叫作萃取。萃取后，可以用分液漏斗将上述两种液体分开，从而达到提取某物质的目的。

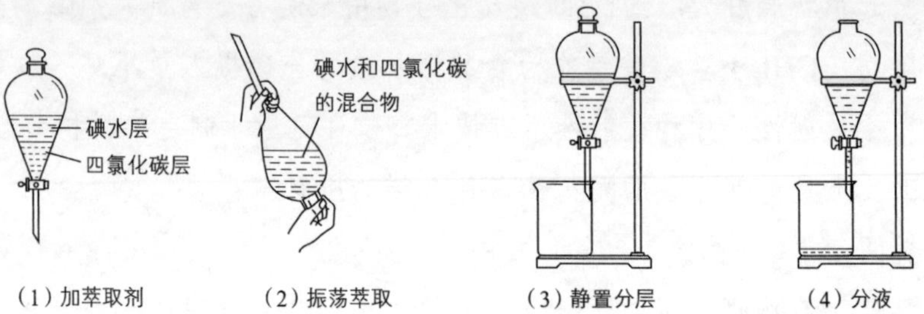

（1）加萃取剂　（2）振荡萃取　（3）静置分层　（4）分液

萃取分液操作示意图

（摘自鲁科版《普通高中教科书 化学 必修 第二册》）

实验方案改进1

将碘的水溶液用四氯化碳萃取，分液后，蒸馏碘的四氯化碳溶液，得到碘。

实验结果：

蒸馏得到紫色的溶液，实验失败。

实验反思：

碘的升华温度为45 ℃到77 ℃，四氯化碳的沸点是77 ℃，难以通过蒸馏操作进行分离。

拓展视野

用反萃取法将碘单质从碘的四氯化碳溶液中提取出来

在“海带提碘”的实验中，通常以四氯化碳为萃取剂对碘单质进行萃取、富集。那么，如何将碘单质从碘的四氯化碳溶液中提取出来呢？要解决这一问题，可以采用反萃取法，具体步骤如下：

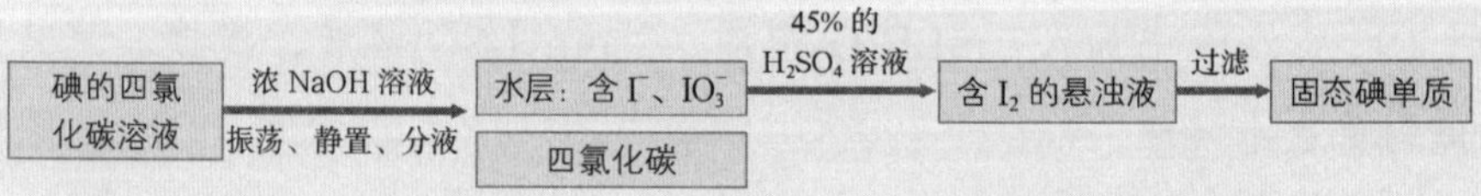

碘单质与浓 NaOH 溶液发生的反应为：

$$3I_2 + 6NaOH = 5NaI + NaIO_3 + 3H_2O$$

像这种将富集在四氯化碳中的碘单质利用化学转化法重新富集在水中的方法即为反萃取法。

（摘自鲁科版《普通高中教科书 化学 必修 第二册》）

实验方案改进2

用浓氢氧化钠对碘的四氯化碳溶液进行反萃取，加入硫酸，充分反应得到碘的悬浊液，过滤得到单质碘。

［实验总结］

（1）总结从海带中提取碘的实验步骤。

（2）总结从复杂的有机化合物体系中提取无机物的方法。

（二）在实验的问题情境的解读中培养和提升问题解决能力

为了培养和提升学生的问题解决能力，在化学教学中教师应引导学生从一个真实的问题中，运用实验探究的方法，实现问题的解决、知识的获得、技能的学习和思维的发展。

早在20世纪初，杜威就提出教学法的要素和思维要素是相通的。这些要素包括以下几方面。

（1）真实的经验情境。学生要有一个对活动本身感兴趣的连续的活动。

（2）在这个情境内部产生一个真实的问题，作为思维的刺激物。

（3）现有知识资料，从事必要的观察，解决有关问题。

（4）必须有条不紊地找到解决问题的办法。

（5）要有机会和条件，通过实践检验所提出的观念是否正确。

化学课程标准提出，要“倡导真实问题情境的创设，开展以化学实验为主的多种探究活动”。化学教学中实验情境的创设是非常重要的一环，教师应在真实复杂的情境下，通过化学问题的转化、拆分和解决提升学生发现问题、分析问题和解决问题的能力。

现行化学教材十分关注学生探究性实验情境的设计。以鲁科版普通高中化学教材为例，其中出现的实验情境多达40余例。例如，在“配制一定物质的量浓度”实验中，问题情境是“实验室计划配制0.1 L NaCl溶液，其中溶质的物质的量为0.04 mol。请你利用实验室的固体氯化钠完成配制任务”；在“食盐精制”实验中，问题情境为“氯碱工业通过电解饱和食盐水制得烧碱、氢气和氯气，并以它们为原料生产一系列化工产品。氯碱工业的主要原料是粗食盐。粗食盐中除了含有难溶性杂质外，还有钙盐、镁盐等可溶性杂质。在氯碱工业中，这些可溶性杂质不但会增加生产能耗，还会带来安全隐患。因此，氯碱工业的一道主要工序是除去食盐水中的杂质”。有的问题情境是比较直接的，有的问题情境是相对复杂的。例如，“碳酸氢钠的性质探究”实验问题情境为：“一天，小鲁妈妈准备蒸馒头时，发现面团发得不太好，于是没有像往常那样加入碳酸钠，而是添加了一些碳酸氢钠（小苏打），结果蒸的馒头色泽发黄并略带碱味。这激发了小鲁的兴趣。查阅资料后，小鲁了解到碳酸氢钠可以单独用作蒸馒头的膨松剂，但效果并不太好；如果在使用碳酸氢钠的同时加入一定量的食醋，效果就理想多了。在妈妈的帮助下，小鲁直接用碳酸氢钠和食醋和面重新蒸了一锅馒头，证实了资料中所说的方法是有效的。”

教材中的问题情境有的是必做实验的，也有的是非必做实验的；情境有简单的，也有复杂的；有起到引出实验目的的问题情境如“食盐的精制”，也有贯穿始终的问题情境如“碳酸氢钠性质的探究”。实验教学中问题情境教学能够将理论知识、实验技能和关键能力有机地结合在一起，有助于学生发现问题、分析问题和解决问题能力的培养，发展学生的核心素养。

北京师范大学王磊教授团队在研究的过程中将问题情境分为原型、简单、综合、真实复杂四个水平，不同水平的问题情境所承载的任务类型、认知角度和方法甚至是实验技能都是不同的。以“配制一定物质的量浓度的溶液”为例，在教学设计时可以延伸出多种水平的问题情境，见表3-3-3。

表3-3-3　“配制一定物质的量浓度的溶液”问题情境

问题情境水平	问题情境	素养水平
原型	实验室计划配制0.1 L的NaCl溶液，其中溶质的物质的量为0.04 mol。请你利用实验室的固体氯化钠完成配制任务	水平1
简单	根据植物营养液的配方表中的物质的物质的量浓度配制植物营养液	水平2
综合	根据植物营养液的配方表中离子浓度选择合适的溶剂和溶质配制植物营养液	水平3
真实复杂	根据植物营养液的配方表中离子的浓度配制营养液并测定配制的营养液中的关键离子浓度是否准确	水平4

随着问题情境水平的不同可以明显地看出，它们承载的知识不同，任务的类型也有所不同。

案例2　问题情境为原型

【引入】

实验室计划配制0.1 LNaCl溶液，其中溶质的物质的量为0.04 mol。请你利用实验室的固体氯化钠完成配制任务。

【问题组1】

（1）请写出你的配制基本方案。

（2）比较不同配制方案的优缺点，哪种配制方案是最优的并写出依据。

学习支架：容量瓶。

实验活动：根据组内选择的实验方案，进行完善，填写实验报告单，进行实验。

分享交流：每个小组分享自己小组的溶液配制过程。

【问题组2】

（1）你觉得哪一组配制的溶液浓度更精确？每一个小组有哪一些操作影响了溶液的浓度。

（2）归纳总结影响溶液浓度的操作。

（3）哪些影响因素可以避免？哪些不可以？

（4）总结完善配制一定物质的量浓度溶液的实验操作。

【实验活动】根据完成的实验方案再次配制。形成实验视频，互相观摩。

案例3 问题情境简单

【驱动任务】

现在有一份番茄无土栽培的营养液的成分表，如何进行配制？

【课前准备】

请设计初步方案。

【学生讨论】

交流实验方案，根据评价表对实验方案进行评价交流。每个小组确定最优方案。

【任务一】

实验准备。

［问题组1］

（1）需要哪些实验药品和实验仪器？选择依据？

（2）需要哪些实验帮助？

【任务二】

实验操作。

完成实验操作，并进行交流评价。

【任务三】

实验反思。

［问题组2］

（1）你觉得哪一组配制的溶液浓度更精确？每一个小组有哪一些操作影响了溶液的浓度。

（2）归纳总结影响溶液浓度的操作。

（3）哪些影响因素可以避免？哪些不可以。

（4）总结完善配制一定物质的量浓度溶液的实验操作。

【总结】配制营养液的方法。

案例4　问题情境综合

【驱动任务】

现在有一份番茄无土栽培的营养液的成分表（离子浓度），如何进行配制？

【任务一】

实验准备。

（1）选择哪些实验药品和实验仪器？选择依据？

（2）小组内互相交流实验方法，互相评价，选择最优实验方案。

【任务二】

实验操作。

完成实验操作，并进行交流评价。

【任务三】

实验反思。

（1）你觉得哪一组配制的溶液浓度更精确？每一个小组有哪一些操作影响了溶液的浓度。

（2）归纳总结影响溶液浓度的操作。

（3）哪些影响因素可以避免？哪些不可以。

（4）总结完善配制一定物质的量浓度溶液的实验操作。

【总结】配制营养液的方法。

案例5　问题情境真实复杂

【驱动任务】

现在有一份番茄无土栽培的营养液的成分表（离子浓度），如何进行配制？如何检测配制的营养液是合格的？

【任务一】

营养液的配制。

任务1.1

实验准备。

问题组1：

（1）选择哪些实验药品和实验仪器？选择依据？

（2）小组内互相交流实验方法，互相评价，选择最优实验方案。

任务1.2

实验操作。

完成实验操作，并进行交流评价。

【任务二】

营养液合格检测。

任务2.1

确定实验方案。

问题组2：

（1）检测哪些离子？如何检验？

（2）完成实验方案。

任务2.2

实验操作。

根据实验方案进行实验操作。

【任务三 】

实验反思。

问题组3：

（1）营养液的配制过程中有哪些操作对营养液中的离子浓度有影响？

（2）完善配制营养液的实验方案？

（3）有没有更好的方法检测营养液中的离子浓度？

通过以上案例可以看出，在掌握基本实验技能的基础上，不同的问题情境承载的知识不同、任务的类型也不同；越复杂真实的问题情境下，任务的水平越高，能到达迁移应用水平。那么，是不是越复杂的问题情境在教学中能起到越好的教学效果？很明显，并不是。以“配制一定物质的量浓度的溶液”为例，以上“案例2问题情境为原型”“案例3问题情境简单”“案例4问题情境综合”“案例5问题情境真实复杂”都是以“配制一定物质的量浓度溶液”实验技能为基础的，但教学目标相差较大，因而情境创设也就不同。案例2强调“配制一定物质的量浓度溶液”的实验操作和容量瓶的使用。案例3强调在陌生多溶质存在的溶液中的溶液配制，强调误差分析和实验操作的准确性。案例4强调溶液中一定离子浓度的溶液配制，是配制一定物质的量浓度溶液实验的迁移应用。案例5的教学目标比较全面，涉及一定物质的量浓度溶液的配制、溶液中离子浓度的关系、误差的分析、离子的检验、滴定法的应用等。

学生对知识的学习是螺旋上升的，是基于学习经验进行的，不同的问题情境的应用对应的学习阶段不同。上述案例中，案例2是新授课，案例3和4是单元复习课，案例5是综合复习课。

在实际的教学中，问题情境的选择是根据学情、学段、课型等进行选择的，并不是越真实、综合复杂的问题情境就越好；只要能达到新课标所规定的教学目标，就是有效的问题情境。

那么，实验教学的问题情境来源于哪里呢？

对于实验教学来说，问题情境需要以实验为主，而实验一般情况下作为问题解决的手段出现，在习得实验技能的基础上，更强调原理的学习和问题解决能力的培养，所以实验教学的问题情境由实验主题、教学目标向外辐射。问题情境的获取途径比较多，现列举以下三种常用途径。

（1）社会和日常生活中出现的化学现象。

社会生活中的化学现象更容易引起学生的共鸣，体现化学学科的价值。例如，在“碳酸氢钠性质的探究”实验中，确定要探究碳酸氢钠的两个性质，结合碳酸氢钠作膨松剂这一生活应用，延伸出“蒸馒头”这一问题情境，见表3-3-4。

表3-3-4　碳酸氢钠性质探究实验

实验	生活现象	问题情境
碳酸氢钠与酸反应	碳酸氢钠和醋蒸的馒头蓬松柔软；碳酸氢钠蒸的馒头发黄有碱味	一天，小鲁妈妈准备蒸馒头时，发现面团发得不太好，于是没有像往常那样加入碳酸钠，而是添加了一些碳酸氢钠（小苏打），结果蒸的馒头色泽发黄并略带碱味。这激发了小鲁的兴趣。查阅资料后，小鲁了解到碳酸氢钠可以单独用作蒸馒头的膨松剂，但效果并不太好；如果在使用碳酸氢钠的同时加入一定量的食醋，效果就理想多了。在妈妈的帮助下，小鲁直接用碳酸氢钠和食醋和面重新蒸了一锅馒头，证实了资料中所说的方法是有效的。
碳酸氢钠的热稳定性	碳酸氢钠蒸的馒头比较蓬松	

（2）化学史重现。

带领学生重走物质或者原理的发现之路，和化学家一样思考，遇到问题便解决问题，体会科学的发展是曲折的，科学探究需要恒心、毅力等优秀的科学品质；在学习知识的基础上，发展“科学态度与社会责任感”。例如对“苯的发现”，确定“探究苯的性质”这一实验主题，在研究苯的发现的化学史中，将教学重点放在苯的化学式的发现上，重点运用凯库勒发现苯的化学史资料。

（3）工业生产。

化工生产是化学学科教学内容的重要组成部分，以化工生产作为问题情境具有典型的化学学科特色。例如在“联合办厂”中确定了物质转化和实验主题后，以硫酸工业为问题情境，贴合教学主题和核心素养发展要求。

（4）科学前沿。

科学前沿相关化学知识一直是高考题的常见素材，将前沿的科技进行知识提取、返璞归真，考查学生对知识的迁移应用能力，也是考查学生问题解决能力的重要体现。例如，在确定“化学能转化为电能”的实验主题基础上，我们根据相关材料确定了“海水电池的制作”这一问题情境，学生在综合考虑原料、原理、使用场景、电池外形等条件的基础上，不仅完成了基本实验操作练习，还完成了海水电池的制作。

实验教学的问题情境的来源还有很多。只要问题情境符合教学目标、学情实际，能够发展学生的学科核心素养，都可以应用到实际教学中。

好的问题情境的选择是实验教学成功的决定要素。我们在教学中注重根据问题情境，遵循问题解决的逻辑和实验原理知识设计问题组，引导学生在问题解决过程中提升问题解决能力。

教学目标是否达成还需要进行教学评价，教学评价主要是学生评价和教师评价。

学生在课堂中的表现、对问题解决的思维角度和思维方法，都是教学评价的重要方面，课堂上学生与教师之间的对话、学生与学生之间的对话也是重要的评价指标。

对教师的评价主要体现在课堂教学中教师对学生学习情况的诊断和评价上，是否有及时的追问，是否是以学生为主体的等。

以问题解决为基础的实验教学与当前的研究热点——项目式教学模式非常相似，都是基于真实复杂的问题情境，以问题的解决为主任务，凸显学生的主体地位，引导他们积极主动地参与问题解决的过程。

根据以上研究成果，基于问题解决能力培养的实验教学的教学模式如图3-3-1所示。

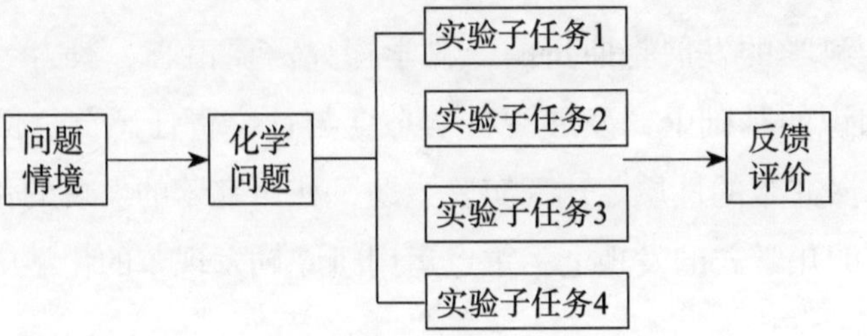

图3-3-1　基于问题解决能力培养的实验教学的教学模式

案例6　久置补铁剂成分的检测

【项目背景】

本项目的来源是教材上的学生必做实验，补铁剂中铁元素价态的检验是属于物质性质检验类。开发实验类的项目资源首先需要明确实验的本体知识。本实验承载的学生发展点有三，层级由低及高，分别是铁及其化合物的具体知识、氧化还原的高级迁移应用和真实复杂体系中微粒检验的探究思路和方法。项目式的学习对学生能力的要求恰恰是拾级而上，学生在拆解总任务、依次完成子任务的过程中提升了学科思维和素养。本项目需要学生提前对补铁剂的发展、种类和药理做适当了解，总任务是对教材给出的原实验题目“补铁剂中铁元素价态的检验”稍加改动后的“久置补铁剂中铁元素价态的检验”，原因如下：真实情境里补铁剂中关于铁元素的价态在药剂的说明书中有所注明，会限制学生做出假设情况，故提供给学生的实验用品补铁剂为久置补铁剂。子任务是由学生自主提出，预设有二：定性测量元素价态、定量测定元素含量。定性测量是课堂主体内容，全员学生参与；定量测量因有一定难度及时间原因，不便于全部学生参与，但又要保持任务的整体性。此部分交由化学社团的学生完成，挑选重点及趣味点在课堂上汇报。任务三即是课后延伸部分，选择一种固体补铁剂定性测定价态，药品的处理及试剂的选取与课上内容都有所差异，自主性和开放性是学生自我提高的良好机会。

【项目实施流程】

任务1　市面上补铁剂成分的调查

补铁剂的发展经历了三个阶段，整理结果见表3-3-5。

表3-3-5　补铁剂的发展历程

铁剂特点	第1代铁剂	第2代铁剂			第3代铁剂
	无机铁盐	小分子有机酸铁盐	氨基酸铁	血红素铁	多糖铁复合物
铁结合形式	离子作用	离子作用+配位作用	配位作用	配位作用	配位作用
铁吸收形式	铁离子	铁离子	分子	血红素铁	铁离子
优点	成本低	吸收率提高，成本低	吸收率提高，无饮食禁忌	生物铁	副作用小、配合性稳定、溶解度好、含铁量高

现在市面上销售的是第2代铁剂和第3代铁剂。其中，第3代铁剂多糖铁复合物较受人们喜欢。它们是棕褐色粉末，盛装在胶囊中，在水或酸中溶解度较小，滴加试剂不易显色，需要用活性炭等物质对其进行脱色处理；第2代铁剂主要是葡萄糖酸亚铁口服液和硫酸亚铁缓释片，口服液为淡黄色的黏稠状液体，缓释片外有红色包衣，内是白色药片。为确保学生能顺利高效完成实验，选取葡萄糖酸亚铁口服液为课堂实验用品。

任务2　补铁剂中成分的检测

［课前调研］

关于补铁剂，你了解多少？请查阅资料，形成补铁剂的药理、发展、种类的小报告。

［提出问题］

探究久置补铁剂中铁元素的价态。

［做出假设］

你能做出哪些合理的假设？

［设计实验方案］

小组选取试剂及其依据、实验步骤及依据、实验现象预测及依据。期望学生能够自主调用“价–类”二维的知识，如有欠缺，教师给予引导。

［实施实验］

分组进行实验。

第一次反思与交流：对实验现象及其解释进行分析汇报、对异常现象进行讨论。

完善实验方案：依据修订后的实验方案再次进行实验（仅实验修订部分即

可）。

选取某品牌葡萄糖酸亚铁糖浆，每10 mL含葡萄糖酸亚铁0.25 g，生产日期为2019年6月，保质期为18个月。

定性测量铁元素价态，实验步骤、实验现象等见表3-3-6。

表3-3-6　铁元素价态定量测定

序号	实验步骤	实验现象	实验图片
1	加入$K_3[Fe(CN)_6]$溶液（2d）	溶液变为蓝色	
2	加入1 mol·L^{-1}NaOH溶液	溶液变为绿色	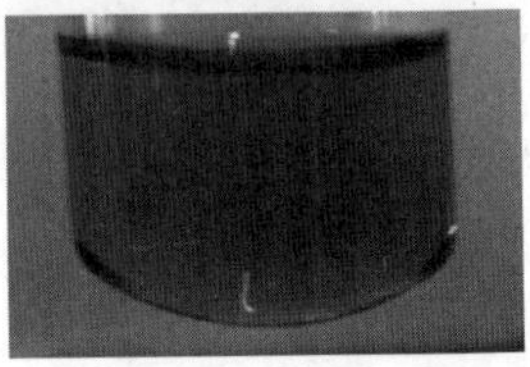
3	加入酸性$KMnO_4$溶液（2d），后加入1 mol·L^{-1}KSCN溶液（2d），再补加酸性$KMnO_4$溶液	酸性$KMnO_4$褪色，溶液不变红，溶液变红	
4	先加入1 mol·L^{-1}KSCN溶液（2d），后加入氯水	先无现象，后变红	
5	先加入1 mol·L^{-1}KSCN溶液（2d），后加入H_2O_2溶液	先无现象，后变红	
6	先加入1 mol·L^{-1}KSCN溶液（2d），后加入HNO_3溶液	先无现象，后变红	

得出结论：回扣最初提出的问题。

第二次反思与交流：依据以下问题组进行。

（1）检验补铁剂中的Fe^{2+}的一般方法是什么？

（2）向补铁剂中加入酸性$KMnO_4$溶液，根据褪色能否确定有Fe^{2+}？

（3）该补铁剂中为什么有大量还原性物质？其他补铁剂是否也应该含有大量还原性物质？

（4）真实复杂体系中某种微粒检验时应注意哪些问题？

（对于以上反思内容，务必要学生自行说出后，教师给予肯定或指导）

问题（3）结合“注意事项”中“不应与茶、咖啡同时服用、与维C同服，利于吸收”做“茶水—墨水—茶水”的百变魔术，会使学生深刻感受氧化还原的普遍性及重要性。

问题（4）无固定答案，“明确性质差异、排除干扰因素”这两条是必须要考虑到的。

任务3　补铁剂中铁含量的定量检测

［课外延伸］

定量测定补铁剂中铁元素的含量，见表3-3-7；测定结果如图3-3-2所示。

表3-3-7　补铁剂中铁元素的定量测定

<table>
<tr><td colspan="5">10 mL口服液中含葡萄糖酸亚铁0.25 g，c（Fe^{2+}）=0.052 mol · L^{-1}
取10 mL口服液，加入10 mL浓硝酸，充分搅拌后转移到100 mL容量瓶定容
取10 mL样品溶液，向其中滴加3d 0.3 mol · L^{-1}KSCN溶液（波长650 nm）</td></tr>
<tr><td>烧杯编号</td><td>0.01 mol · L^{-1} Fe（NO_3）$_3$溶液</td><td>H_2O</td><td>c（Fe^{3+}）/（mol · L^{-1}）</td><td>0.3 mol · L^{-1}KSCN溶液</td></tr>
<tr><td>1</td><td>10 mL</td><td>0</td><td>0.01</td><td rowspan="5">3d</td></tr>
<tr><td>2</td><td>8 mL</td><td>2 mL</td><td>0.008</td></tr>
<tr><td>3</td><td>6 mL</td><td>4 mL</td><td>0.006</td></tr>
<tr><td>4</td><td>4 mL</td><td>6 mL</td><td>0.004</td></tr>
<tr><td>5</td><td>2 mL</td><td>8 mL</td><td>0.002</td></tr>
</table>

c/（10^{-3}mol · L^{-1}）	吸光度A
10	0.104
8	0.099
6	0.079
4	0.061
2	0.029
0	0.000
6.2	样品0.077

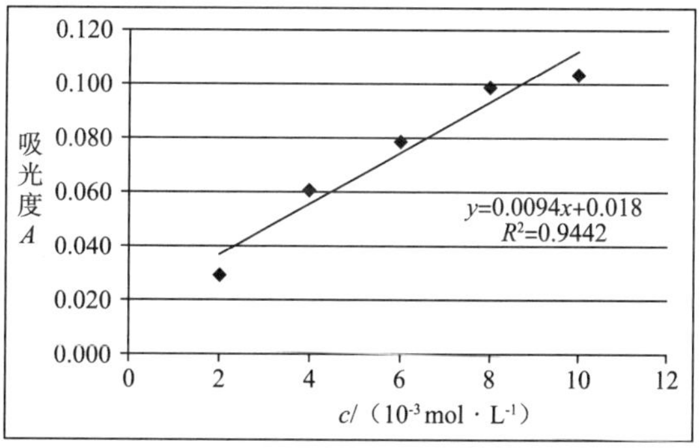

图3-3-2　补铁剂中铁元素的分光光度法测定结果

［社团汇报］

介绍分光光度法，原理部分需重点介绍，且尽可能简单化，并表达自我感受。

［课后拓展］

设计实验方案检验固体补铁剂（硫酸亚铁缓释片、多糖铁复合物）中铁元素的价态。

第四节 情境创设与问题解决

化学课程标准提出，化学教学要以“素养为本”，旨在发展学生的学科核心素养，促使学生形成正确的价值观念、必备品格和关键能力，而“真实、具体的问题情境是学生化学学科核心素养形成和发展的重要平台，为学生化学学科核心素养提供了真实的表现机会”。

在学科教学过程中创设情境，将情境作为课堂教学的基础，让学生在情境中体验知识的获得过程和使用价值，有利于学生建立知识的内在联系、提升问题解决能力。

一 教学情境的含义

关于教学情境的研究和应用由来已久。

杜威早在1933年就在他发表的《我们如何思维》一文中提出了教学情境的问题，倡导“做中学”的教学理念，强调只有在真实情境下运用某种或多种知识完成特定的任务，将所学知识学以致用，才是真实的学习。他指出，形成反省思维的方法就在于建立必能引起和指导好奇心的各种情境，教师要研究种种情境，要对所处理的情境的性质，尽可能地有明白的和准确的认识，不论这些情境是他直接感觉到的，还是记忆的，它们都是板上钉钉的事实，如果情境更为复杂，当然思维就更加周密。

乔纳森在《学习环境的理论基础》一书中指出，情境是利用一个熟悉的参考物，帮助一个学习者将要探讨的概念与熟悉的经验联系起来，引导他们利用这些经验来解释说明有关概念，形成自己的科学知识。

布朗等学者于1989年提出并界定了“情境性学习”的概念，指出情境是知识得以存在和应用的环境或活动背景，学生所要学习的知识不但存在于其中，而且能应用于其中。他们认为，传统教学暗含着这样一种假定，即概念表征成为教学的中心；而实际上，这种假设恰恰极大程度地限制了教学的有效性；在非概念水平上，活动和感知比概念具有更为重要的认识论意义上的优越性，所以应该把更多的注意力放在活动和感知上；情境通过活动来合成知识，即知识是情境化的，并且在一定程度上是它应用于其中的活动、背景和文化的产物。

苏赫姆林斯基在《给教师的一百条建议》一书中指出了知识和思维的最初发源地——周围世界的重要性，教师在教学中要注意利用现实生活来创设情境，因为“形象思维是向概念思维过渡的必不可少的阶段”。

以瑞士心理学家皮亚杰为代表的建构主义者强调，在教学中应把学生所学的知识与一定的真实任务挂起钩来。他们认为，学习总是与一定的社会文化背景相联系的，这一定的社会文化背景就是情境。

化学情境的创设是以化学情境为基础的。

我国学者毕华林指出，化学情境包含与所学化学知识有关的社会文化背景，在这样的社会文化背景中学生能够主动地建构知识的意义。

化学情境可以是在一般的社会氛围、物理环境和背景事件中，学生从事化学学习或探究活动的环境；也可以是教师选择的用来阐明知识重要意义的实体，这种实体类似于化学课程标准中提供的情境素材，通常以文字、图片、视频、多媒体等形式呈现。

二 化学情境的特征

（一）明确的知识指向性

一切化学情境的创设都是为了教学目标的达成服务，要有明确的知识指向性。无效的化学情境对化学课堂来说不仅起不到正向的促进作用，反而有可能产生很大的负面作用。

案例片段1 《氯气》教学

新闻展示：××网报道：2018年1月29日，京沪高速公路淮安路段一辆高压液氯罐车和对面来车相撞，大量氯气外泄。据目击者描述：“一股黄绿色的气体就像探照灯光一样，‘唰’地射向空中，并有刺鼻的味道，眼睛也熏得睁不开。”事发后消防队员不断地用水枪喷射，但还是造成20人中毒被送进医院救治的情况，附近居民采取应急措施，疏散到高坡上。

讨论交流：从以上新闻中能获得氯气什么样的有效信息？

生1：氯气是黄绿色，有毒，有刺激性气味，密度比空气大。

师：这个黄绿色气体的性质如何呢？我们这节课沿着科学家研究物质性质的

一般程序和方法来进行探讨。

这个案例中，化学情境中关于“氯气泄漏”事件的描述，着重在氯气的性质体现上，明确体现出化学情境的指向性——氯气的物理性质。

（二）科学性和真实性

对于化学学科来说，高中化学与生产生活密切相关，而化学学习的价值也正在于此。

案例片段2　联合办厂——基于项目式教学的含硫物质转化复习

【任务提出】

如果你作为硫酸厂厂长，会不会考虑联合办厂？

【信息背景】

硫酸工业的原料有硫黄、硫铁矿、有色金属冶炼烟气、石膏、硫化氢、二氧化硫和废硫酸等。其中硫黄、硫铁矿和冶炼烟气是三种主要原料。

我国是世界钢铁产量最大的国家，炼铁的主要原料是铁矿石，包括磁铁矿（Fe_3O_4）、赤铁矿（Fe_2O_3）、菱铁矿（$FeCO_3$）、硫铁矿等，其中产生的冶炼烟气中含有较多硫的氧化物、碳的氧化物等。

【问题组一】

（1）如何设计证明铁厂的冶炼烟气中含有SO_2？

（2）如何定量测定烟气中的SO_2含量？

【问题组二】

如果冶炼烟气可用，则经过硫酸工厂后，是否剩余尾气？若有，尾气如何处理？

【问题组三】

如果冶炼烟气中SO_2含量不高，但是有回收价值，如何进行进一步优化操作？

在实际生产中，对于硫酸工厂和金属冶炼厂中烟气的处理是真实存在的化工问题，引导学生在真实问题的解决过程中深刻体会化学的学科价值，提升学科迁移能力和问题解决能力。

（三）问题属性

这是化学情境最重要的特征之一。专家们在对化学课程标准的解读中强调，学生的化学核心知识素养必须而且只能在化学问题解决学习中形成和发展，基于化学问题解决的学习不以对化学知识的记忆和理解为目的，而是通过在真实而复杂的化学情境中提出问题、开展体验和探究活动，训练和运用化学的特征思维方式，最终获得问题解决的方案和结果。

案例片段3　解酒药的研制与开发——基于模型建构乙醛性质的研究

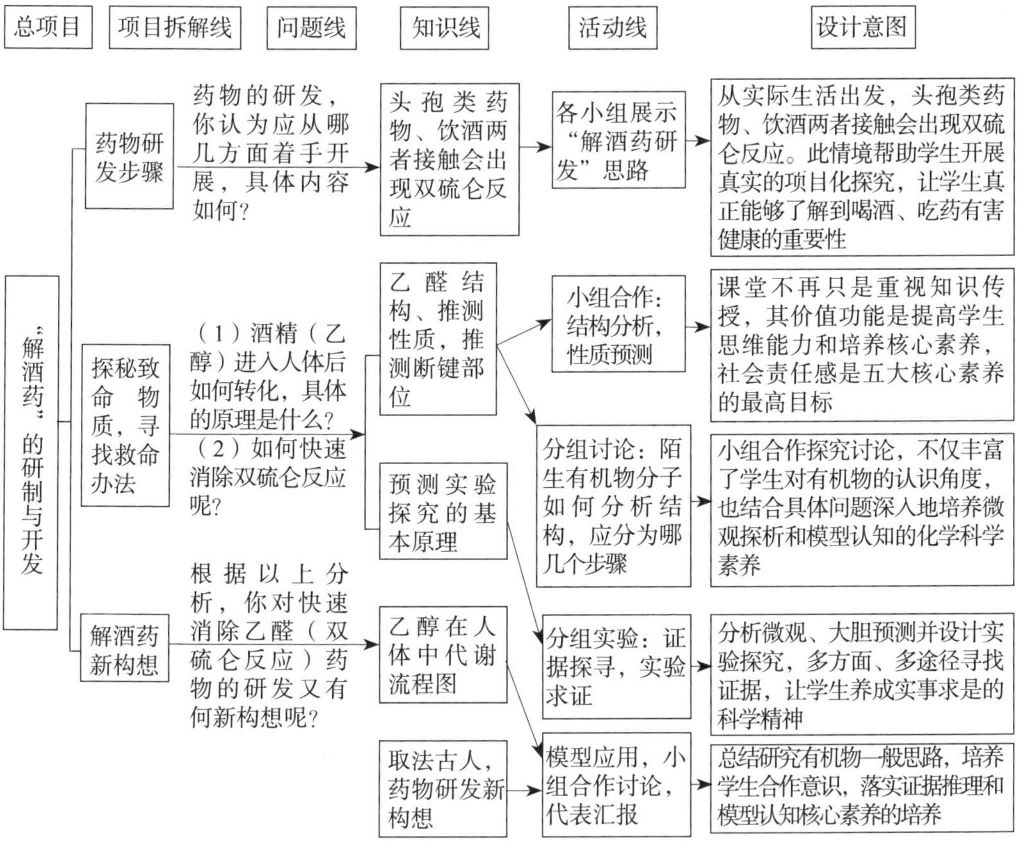

图3-4-1　《解酒药的研制与开发——基于模型建构乙醛性质的研究》项目框架

从图3-4-1可以看出，问题对应知识，问题对应任务，问题对应活动，显示出问题在情境教学中的重要性。有价值的情境一定是内含问题的，能够有效地引发学生思考，促进学生积极思维的情境。

“不愤不启，不悱不发。”问题是学生学习的动力，而问题情境在教学中尤为重要；学生需要发展问题解决能力，问题情境创设是实现学生问题解决能力提升的重要途径。

问题情境的构成分为问题和情境两部分，两者并不独立存在而是相互融合的，情境中存在问题，问题推动情境发展。面对问题情境，学生必须首先通过对情境的剖析从中提炼出化学学科问题，才能利用有关的化学知识与技能使问题得以解决。

三 问题情境设置原则

有效的问题情境能够提升学生兴趣、推动学生的思维发展、实现学科知识和学科能力的促进和发展，无效的问题情境则会成为学生思维进行的障碍。

（一）适度性

问题情境的选择与设计首先要基于化学课程标准和教学目标，结合对学情实际的分析，将问题情境设置于学生的“最近发展区”。教学情境不仅要具有驱动性，也要符合学生的认知水平和认知规律。

对于《硫的转化》这一节的内容来说，新授课、复习课和高三复习课中学生的认知水平不同，需要达到的教学目标也不同，对应的问题情境创设也有比较大的差别。

对于高一年级新授课，学生已经对元素化合物的学习有了一定的了解，学习的重点是硫的转化的知识，包括化学方程式的书写和对相关化合物性质的认识等，学习的难点是建立基于硫的元素化合物模型。所以，我们结合课本内容和要求，选择硫的转化的实验作为问题情境进行设计。

案例片段4　实验室中硫及其化合物的转化

【课前活动】

根据课本阅读材料绘制一张含硫物质的转化图。

【课堂活动设计】

环节一：根据自然界中含硫物质的转化关系绘制关系图。

学生交流总结，讨论不同小组绘制的依据。

问题1：我们依靠什么原理来绘制“价-类”二维图？不同价态的物质的转化反应有什么特点？相同价态物质的转化反应有什么特点？

设计意图：了解学生前期学习的含硫物质在自然界中的转化知识掌握情况，帮助学生构建硫及其化合物相互转化的知识网络，为实验探究和进一步完善转化关系埋下伏笔。

环节二：实验室中不同价态含硫物质的转化

问题2：

（1）今天的任务是探究不同价态硫元素之间的转化，要实现不同价态硫元素之间的转化，更具体的任务是什么？

（2）选择哪些物质作为–2、0、+4、+6价含硫化合物的代表来研究其转化关系呢？

（3）探究不同价态硫元素的转化，你需要哪些理论和概念支持？

资料支持：常见的氧化剂有氯气、溴单质、酸性$KMnO_4$溶液、硝酸、氧气、浓硫酸等，常见的还原剂有硫化氢、碘化钾、金属单质、氢气、一氧化碳气体等。

设计意图：实验探究活动之前要明确探究的方法和步骤，为开展活动理清思路，提供理论知识支持，为探究活动的顺利开展提供保障。

环节三：实验探究　归纳总结

问题3：

（1）同学们要大胆推测，从氧化还原反应角度分析，每个价态的硫元素具有什么性质，如何设计方案？

（2）要实现–2、0、+4、+6价含硫物质之间的转化，应选择哪些试剂呢？选择的依据是什么？

实验药品：Na_2SO_3溶液，Na_2SO_4溶液，Na_2S溶液，$KMnO_4$溶液，碘水，KI溶液，淀粉溶液，浓硫酸，铜片，炭粉。

（3）看到什么实验现象？说明反应物真的转化了吗？填写表3–4–1。

表3–4–1　实验记录表

编　号	选用试剂	反应原理	预测现象	实验现象	结　论
+4→+6 +6→+4					
–2→0 ……					

（4）完善转化关系图（图3–4–2）。

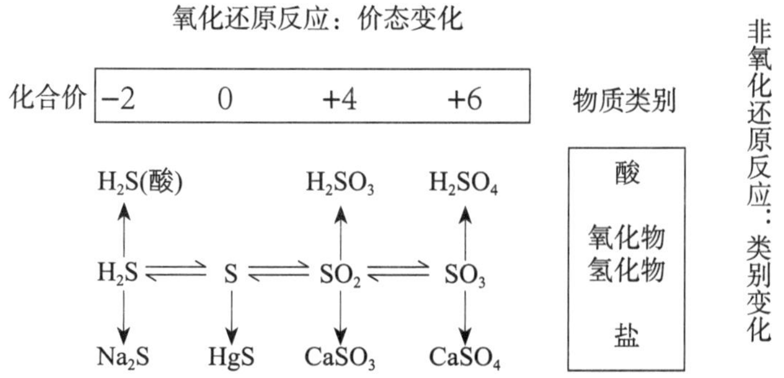

图3–4–2　以硫为核心元素的物质转化图

设计意图：通过实验方案的制订、优化、确定到实验方案的实施、实验结论的归纳总结，体现了学生“预测—设计—反思—实验—再反思”的程序化活动流程，为硫的转化关系图完善提供实验支持，培养学生的动手操作能力。

环节四：介绍二氧化硫性质

问题4：

（1）同为+4价的硫，二氧化硫和亚硫酸钠溶液性质有什么不同之处吗？（从价态和物质所属类别分析）

（2）阅读材料推测二氧化硫的性质。

① 日前，有网友反映买到的银耳可能是硫黄熏过的，记者也在淄博、济南等地随机购买过一些银耳，经初步检测发现，这些银耳样品确实含有二氧化硫成分。这些颜色发白的银耳就是我们所说的被二氧化硫漂白过的“毒银耳”。

② 生活中我们常用二氧化硫漂白纸张、编织品如草帽，但是二氧化硫的漂白效果并不持久，时间一长，颜色就会又恢复原色。

③ 二氧化硫是唯一在葡萄酒生产中普遍应用的添加剂。二氧化硫可以起到抗氧化和增酸作用，但是过量和不当使用也会带来一些问题。凡是正规厂家出品的葡萄酒，按照规定的量添加二氧化硫，对于一般人的健康不会产生影响。

（3）总结二氧化硫的性质并进行实验方案的设计优化以及实施。

实验药品：SO_2水溶液，酚酞溶液，NaOH溶液，澄清石灰水，pH试纸，品红溶液。

【总结】

酸性氧化物类别通性如图3-4-3所示。

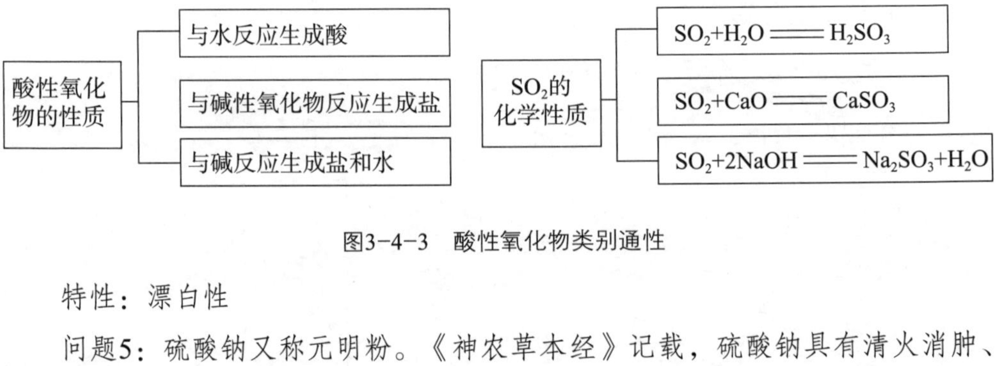

图3-4-3　酸性氧化物类别通性

特性：漂白性

问题5：硫酸钠又称元明粉。《神农草本经》记载，硫酸钠具有清火消肿、泄热通便、软坚润燥等药效。某地盛产硫黄，若以此制备硫酸钠，请帮忙设计尽可能多的生产路线，并用流程图表示出来。

设计意图：利用转化关系图解决生产生活实际问题，巩固含硫化合物的转化关系，实现知识的“工具化”。

在进行章节复习时，随着学生知识和能力的增加，学习的重点和难点发生了变化，学习的重点是在复习硫的转化知识的基础上能够自主绘制基于硫的“价-类”二维图，学习的难点是能够利用“价-类”二维图对陌生物质的性质进行分析，并解决实际问题。

案例片段5　硼酸的制备

【情境驱动】

硼酸是一种重要的化工原料，在生产生活中都有重要应用。

生产上常用铁硼矿制备硼酸，如果作为一名化学工艺设计师，会考虑些什么问题呢？

学生：经济、环保、绿色等。

设计意图：提出学习任务，进行任务拆解。

任务一　建立工艺流程模型。

学生合作探究：分析题目案例，形成工艺流程模型。

教师评价反馈：展示工业流程题解题模型，如图3-4-4所示。

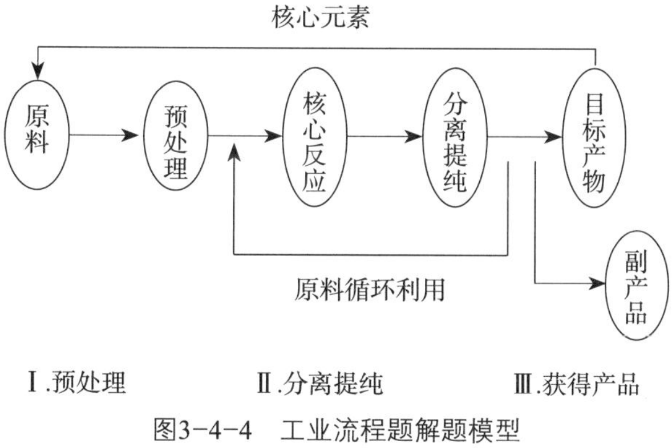

图3-4-4　工业流程题解题模型

学生：讨论，展示，互评。

设计意图：根据例题形成工艺流程模型，为下一步运用模型解决实际问题做准备。

任务二　硼酸工艺流程方案的设计优化。

合作探究：设计以铁硼矿为原料制备硼酸的工艺流程方案图。

硼及其化合物在工业上有许多用途。以铁硼矿（主要成分为$Mg_2B_2O_5 \cdot H_2O$和Fe_3O_4，还有少量的Fe_2O_3、FeO、CaO、Al_2O_3和SiO_2等）为原料制备硼酸（H_3BO_3）。

问题提示：

（1）目标产物如何获得？如何提高预处理的反应速率？

（2）杂质以什么形式除去？采用何种操作？

（3）获得产品的主要杂质是什么？如何进行提纯？

线索提示：

（1）$Mg_2B_2O_5 \cdot H_2O+2H_2SO_4 = 2MgSO_4+2H_3BO_4$

（2）天然磁铁矿Fe_3O_4由于其特殊的晶型结构不溶于稀酸。

（3）金属离子沉淀的pH，见表3-4-2。

表3-4-2　金属离子沉淀的pH

金属离子	Fe^{2+}	Fe^{3+}	Al^{3+}
开始沉淀的pH	6.5	1.5	3.3
完全沉淀的pH	9.7	3.7	5.2

（4）硼酸、硫酸镁都溶于水，溶解度曲线如图3-4-5所示。

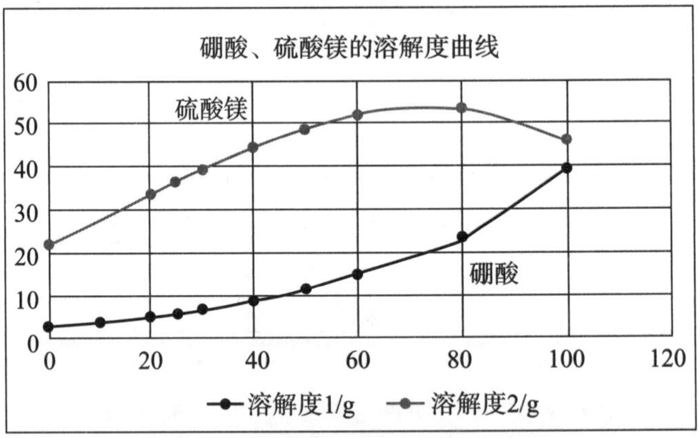

图3-4-5　硼酸和硫酸镁的溶解度曲线

学生：讨论展示评价自主形成流程图并优化完善。

教师：评价总结引导学生注意反应条件的控制以及模型各个环节的对应内容。

设计意图：运用模型进行工艺流程图的设计，注意微粒观和转化观的引导，注重反应条件的控制，引导学生自主分析解决问题的意识。

任务三　对接高考

做2015年全国Ⅱ卷27题，进行交流。

教师：评价总结工艺流程高考题的特点。

设计意图：让学生认识到高考题是真情境真任务，日常学习关注实际的生产生活，注意问题的解决和分析。

【课堂小结】

学习到的知识：工艺流程题解题模型，工艺流程题与实际生产相联系都是物质之间的转化。

思考：在工艺流程题中每个环节都有哪些设问角度?

设计意图：总结本节课所学到的知识规律，教师对学生的掌握情况有所判断，为下节课“工艺流程题设问角度”的总结进行铺垫。

通过以上案例可以看出，问题情境的设计需要根据课程标准和学生学情进行设计，不同的学习阶段有不同的学习要求，只要问题情境能够紧扣知识和方法，落在学生的“最近发展区”，就都是有效的问题情境。

（二）层次性

学生的学习需要在原有学习基础上进行，遵循思维发展的规律，学习知识由浅及深，问题情境由单一到复杂，情境素材由熟悉到陌生，这都是学习的一般规律。一般情况下，问题情境由多个问题组构成，问题组之间要符合事物发展或者问题解决的逻辑，设计问题组时要注重梯度和层次，为问题解决的顺利进行搭建阶梯。

（三）启发性

设计的问题情境要引起学生的学习兴趣，最重要的是诱发学生认知心理的矛盾和冲突，驱动学生自发地解决问题进行，如基于新知识和旧知识的认知冲突的问题情境。

案例片段6　解酒药的研制与开发

【项目学习】

引导：日常生活中都有这样的常识，如果吃了头孢类的药物，在1周之内不能饮酒。同样的，如果喝酒之后，在一周之内也不能吃头孢。为什么？因为两者接触会出现双硫仑反应，表现为面部潮红、眼结膜充血、视觉模糊、头颈部血管剧烈搏动或搏动性头痛、头晕，恶心、呕吐、出汗、口干、胸痛、心肌梗死、急性心衰、呼吸困难、急性肝损伤、惊厥及甚至死亡等。许多药物尤其是头孢类都具有与双硫仑相似的反应。

大千世界，芸芸众生，难免喝酒后误服头孢类药物，咋办？有没有一种药物能快速缓解症状，治病救人？你作为一名药物研发师又该如何做呢？

设计意图：从实际生活出发，以人们最为关心的健康问题——头孢类药物、饮酒两者接触会出现双硫仑反应。此情境帮助学生开展真实的项目式探究，让学生真正能够了解到同时喝酒、吃药有害健康的重要性。

【问题驱动1】

消除双硫仑反应药物（即解酒药）的研发的研制与开发，你认为应从哪几方面着手开展，具体内容如何？

“活动·展示”需要学生畅所欲言，小组合作拆解任务，合理分工；明确解酒药研发需要的步骤，明确完成任务的基本思路问题，分析解决问题，提出合理建议。

设计意图：课堂不再只是重视知识传授，其价值功能更是提高学生思维能力和培养核心素养，尤其是科学态度和社会责任感更是化学五大核心素养的最高目标。

项目任务1：探秘致命物质寻找救命办法

关于双硫仑反应的解读如图3-4-6所示。

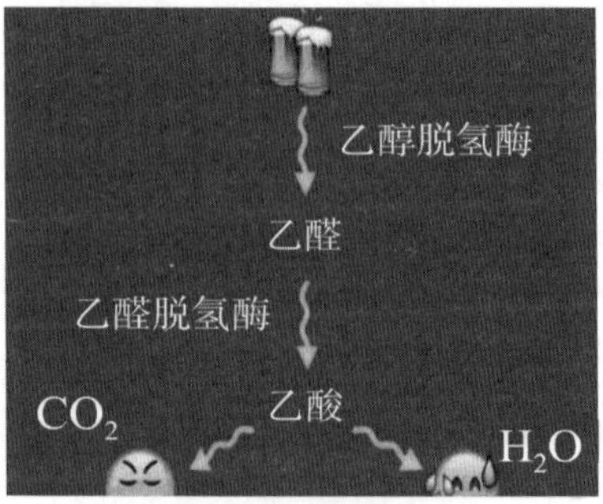

资料：
双硫仑反应：双硫仑（disulfiram）是一种戒酒药物，在与乙醇联用时，肝脏中乙醛脱氢酶被抑制，乙醇在体内氧化为乙醛后，不能再继续分解氧化，从而导致体内乙醛蓄积，引发双硫仑反应。
表现为：面部潮红、眼结膜充血、视觉模糊、头颈部血管剧烈搏动或搏动性头痛、头晕，恶心、呕吐、出汗、口干、胸痛、心肌梗死、急性心衰、呼吸困难、急性肝损伤，惊厥及甚至死亡等。
许多药物尤其是头孢类都具有与双硫仑相似的作用。

图3-4-6　双硫仑反应解读

【问题驱动2】

酒精（乙醇）进入人体后如何转化，具体的原理是什么？

如何快速消除双硫仑反应呢？

乙醛是如何危害人体健康的，你能否对其危害原理进行解释？其主要来源都是哪些？

【活动·研讨】

根据资料卡片及调查研究，对上述问题发表自己看法，畅所欲言，讨论交流。

项目任务2：分析结构探性质寻找方案求解药

【问题驱动3】

分析乙醛结构，推测乙醛性质回顾乙烯、乙炔的断键机理及对应的化学性质？

方法引导：当A和B两个原子以共价键结合时，电负性大的原子带有较多的负电荷（用δ^-表示），电负性小的原子带有较多的正电荷（用δ^+表示），如$\overset{\delta^+}{H}-\overset{\delta^-}{Cl}$两个原子的电负性相差越大，键的极性就越强。在一定条件下，键的极性越强，越容易成为反应的活性部位。

分析醛基结构，推测醛类反应，预测可能产物，说明依据，填写表3-4-3。

表3-4-3　分析记录表

活性位置（断键）	推测依据	反应类型及试剂	产物预测

设计意图：本环节探究在小组合作基础上开展探究讨论，不仅能丰富学生对有机化合物的认识角度，建立起分析有机物结构的一般步骤，也能结合具体问题深入地培养微观探析和模型认知的化学学科核心素养。

【反思归纳】

对于一个陌生的有机物分子如何分析结构并预测性质？

试总结分析有机物结构的一般思路应分为哪几个步骤。

设计意图：本环节探究在小组合作基础上开展探究讨论，不仅丰富了学生对有机物的认识角度，建立起分析有机物结构的一般步骤，也结合具体问题深入地培养微观探析和模型认知的化学学科核心素养。

【问题驱动4】

证据探寻，实验求证。

【活动·探究】

请各组展开讨论，根据断键部位、预测反应、试剂及预测产物，设计实验方案开始探究；方案形成后汇报，经老师批准后，利用实验台上的试剂或仪器进行实验探究。

实验台上药品（用品）或仪器：
乙醛溶液，$AgNO_3$溶液（硝酸酸化），5%H_2O_2（酸化），浓氨水，银氨溶液，$KMnO_4$溶液（酸性），溴水，新制$CuSO_4$溶液，稀硫酸，蒸馏水；酒精灯，烧杯，玻璃棒，试管，胶头滴管。

提示：实验建议见表3-4-4。

表3-4-4 实验设计表

	预测实验方案	实验步骤	实验现象	实验结论
①	与溴水反应			
②	与$KMnO_4$溶液（酸性）			
③	与银氨溶液反应	（1）向1 mL $AgNO_3$溶液中逐滴加入2%稀氨水，直至最初产生的沉淀恰好完全溶解为止（此澄清溶液即为银氨溶液） （2）加3–6滴乙醛，水浴加热		
④	与新制的$Cu(OH)_2$溶液反应	在试管里加入10%NaOH溶液2 mL，滴入2%$CuSO_4$溶液4～6滴，振荡后加入乙醛溶液1 mL，加热煮沸，观察实验现象		
⑤				

【实验结果】

各小组实验展示，汇报结果。

设计意图：本环节是在分析微观化学键的基础上，对性质进行的大胆预测并设计实验开展探究，属于多方面、多途径寻找证据的过程，既让学生认识到客观事实是论证方法之一，也让学生养成实事求是的科学精神。

【问题思考】

展示每一种预测实验探究的基本思路及所依据的反应机理。

写出每一种探究实验所发生的反应的化学方程式，并说出其实验现象（或事实证据）与性质对应关系。

甲醛、乙醛有毒，福尔马林（甲醛水溶液）防腐又如何解释，其理论依据是什么？

设计意图：通过探究实验的设计，使学生体会项目学习过程中探究实验设计的一般步骤与方法，依据实验结果证实结构分析的正确性，建立起“猜想–结论–证据”之间的逻辑关系，进一步体会“结构决定性质”的有机化学学习核心思想，使证据推理与模型认知学科素养得到落实。

【问题驱动5】解酒药新构想

（1）交流讨论：根据以上结构分析、性质预测、实验核证，你对快速消除乙醛（双硫仑反应）药物的研发又有何新构想呢？小组合作，讨论交流，代表汇报，相互补充——我有话说。

> 资料1：在我国四川、云南等地，葛花常在生活中被用来当作解酒之物。据中医古籍《滇南本草》记载：“葛花可解酒醒脾，治伤酒、发热、烦渴、不思饮食、呕逆吐酸。”在现今中医临床治疗中葛花也是最具有代表性的解酒药物之一。田代华等通过动物实验表明在注射葛花中的异黄酮后，酒精中毒小鼠的血清中乙醇显著下降，证实了葛花通过激活乙醇脱氢酶（ADH）活性促进了机体对乙醇的氧化代谢，并保护肝脏，减轻细胞损伤的解酒作用。
>
> 资料2：枳椇子在中医治疗中具有清热利尿、解酒毒之功效。据中医古籍《医方考》中记载：“枳椇子(俗称鸡距子)……解酒，过于葛花。今后凡遇伤酒中酒者，宜用之。”时至今日，我国各大中医药房也保留着用于缓解酒精中毒的枳椇子药材。在现代医学科技的帮助之下，试验表明枳椇子的水提液可以显著提高乙醛脱氢酶(ALDH)的活性，加快乙醛的催化转化，发挥良好的解酒作用。

（2）通过以上实验探究与资料卡片，我们应从哪些角度设计与开发“解酒药”？谈谈你的想法。

设计意图：取法古人，药物开发新构想，以落实立德树人，以传统文化，传承中华文明，化学知识再加工分析，再迁移应用。

播放视频，与市面上大量流行的“解酒药”比较，分析其优劣。

【课后作业】

（1）解酒药的制备：设计和开发“解酒药”秘方并制备药物，告诫人们要健康饮酒。

（2）模型应用：下节课，我们将进入羧酸的学习，羧酸的结构式如下，根据已有知识分析：

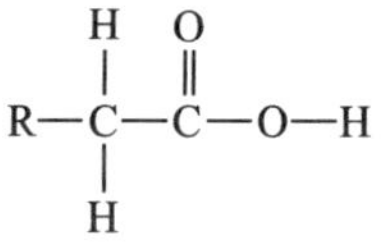

分析羧酸的结构及可能发生的反应并说明理由。

你是如何研究羧酸的化学性质，又是怎样获得证据呢？

【项目评价】

学生成果展示1：我国与加州大学的一队科研人员联合开发了一种可以快速分化人体血流中所含酒精的药丸，可以称之为“醒酒药”主要为化学药品和中药制剂。

这组研究人员成功展示了醒酒药怎么经过协助肝脏分化酒精，加快人的醒酒进程。

据报道，醒酒药以两个独自的纳米胶囊方式包裹。第一颗装有能将酒精转化为乙醛的两种酶；第二颗装有将乙醛转化为醋酸酯的一种酶。这基本上就是在仿照身体处理酒精的进程，仅仅用药丸加快了分化。

在实验室测试中，科学家们将两只白鼠灌醉，只给其中一只喂养纳米胶囊。

四小时后，这只服药白鼠血液中的酒精含量只有另一只未服药白鼠的一半。

目前，解酒药还在等候临床试验，虽然还不会马上上市，但这一研究成果确实令人激动，解决宿醉指日可待。

这个问题情境的关键教学环节是乙醛的性质的预测和验证，针对前面学习的乙醇、乙烯预测乙醛的性质，发现预测的结果与实验结果有所差别，引发学生学习兴趣，驱使学生关注乙醛结构的差别带来的性质差异。

（四）完整性和复杂性

从日常教学来看，问题情境教学存在的比较明显的两个问题是“穿靴戴帽”式的无主题相关问题情境与片段问题情境。课堂中教师经常用情境来开始，起到渲染气氛，吸引学生兴趣的作用。在课堂结尾，为了“强行”进行情感教育，也经常使用情境。

案例片段7　乙醇课堂教学的情境引入

师：以小组为单位，开始“飞花令”——请说出与“酒”有关的诗句。

生：“明月几时有，把酒问青天”“借问酒家何处有，牧童遥指杏花村”“葡萄美酒夜光杯，欲饮琵琶马上催”“花间一壶酒，独酌无相亲”“白日放歌须纵酒，青春做伴好还乡”“劝君更尽一杯酒，西出阳关无故人”……

师：投影与酒有关的画作、书法的图片，引入本节课的主角——乙醇。

学生发现问题、解决问题的能力在片段化的问题情境中难以实现，真实复杂的完整情境更能发展学生的问题解决能力。经历从真实问题中发现化学问题，对复杂的问题进行拆分后解决，对学生和教师来说都是一个比较大的考验。

案例片段8　物质的量教学

【任务一】

数一数塑料泡沫球，评价各组的计数方法。

【任务二】

类比实验，形成“摩尔”“阿伏加德罗常数”概念及公式。

【任务三】

如果有天平可以如何计数塑料泡沫球。

【任务四】

类比实验，形成“摩尔质量”的概念及公式。

在数泡沫塑料球这一完整的情境下，复杂难懂的“物质的量”的学习不但形象起来，而且形成体系。

以上的案例片段4、5、6、7都是基于完整的复杂情境进行一堂课的活动，能够有效提升学生问题解决能力。

问题情境素材通常从哪里获得呢？鲁科版普通高中化学教材中有许多问题情境，除了新添加的“微项目”外，“资料在线”“交流·研讨”“观察·思考”等栏目也蕴含着有非常多的问题情境，而化学课程标准中更是直接给出非常多的情境素材建议。经过总结，问题情境可分为三大类。

1.联系生产生活实际

生产、生活中的化学知识与学生们最为贴近，更符合大众眼中传统的化学价值，也更贴近高中学习实际。工业生产如“硫酸工业”“硝酸工业”“合成氨工业”等，其中包含物质转化和能量变化的相关知识，在“联合办厂”项目式教学中有着明显的体现。生活实际中也有很多问题情境，如身边的“84”消毒液的生产与使用、氮肥的使用、膨松剂的使用等。身边的化学更容易引起学生兴趣，也更方便进行实地考察和探究。

2. 源自化学实验

化学实验是化学学科一种独特而重要的探究方法，化学实验特别是探究性化学实验中，根据研究物质性质的方法和程序，在研究过程中通过实验现象形成问题情境，经历发现—预测—实验—质疑—再实验—再质疑的过程，实现问题的解决。

案例片段9　探究久置补铁剂成分的检测——铁及其化合物的性质

【课前调研】

关于补铁剂，你了解多少？请查阅资料，形成补铁剂的药理、发展、种类的小报告。

【提出问题】

探究久置补铁剂中铁元素的价态如何？

【做出假设】

你能做出哪些合理的假设？

【设计实验方案】

小组选取试剂及其依据、实验步骤及依据、实验现象预测及依据。期望学生能够自主调用“价-类”二维图的知识，如有欠缺，教师给予引导。

【进行实验】

分组进行。

第一次反思与交流：对实验现象及其解释进行分析汇报、对异常现象进行讨论。

完善实验方案：依据修订后的实验方案再次进行实验（仅实验修订部分即可）。

得出结论：回扣最初提出的问题。

第二次反思与交流：依据以下问题组进行。

（1）检验补铁剂中的Fe^{2+}的一般方法是什么？

（2）向补铁剂中加入酸性$KMnO_4$溶液，根据褪色能否确定有Fe^{2+}？

（3）该补铁剂中为什么有大量还原性物质？其他补铁剂是否也应该含有大量还原性物质？

（4）真实复杂体系中某种微粒检验的一般思路是什么？

（对于以上反思内容，务必要学生自行说出后，教师给予肯定或指导）

【课外延伸】

定量测定补铁剂中铁元素的含量。

【社团汇报】

介绍分光光度法，原理部分需要重点介绍，且尽可能简单化，并表达自我感受。

【课后拓展】

设计实验方案检验固体补铁剂（硫酸亚铁缓释片、多糖铁复合物）中铁元素的价态。

3. 源自化学史材料

化学史是化学问题情境的重要组成部分。科学的发展是漫长的、螺旋发展的，一种物质的认识或者一条规律的总结，可能需要几十年甚至上百年多位科学家的不断努力，其中所蕴含的科学哲理和学科精神非常值得体会与学习。

案例片段10　重走探苯之路

【情境驱动】

（微视频）19世纪初，欧洲城市的照明已经普遍使用煤气，当时通常用鲸鱼和鳕鱼的油滴到已经加温的炉子里以产生煤气，然后再将这种气体加压到13个大气压，储存在容器中备用。在加压的过程中容器底部产生了一种副产品——油状液体。物理学家法拉第对煤气桶底残留的油状液体产生兴趣，这个兴趣使他发现了苯。

苯在当代的科研和工业生产中有重要应用。苯是一种常见的有机溶剂和有机化工原料，广泛用于生产合成橡胶、合成纤维、塑料、农药、医药、染料、香料等。

法拉第　　苯

图3-4-7　法拉第与苯

【问题驱动1】

根据以往的学习经验思考从苯的发现到苯的应用经历了那些过程？在这些过程中可能会用到什么样的探究手段？

学生：苯的物理性质、化学性质、结构，可能通过实验法、观察法等进行探究。

教师：从元素周期律知识的学习出发引导回忆“结构决定性质”，确定先探究结构再探究性质的研究步骤。

【着力点】

科学无学科界限。科学的发现来源于生活，归于生活，重在观察与探究。

第一部分　苯的物理性质

【阅读材料】

法拉第发现苯之后又经过5年的时间将制备煤气后剩余的油状液体进行蒸馏，最后在80 ℃左右分离得到了一种新的液体物质。1825年，他宣布自己发现了一种新的有机物，这种有机物是带有特殊香味的无色透明液体。当把这种有机物降低到0 ℃，它会结晶出树枝状的晶体。将晶体的温度慢慢上升，在5.5 ℃会熔化。如果将熔化后的液体暴露在空气中，最后它会完全挥发。

【问题驱动2】

（1）物质的物理性质通常从几方面进行归纳？阅读材料归纳苯的物理性质。

（2）设计实施实验探究苯与汽油在水的溶解情况，完善苯的物理性质。

学生：归纳苯的物理性质见表3-4-5。

表3-4-5　苯的物理性质

物质	颜色	气味	熔点	沸点	液态时密度	溶解性
苯	无色	特殊香味	5.5 ℃	80 ℃	$< 1\ g \cdot cm^{-3}$	与水不互溶，与汽油互溶

实验：苯与汽油在水中的溶解情况，如图3-4-8所示。

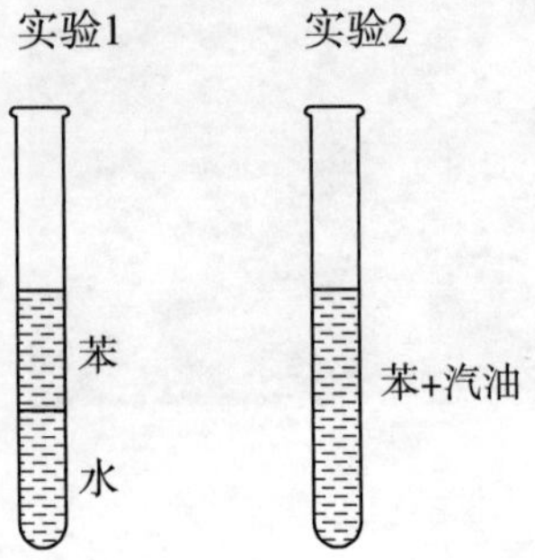

图3-4-8 苯与汽油在水中溶解情况实验

第二部分 关于苯分子结构式的确定

【背景材料】

材料1 德国科学家米希尔里用加热苯酸钾和碱石灰的方法在实验室中制得并命名了“苯”，为以后苯的研究提供了物质支持。

材料2 法国化学家日拉尔经过测定，发现苯的密度是同温同压下乙炔的3倍，其中碳的质量分数为92.3%。

材料3 德国化学家凯库勒原来是一名建筑师，在化学家李比希的影响下走向化学研究的道路，得益于扎实的化学知识和建筑师的经历。他善于站在建筑学的角度去思考化学问题，开创了用原子组合搭建分子大厦的先河，提出了“碳四价学说”（1857年）和“碳链学说”（1858年），在当时的化学界被广泛认可。

【问题驱动3】

结构式（链式）的预测。

（1）从材料2中，能得到苯的分子式吗？

（2）基于苯的分子式和材料3，小组讨论，猜测苯的结构式。进行实验设计验证。

学生：

（1）苯的分子式C_6H_6。

（2）苯的结构式可能有多种：

$CH \equiv C-CH_2-CH_2-C \equiv CH$

$CH_3-C \equiv C-C \equiv C-CH_3$

$CH_2=CH-CH=CH-C \equiv CH$

$CH_2=C=CH-CH=C=CH_2$

$CH_2=C=C=CH-CH=CH_2$

实验验证：见表3-4-6。

表3-4-6　苯的结构式的实验验证

实验	现象猜测	实验现象	实验结论
向试管中加入少量的苯，再加入少量$KMnO_4$溶液，振荡	$KMnO_4$溶液褪色	溶液分层，上层无色，下层紫色	苯中不含有碳碳双键或碳碳三键
向试管中加入少量苯，再加入少量溴水，振荡	溴水褪色	溶液分层，上层橙色，下层无色	

【质疑驱动】

“碳链学说”（1858年）是否一定成立？能从其他的角度猜测苯的结构式吗？

学生：（选择部分展示）

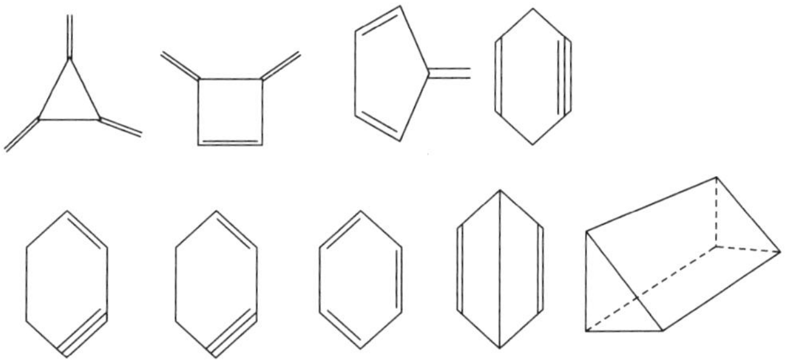

学生质疑，仍然没有结构符合“不含碳碳双键或碳碳三键”。

【证据支持】

（1）苯与液溴反应，见表3-4-7。

表3-4-7　苯与液溴反应的实验

实验	实验现象	实验结论
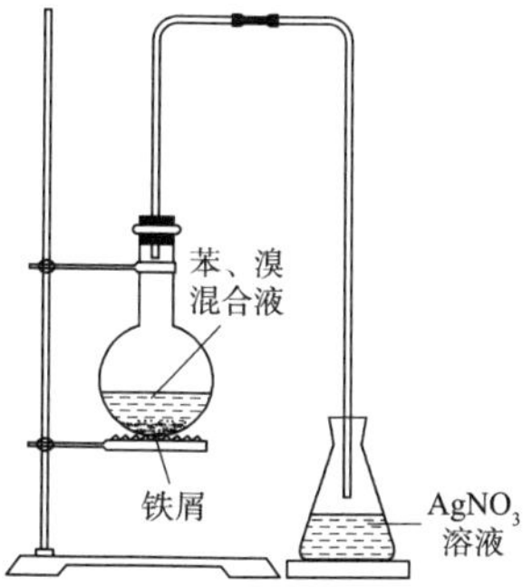	烧瓶中的混合物呈微沸状态	此反应是放热反应
	导管末端有大量的白雾产生，锥形瓶中的硝酸银溶液中有淡黄色沉淀产生	反应生成溴化氢
	反应完成后的混合液倒入水中，得到一种比水重，不溶于水的褐色液体	溴苯是无色液体，密度比水大；生成的溴苯因溶有溴而呈褐色

（2）在镍作催化剂的条件下，1 mol苯可以与3 mol氢气发生加成反应。

（3）经测定，邻二甲苯只有一种结构。

学生：上述证据支持苯的结构式是单双键交替的正六边形结构。

【历史重现】

（微视频）18世纪60年代，发现的苯的高含碳量使当时的化学家困惑，根据当时盛行的“碳链学说”无法写出符合实验事实的结构式。德国化学家凯库勒日思夜想，一天在睡梦中他看到了6个碳原子连成一条蛇，每个碳原子上都带有一个氢原子，突然蛇被激怒了，一口咬住了自己的尾巴，形成一个环。凯库勒将梦中的环记了下来，提出了苯的环状结构，称之为“凯库勒式”，如图3-4-9所示。

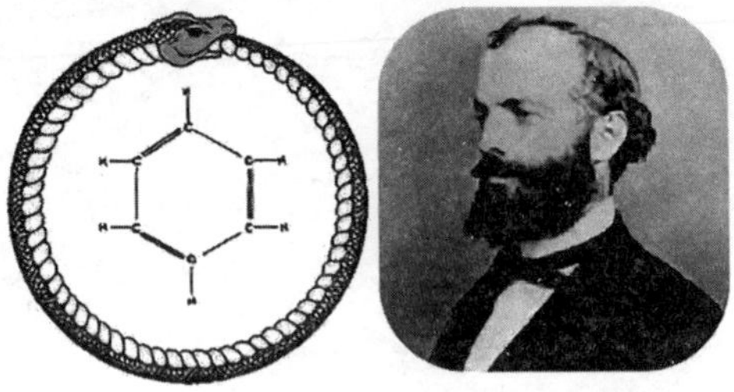

图3-4-9　凯库勒式与德国化学家凯库勒

凯库勒式并不符合“苯中不含有碳碳双键或碳碳三键”的科学事实，1872年，凯库勒修正了自己的理论，提出了苯分子的互变振动，论述了苯分子中的6个氢原子应当具有完全等同的性质。自此，芳香族化合物开始了惊人的发展。虽然现代化学已经证实凯库勒式是不科学的，但是凯库勒提出的苯的环状结构依然在有机化学的发展过程中有着深远的影响。

【问题驱动4】

（1）查阅资料，调查现代有机化学结构的研究方法。

（2）走进实验室，利用现代仪器探查苯的结构。

学生：经调查，可以通过光谱分析仪如核磁共振氢谱直接测定结构（图3-4-10为苯的核磁共振氢谱图），同时测量键长、比较不同物质的反应热也可以确定苯的结构。

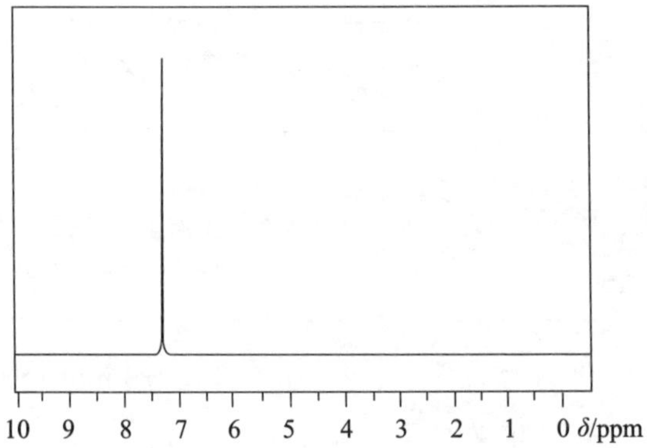

图3-4-10　苯的核磁共振氢谱图

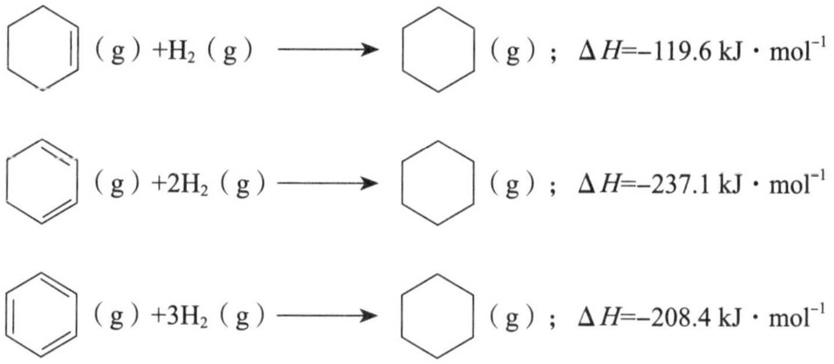

教师：

（微视频）苯分子中不存在一般的碳碳双键，其中6个碳原子之间的键完全相同，是一种介于碳碳双键和碳碳单键之间特殊的键。图3–4–11为苯的分子结构。

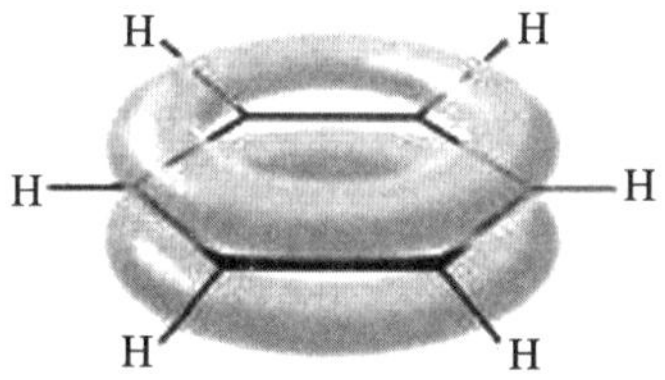

图3–4–11　苯的分子结构

第三部分　苯的化学性质

教师：我们知道“结构决定性质”，那么苯的性质又是怎样的呢？

【问题驱动5】

（1）归纳苯的结构特征。

（2）结合苯的结构特征和第一部分中的某些内容，进行实验，归纳苯的化学性质。

学生：苯的化学性质见表3–4–8。

表3–4–8　苯的化学性质

取代反应	卤代反应、硝化反应	易取代
加成反应	与氢气加成	难加成
氧化反应	燃烧——火焰明亮，伴有黑烟	难氧化
	不能使高锰酸钾溶液褪色	

教师：苯特殊的结构决定苯特殊的性质，苯特殊的性质也反映出苯特殊的结构。

问题情境设计的首要原则是学科核心知识。在学生的学习过程中，学生如何从复杂的问题情境中抽提出核心问题并将其转化成学科问题，需要教师在课堂教学中进行有效的引导。

化学学科的问题情境，可以基本被分为7种场景。图3-4-12所示是化学课程标准的情境素材建议分类。

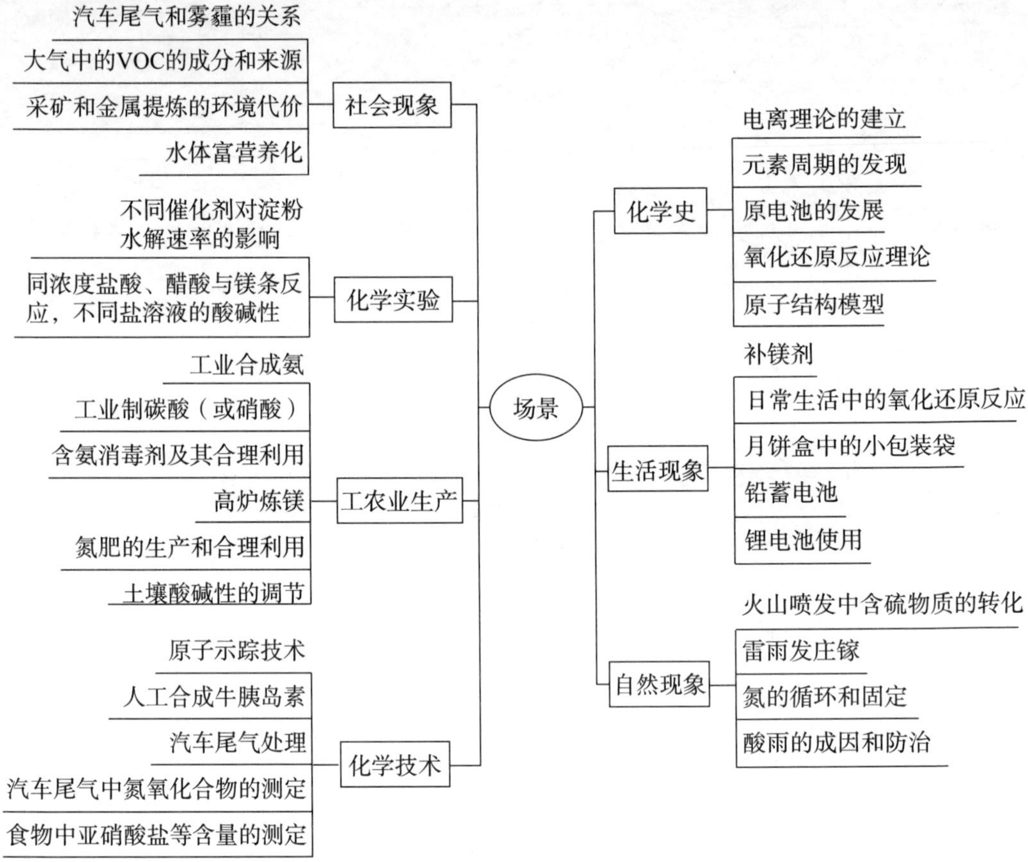

图3-4-12　化学课程标准的情境素材建议分类

图3-4-12所示情境素材分类已经非常全面，其所蕴含的学科核心知识有的是非常明显的，如“氧化还原理论”的学科核心知识明显是氧化还原反应的学习；而有些问题情境还需要根据进一步的材料说明进行进一步的判读，如“工业合成氨”有可能是“氮元素的转化”，有可能是“反应速率和反应限度”。总而言之，高中化学知识基本分为两大类：一类是基本概念和原理的学习，包括物质的量、氧化还原反应、离子反应、水溶液等；一类是化学反应，它有两个学习维度，分别是物质变化和能量变化。所以，只要明确问题情境的核心问题，学科核心问题也是很明显的。比如，“黄花菜中硫元素的测定”项目所对应的学科核心

问题针对的就是物质转化角度的黄花菜中硫元素的测定，更明确一点是含硫物质的转化。

一个复杂而综合的问题若想解决，需要根据问题解决的逻辑进行问题的拆解。如果以问题解决的逻辑来思考“黄花菜中硫元素的测定”，首先得思考在黄花菜中是否真的存在硫元素，硫元素是以什么形式存在的，硫元素含量是多少。这是常见的问题解决逻辑，明显对应的化学问题便是硫的定性检测和定量检测。继续追问硫的定性检测如何进行，则需要用到研究物质的一般程序和方法，即观察—预测—实验—质疑—再实验—反思结论进行探究，其中的核心知识则变成了硫元素的转化——从价态和类别两方面进行分析。这样，一个问题便圆满解决了。

在问题的解决过程中可以明显看出，既需要明确的问题解决逻辑，又需要清晰的问题解决思路，教师需要在必要的时候给予学生以适当的学习支架支持，如“价–类”二维图等。

硫元素的定量测定是在定性测定的基础上采取化学学科常用的定量检测方法，进行实验得出结论，从而解决问题。这样，学生不仅解决了一个真实而复杂的问题，而且掌握了有效的思维方法。

纵观问题的解决过程可以看出，这是一个思维进阶的过程，层层深入，由具象到抽象，由形成到应用。问题的解决过程中学生的思维过程可以概括为观察→拆分→抽象→思维角度形成→迁移应用。

第五节　习题处理与问题解决

习题处理指的是学生完成习题作业、试题解答、对习题进行分析和总结等，教师进行习题教学包括习题筛选与设计、习题课教学、考试及其总结等。习题处理是围绕提升问题解决能力展开的。习题处理与问题解决有着密不可分的关系，是教学中问题解决的具体体现。

一、习题处理的意义与策略

习题处理是教学的重要内容。对于学生来说，通过习题练习来巩固和深化所习得的知识和技能，发展思维，提高问题解决能力；通过试题解答来检查自己的学习水平，并根据答题情况找出不足、查漏补缺，促进问题解决能力的提升。对于教师来说，通过习题设计更加凸显教学的目的要求，使学生进一步明确学习方向；通过习题课教学，引导学生在巩固和深化所习得的知识和技能的基础上，认识问题解决程序，掌握科学思想方法，提升问题解决能力；通过批阅学生的习题作业和分析学生对试题的解答情况，及了解学生的学习状况，也看到自己教学中存在的问题和应对策略，进一步提升教学水平。习题处理还是联系师生情感的纽带，通过习题处理师生相互沟通、教学相长。

（一）习题的功能

总的来说，习题具有以下主要功能。

（1）知识和技能巩固、深化功能。

习题都是在一定的知识和技能基础上构建起来的，通过解答习题可以巩固和深化所习得的知识和技能。

（2）知识视野拓展功能。

习题往往建立在一定的情境上并给予一些新的信息，有利于拓展知识视野，了解更多的来自自然界、生产和生活以及社会的信息，丰富认知结构。

（3）素养发展功能。

现在的习题，不论在内容上还是形式上都在不断发展，更有利于培养学科核心素养和检测学科核心素养的发展情况。

（4）习惯、态度等的形成功能。

习题练习或测试需要拥有正确的学习态度、良好的学习习惯和较强的责任心，有利于品格的磨砺和正确价值观念的形成。

（5）学习评价功能。

习题是诊断学生知识基础、能力水平的重要载体和工具。化学课程标准指出，化学日常学习评价是化学教学不可或缺的重要组成部分，是化学学习评价的一种重要表现形式，是实施“教—学—评”一体化的重要链条。提问与点评、练习与作业、复习与考试等是有效开展化学日常学习评价的重要途径和方法。

（二）习题的选择和设计原则

根据习题所具有的功能，教师在教学中要注意对于习题的选择和设计，以使习题处理的目的性和针对性更强，提升习题教学的效率。

化学课程标准明确指出：“应充分发挥习题在促进学生化学学科核心素养发展方面的作用。习题设计应具有针对性与层次性，发挥习题在学生概念建构、知识迁移、问题解决等多方面的作用。习题设计应具有情境性，应以学生已有经验为基础，创设合理生动的问题情境，提高学生运用化学知识解决实际问题的能力；习题应具有开放性，鼓励学生从不同角度分析和解决问题，培养学生的发散思维和创新精神。”

1. 针对性与层次性

习题的针对性指的是针对化学课程标准的要求和学生的学情两方面。在习题选择或设计的广度和难度上，一是要以教材为依据，符合化学课程标准的要求，不能任意拔高或降低标准；二是必须符合学生的学情，做到循序渐进、努力达标，既不能揠苗助长，也不能压抑学生成长。

层次性习题则是指教师根据学生的不同学习情况，为不同层次的学生设计、制定一些符合学生学习能力与认识特点的、利于学生提升与发展的题目。这是因材施教原则的一种体现，目的是让不同层次的学生在不同的学习阶段获得不同的进步与发展：“学困生”不断进步，最终能达到化学课程标准的学业水平的要求；“学优生”不仅能达到学业水平要求的要求，而且有更高的发展。为此，层次性习题选择与设计，一是要根据学生的学习情况制定分层次的目标，并根据教学目标开展分层次的、有针对性的习题处理活动；二是要完善分层次的习题处理活动，实现分层次的练习与提升。

2. 情境性

情境性习题中的问题情境是指与自然现象、人们的生活和生产相关联的真实情境，而情境性问题的解决需要具备多方面能力，这正符合发展学生化学学科核心素养、提升学生问题解决能力的要求。

习题选取与设计的情境性是建立在学生已有经验基础上的，目的是提高学生运用化学知识解决实际问题的能力。现行的高中化学教材及各种化学考试都十分注意习题或试题的情境性。这几年来的教学实践证明，情境化习题或试题在拓宽学生的认知领域、促进学生理论联系实际、提升学生的问题解决能力、培养学生正确的价值观念、发展学生的化学学科核心素养等方面具有重要的价值。

3. 开放性

开放性的习题是指在解题方法和策略上具有不确定性，能够激发不同层次的学生从不同的角度提出自己合理的解决方案，从而培养学生学习化学的积极性、思维的灵活性和创造性的习题。传统的习题因为内容和形式都比较单一，很难适应学生全面发展的要求，但传统习题具有巩固学生基础知识、培养学生解题技能的功能。所以，新课程理念下的习题应该在传统习题的基础上，对传统习题进行创新、重组，避免传统习题的死记硬背和“题海战术”，滤去偏题、难题和怪题，以适应发展学生化学学科核心素养的要求，利于他们问题解决能力的提升。

由于不同类型的习题对于巩固学生知识、发展学生创造力的作用是不同的，因此化学课程标准要求教材在编制习题时要注意开发新的题型，鼓励学生从不同角度分析和解决问题，培养学生的发散思维和创新精神。在选择、设计习题或组织考试时，既要有答案不受个人主观情感影响的客观性习题（如选择题、是非题等），也要有一定的主观题（如简答题、计算题、综合题、信息迁移题和实验题等），并增加有助于挖掘学生智力的思考题、讨论题、实践题和开放题的比例。习题或试题要有助于学生发现和提出问题；能够激励学生深入实践，进行调查、咨询或实验，最终解决化学问题；能够鼓励学生综合运用已学知识，从不同角度、不同层次进行思考，创造性地解决问题。

（三）发挥习题分析的作用

为了提高习题处理的效率，切实提升学生的问题解决能力，必须强化习题分析。

所谓的习题分析，包括抓准题目的核心，即“命题的意图”，明确这个题目要考查的是什么、为什么要这样进行考查；弄清题目所使用的情境素材，知道要讨论的化学问题是怎样在情境素材的基础上形成的；剖析题目，将复杂的综合题分解成简单的基本题，从而“化难为易”；探求题目组成的逻辑关系和基本思路，选择适宜的思想方法；对所做的题目进行反思总结。化学课程标准在“学业水平考试命题建议”中给出了习题分析的示例。

在习题练习中，学生只有注意强化习题分析，才能真正发挥习题练习的作用，以少胜多，切实提升习题练习的效率和问题解决能力。

二 习题处理中问题解决案例

工艺流程专题复习

化学工艺流程题是高考必考的一道大题，涉及元素化合物知识的综合应用、化学反应原理、混合物分离提纯的基本方法、化学工艺流程分析、工业生产安全、环保等方面的内容，综合性极强，学生失分率很高。为了帮助学生更好地了解此类问题的命题思路、发现解决此类问题的关键点、形成问题解决的思维模型，我们专门设计了相关的习题教学。

第一课时　初探化学工艺流程题

（一）教学设计

题目：初探化学工艺流程题			
授课方式	案例分析	计划学时	1
内容分析	化学工艺流程题是将化工生产中的生产流程用框图形式表示出来，并根据生产流程中有关的化学知识步步设问，是无机框图的创新。它以现代工业生产为基础，与化工生产成本、产品提纯、环境保护等相融合，考查物质的制备、检验、分离或提纯等基本实验原理在化工生产中的实际应用，具有较强的实用性和综合性，是近几年高考化学试题的常考题型。 三年考情分析：全国Ⅰ卷——2018 · T27、2017 · T27、2016 · T28 全国Ⅱ卷——2018 · T26、2017 · T26 全国Ⅲ卷——2018 · T27、2017 · T27、2016 · T26T28		

续表

<table>
<tr><th colspan="4">题目：初探化学工艺流程题</th></tr>
<tr><td>授课方式</td><td>案例分析</td><td>计划学时</td><td>1</td></tr>
<tr><td>学情分析</td><td colspan="3">经过元素化合物的一轮复习，学生基本具备了典型元素化合物之间转化的关系和陌生元素化合物转化的基本思路，具有基本的微粒观和变化观。
学生做过一些基本的化学工艺流程题，对化学工艺流程题有初步的感知，对化学工艺流程题的设问角度有笼统的感性了解。
对于复杂的化学工艺流程题，大部分学生缺乏有效的做题思路和方法，难以运用所学知识解决陌生问题，自主思考的能力较弱。</td></tr>
<tr><td rowspan="3">教学目标</td><td colspan="3">知识目标：1. 对化学工艺流程题有初步感悟，了解化学工艺流程题的常见题型。
2. 通过例题及化学生产知识，建立化学工业流程模型并总结常见的题型设问角度。
3. 以例题为依托，介绍四方面的设问角度并总结相关答题知识和规律。</td></tr>
<tr><td colspan="3">能力目标：培养发散、联想、归纳、整合、提炼知识的能力，培养由被动解题到主动分析的意识。</td></tr>
<tr><td colspan="3">素养目标：本专题注重学生学科能力和学科意识的培养，陌生情境下氧化还原反应方程式书写体现“宏观辨识和微观探析”，教学过程中建立化学工业流程生产模型和氧化还原反应方程式的书写模型体现“证据推理与模型认知”，化学工艺流程中的条件控制和原材料处理体现“科学探究与创新意识”，工业生产中的污染物的处理和反应物的循环利用体现“科学态度和社会责任”。</td></tr>
<tr><td>教学重点</td><td colspan="3">通过例题及化学生产知识，建立化学工业流程模型并总结常见的题型设问角度。</td></tr>
<tr><td>教学难点</td><td colspan="3">以例题为依托，介绍四方面的设问角度并总结相关答题知识和规律。</td></tr>
<tr><td>教学设计思路</td><td colspan="3">通过高考题案例分析，初步感知化学工艺流程题，总结设问角度，建立解题模型，重点探讨常出现的四个设问角度，逐一攻破，总结解题规律和方法。</td></tr>
</table>

教学过程

教学环节	教学内容	所用时间	学生活动	教师活动	设计意图
自主学习展示	课前预习区反馈：高中化学学习中重要的实验操作。	5 min	展示完成情况并进行讲解。	抓住典型，强调语言的简洁和规范，分析高考得分点。	帮助学生建立完整的知识体系，归纳高考中常出现的实验操作问题，改正日常解题中的错误习惯。
课堂探究	第一环节：高考感悟 1.介绍考情 2.介绍教学目标（试题见学案） 3.【高考感悟】 （1）化学工艺流程题的主要构成——题头、题干、题尾。本节课主要介绍探究题尾中的设问角度。				

续表

<table>
<tr><td colspan="6">题目：初探化学工艺流程题</td></tr>
<tr><td>授课方式</td><td colspan="3">案例分析</td><td>计划学时</td><td>1</td></tr>
<tr><td>课堂探究</td><td>（2）根据参考答案，分组进行合作探究活动。讨论问题组中的问题，并以小组作答。
① 生产流程目的是什么，生产原料是什么？
② 生产流程中每个环节的目的是什么？
③ 根据题目和化学知识，初步建立化工生产流程主线图。
4. 根据题目，结合相关化学知识，归纳总结化学工业流程题目可能出现的设问角度。
【学生】① 解读流程图，解析每一步的目的，认识到生产锌的过程其实是除杂的过程。
② 在教师的帮助下，建立化学工艺流程模型。
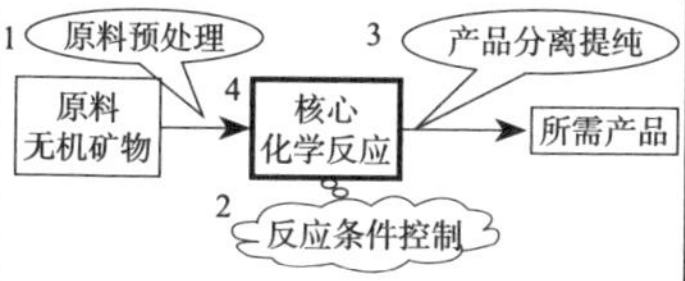

【教师】归纳总结主要四个方面的探究。
第二环节：不同环节的设问步骤
一、原料预处理的设问角度
【例1】（见学案）学生作答。教师提示从提高反应速率方面作答。
【例2】（见学案）学生作答。教师提示，工艺流程题中阅读信息的重要性。
【小结】原材料预处理的方法
① 研磨粉碎：增加反应物的接触面积、加快化学反应速率。
② 水浸：与水反应或溶解，使原料变成可溶性离子。（如废旧电池的处理，水浸电池电解液，溶解氯化铵处理得到氯化铵晶体）
③ 酸（碱）浸：与酸（碱）接触反应或溶解，使可溶性金属离子进入溶液，不溶性物质过滤分离。（铝土矿）</td><td>10 min</td><td>完成题目、小组讨论、小组汇报。</td><td>倾听，点评。</td><td>初步感知化学工艺流程题，建立化学工艺流程模型，归纳设问角度，确定研究对象。</td></tr>
</table>

续表

题目：初探化学工艺流程题				
授课方式	案例分析		计划学时	1
课堂探究	④ 灼烧：除去可燃性杂质或使一些物质在高温下氧化分解或使一些物质在高温下氧化分解。（海带灰的灼烧，硫化锌的焙烧） 二、反应条件控制的设问角度 【例3】（见学案）学生作答。 教师提示，如果题目出现温度控制，一般从反应速率、物质的溶解度、物质的热分解与挥发，弱离子的水解方面作答。 【例4】（见学案）学生作答。 教师提示：调节pH，目的是金属离子的沉淀或溶解。 【小结】工艺流程中常用的控制反应条件的方法有哪些？ ① 调节溶液的pH：能与H^+反应，使溶液pH变大，便于沉淀某些金属离子。（不引入新杂质） ② 控制温度：应考虑的因素包括反应速率，物质溶解度，热稳定性和挥发性，平衡移动方向。 ③ 控制压强：改变速率，影响平衡移动方向。 ④ 使用合适的催化剂：加快反应速率，提高生产效率。	25 min	完成题目、小组合作。	总结解题规律。	建立四个设问角度下，常出现的问题，总结解题模型和答题规律。
	三、核心反应——陌生氧化还原反应方程式的书写 四、产品的分离提纯				
课后小结	学以致用：对陌生的工艺流程题尝试提出问题并解答	5min	独立思考，小组合作。	引导。	对学生的学习情况进行反馈。

（二）学案

初探化学工艺流程题

【学习目标】

（1）对化学工艺流程题有初步感悟，了解化学工艺流程题的常见题型。

（2）通过例题及化学生产知识，建立化学工业流程模型并总结常见的题型设问角度。

（3）以例题为依托，介绍四方面的设问角度并总结相关答题知识和规律。

（4）培养发散、联想、归纳、整合、提炼知识的能力，培养由被动解题到主动分析的意识。

【课前预习区】

（1）实验中关于沉淀的问题。

① 如何证明溶液中沉淀完全？

② 沉淀为什么要洗涤？

③ 用什么洗涤沉淀？

④ 怎样洗涤？

⑤ 如何证明沉淀已经洗涤干净？

（2）产品的结晶问题。

① 根据晶体的性质不同，能将结晶分为哪两类？

② 降温结晶的操作有哪些？

（3）趁热过滤的原因是什么？

【课堂活动区】

［高考感悟］

（2018年全国Ⅱ卷）我国是世界上最早制得和使用金属锌的国家，一种以闪锌矿（ZnS，含有SiO_2和少量FeS、CdS、PbS杂质）为原料制备金属锌的流程如图3-5-1所示。

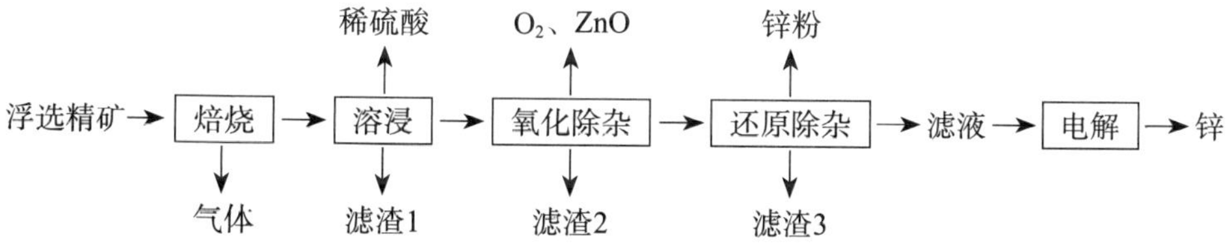

图3-5-1　由闪锌矿制备金属锌的工艺流程

相关金属离子［$c_0(M^{n+})=0.1\ mol \cdot L^{-1}$］形成氢氧化物沉淀的pH范围见表3-5-1。

表3-5-1　相关金属离子形成沉淀的pH范围

金属离子	Fe^{3+}	Fe^{2+}	Zn^{2+}	Cd^{2+}
开始沉淀的pH	1.5	6.3	6.2	7.4
沉淀完全的pH	2.8	8.3	8.2	9.4

回答下列问题：

（1）焙烧过程中主要反应的化学方程式为________________。

（2）滤渣1的主要成分除SiO_2外，还有____________；氧化除杂工序中ZnO的作用是__________，若不通入氧气，其后果是__________。

（3）溶液中的Cd^{2+}可用锌粉除去，还原除杂工序中反应的离子方程式为____________________。

（4）电解硫酸锌溶液制备单质锌时，阴极的电极反应式为____________________；沉积锌后的电解液可返回________工序继续使用。

［合作探究］

（1）生产流程的目的是什么？生产原料是什么？

（2）生产流程中每个环节的目的是什么？

（3）根据题目和化学知识，初步建立化工生产流程主线图。

（4）根据题目结合相关化学知识归纳总结化学工业流程题目可能出现的设问角度。

①原料预处理的设问角度。

［例1］某工厂生产硼砂过程中产生的固体废料，主要含有$MgCO_3$、$MgSiO_3$、$CaMg(CO_3)_2$、Al_2O_3和Fe_2O_3等，回收其中镁的工艺流程如图3-5-2所示。

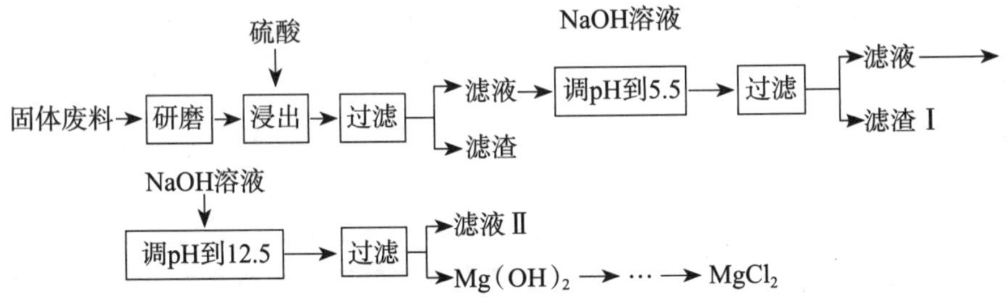

图3-5-2　从生产硼砂的固体废料中回收镁的工艺流程

“浸出”步骤中，为提高镁的浸出率，可采取的措施有____。

［例2］稀土是一种不可再生的战略性资源，被广泛应用于电子信息、国防军工等多个领域。一种从废弃阴极射线管（CRT）荧光粉中提取稀土元素钇（Y）的工艺流程如图3-5-3所示。

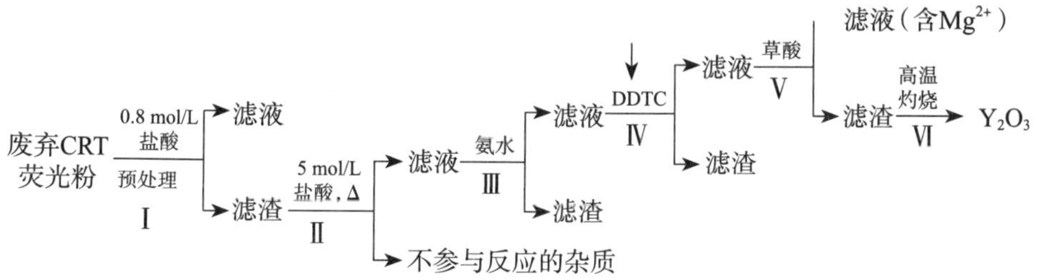

图3-5-3　从废弃CRT荧光粉中提取稀土元素钇的工艺流程

已知：废弃CRT荧光粉的化学组成（某些不参与反应的杂质未列出）见表3-5-2。

表3-5-2　废弃CRT荧光粉的化学组成

成分含量/%	Y_2O_3	ZnO	Al_2O_3	PbO_2	MgO
预处理前	24.28	41.82	7.81	1.67	0.19
预处理后	68.51	5.42	4.33	5.43	0.50

步骤Ⅰ中进行原料预处理的目的是________________。

小结：原材料预处理的方法有哪些？

②反应条件的设问控制。

［例3］以氯化钾和钛白厂的副产品硫酸亚铁为原料生产硫酸钾、过二硫酸铵和氧化铁红颜料，原料的综合利用率较高，其主要流程如图3-5-4所示。

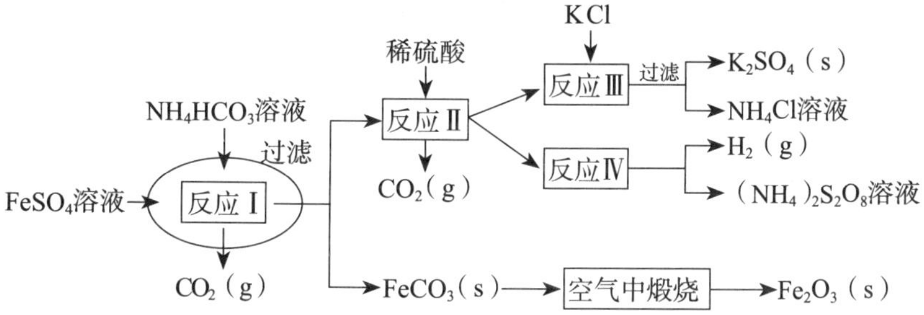

图3-5-4　以硫酸亚铁为原料生产硫酸钾、过二硫酸铵和氧化铁红的工艺流程

反应Ⅰ需控制反应温度低于35 ℃，其目的是__________。

［例4］某工厂生产硼砂过程中产生的固体废料，主要含有$MgCO_3$，$MgSiO_3$，$CaMg(CO_3)_2$，Al_2O_3和Fe_2O_3等，回收其中镁的工艺流程如图3-5-5所示。

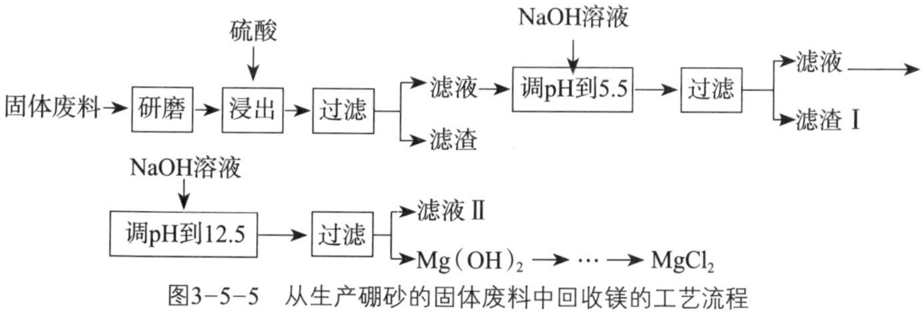

图3-5-5　从生产硼砂的固体废料中回收镁的工艺流程

部分阳离子以氢氧化物形式完全沉淀时溶液的pH见表3-5-3。

表3-5-3　部分阳离子形成沉淀的pH

沉淀物	$Fe(OH)_3$	$Al(OH)_3$	$Mg(OH)_2$
pH	3.4	5.2	12.4

滤渣I的主要成分有____________。

小结：工艺流程常用的控制反应条件的方法有哪些？

③ 核心反应——陌生反应化学方程式的书写。

［例5］二氧化氯（ClO_2）是一种高效、广谱、安全的杀菌、消毒剂。

ⅰ. 氯化钠电解法是一种可靠的工业生产ClO_2方法。

ⅱ. 该法工艺原理示意图如图3-5-6所示。其过程是将食盐水在特定条件下电解得到的氯酸钠（$NaClO_3$）与盐酸反应生成ClO_2。

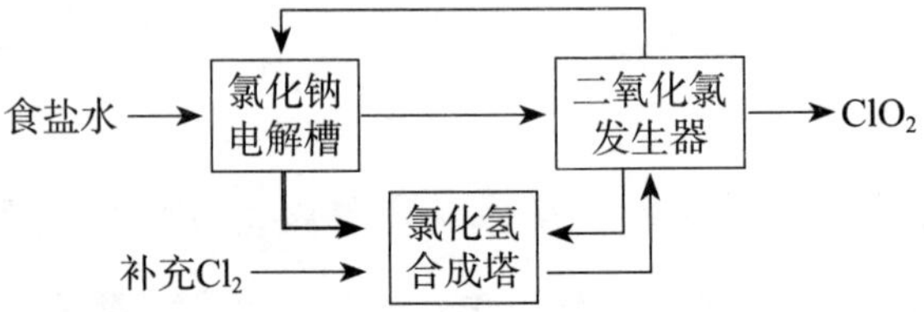

图3-5-6　氯化钠电解法生成ClO_2的工艺流程图

工艺中可以利用的单质有H_2、Cl_2（填化学式），发生器中生成ClO_2的化学方程式为____________________。

［例6］锂离子电池的广泛应用使回收利用锂资源成为重要课题：某研究性学习小组对废旧锂离子电池正极材料（$LiMn_2O_4$、碳粉等涂覆在铝箔上）进行资源回收研究，设计实验流程如图3-5-7所示。

图3-5-7　废旧锂离子电池正极材料的回收利用

第③步反应的离子方程式为______________________________。

小结：陌生氧化还原反应的书写步骤。

④ 产品的分离提纯。

［例7］钛酸钡（$BaTiO_3$）在工业上有重要用途，主要用于制作电子陶瓷、PTC 热敏电阻、电容器等多种电子元件。图3-5-8是生产钛酸钡的一种工艺流程图：

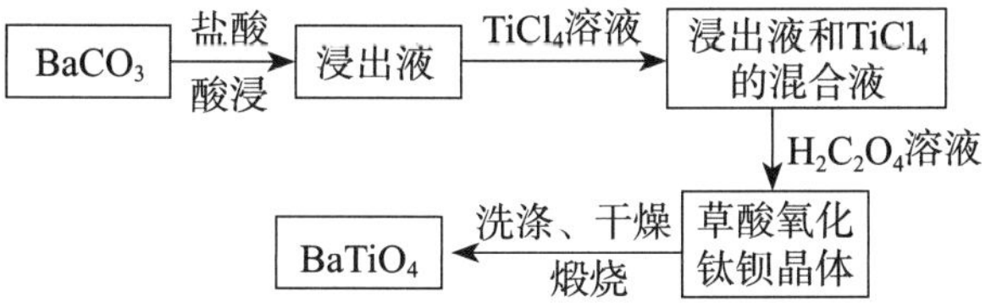

图3-5-8　生产钛酸钡的工艺流程

已知：ⅰ. 草酸氧化钛钡晶体的化学式为$BaTiO(C_2O_4)\cdot 4H_2O$。

ⅱ. 流程中通过过滤得到草酸氧化钛钡晶体后，为提高产品质量需对晶体洗涤。

过滤操作中使用的玻璃仪器有__________________________________。

如何证明晶体已洗干净？

____。

小结：

产品分离提纯的具体操作有哪些？

［学以致用］

二氧化氯（ClO_2，黄绿色易溶于水的气体）是高效、低毒的消毒剂。

实验室用 NH_4Cl、盐酸、$NaClO_2$（亚氯酸钠）为原料，通过图3-5-9所示工艺流程制备ClO_2。

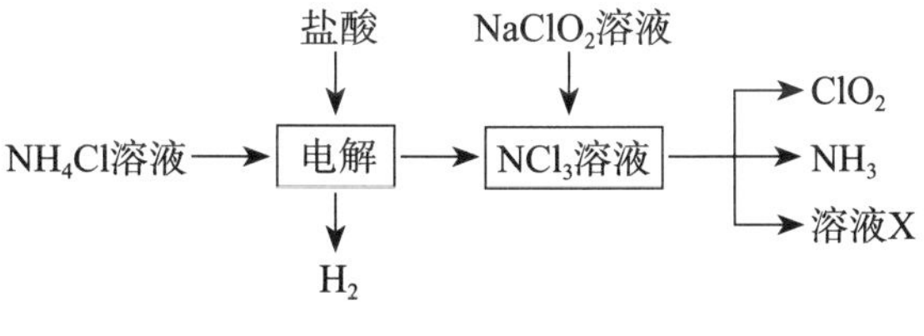

图3-5-9　一种制备ClO_2的工艺流程

［思考讨论］

根据所学习的设问角度，能提出哪些问题？

第二课时　硼酸的制备

（一）教学设计

<table>
<tr><th colspan="4">题目：硼酸的制备——工艺流程专题复习</th></tr>
<tr><td>授课方式</td><td>习题教学</td><td>计划学时</td><td>1</td></tr>
<tr><td>内容分析</td><td colspan="3">化学工艺流程题是将化工生产中的生产流程用框图的形式表示出来，并根据生产流程中有关的化学知识步步设问，是“无机框图”的创新。它以现代工业生产为基础，与化工生产成本、产品提纯、环境保护等相融合，考查物质的制备、检验、分离或提纯等基本实验原理在化工生产中的实际应用，具有较强的实用性和综合性，是近几年高考化学试题的常考题型。
三年考情分析：全国Ⅰ卷——2019・T26、2018・T27、2017・T27
全国Ⅱ卷——2019・T26、2018・T26、2017・T26
全国Ⅲ卷——2019・T26、2018・T27、2017・T27</td></tr>
<tr><td>学情分析</td><td colspan="3">经过元素化合物的一轮复习，学生基本具备典型元素化合物之间转化的关系和陌生元素化合物转化的基本思路，具有基本的微粒观和变化观。
学生做过一些基本的化学工艺流程题，对化学工艺流程题有初步的感知，对化学工艺流程题的设问角度有笼统的感性了解。
对于复杂的化学工艺流程题，大部分学生缺乏有效的做题思路和方法，难以运用所学知识解决陌生问题，自主思考的能力较弱。</td></tr>
<tr><td rowspan="3">教学目标</td><td colspan="3">知识目标：1.对化学工艺流程题有初步感悟，了解化学工艺流程题的常见题型。
2.通过例题及化学生产知识，建立化学工业流程模型。
3.通过“以铁硼矿为原料制备硼酸”真任务的解决，能运用模型解决实际问题，能自主调用相关知识进行真实问题的解决。</td></tr>
<tr><td colspan="3">能力目标：培养发散、联想、归纳、整合、提炼知识的能力，培养由被动解题到主动分析的意识。</td></tr>
<tr><td colspan="3">素养目标：通过对真问题“以铁硼矿为原料制备硼酸”的解决，发展学科关键能力和学科意识；通过建构和应用化学工艺流程模型，发展“证据推理与模型认知”素养；通过分析化合物的转化路径来解决问题，发展“宏观辨识与微观探析”素养；通过对反应条件的控制分析，发展“变化观念与平衡思想”素养；通过对工业生产中的污染物的处理和反应物的循环利用的认识，发展“科学态度和社会责任”素养。</td></tr>
<tr><td>教学重点</td><td colspan="3">通过例题及化学生产知识学习，建立化学工业流程模型。
通过“以铁硼矿为原料制备硼酸”真问题的解决，学会运用模型解决实际问题，能自主调用相关知识进行真实问题的解决。</td></tr>
</table>

续表

<table>
<tr><th colspan="6">题目：硼酸的制备——工艺流程专题复习</th></tr>
<tr><td>授课方式</td><td colspan="3">习题教学</td><td>计划学时</td><td>1</td></tr>
<tr><td>教学难点</td><td colspan="5">通过“以铁硼矿为原料制备硼酸”真问题的解决，学会运用模型解决实际问题，能自主调用相关知识进行真实问题的解决。</td></tr>
<tr><td>教学设计思路</td><td colspan="5">引导学生以“铁硼矿为原料制备硼酸”工艺流程方案的设计为真实任务，以2018年高考题为案例，构建工艺流程模型；合作探究运用模型解决真实问题，在真实问题的解决过程中注意反应条件的控制、化学方程式的书写等；通过对高考题的再研究，感知化学工艺流程题的设问角度出题思路。</td></tr>
<tr><th colspan="6">教学过程</th></tr>
<tr><td>教学环节</td><td>教学内容</td><td>所用时间</td><td>学生活动</td><td>教师活动</td><td>设计意图</td></tr>
<tr><td>考情学习目标介绍</td><td>1. 考情分析。
2. 学习目标。</td><td>3 min</td><td>聆听思考。</td><td>讲述。</td><td>学生能结合已有的学习经验对本节课的知识主题有初步的感知，对学习目标有初步认识。</td></tr>
<tr><td>情境驱动</td><td>硼酸是一种重要的化工原料，在生产生活中都有重要应用。
生产上常用铁硼矿制备硼酸，如果作为一名化学工艺设计师，会考虑些什么问题呢？</td><td>3 min</td><td>经济、环保、绿色等。</td><td>聆听评价。</td><td>提出学习任务，进行任务拆解。</td></tr>
<tr><td>任务一：建立工艺流程模型</td><td>学生合作探究：分析题目案例，形成工艺流程模型。
教师评价反馈。
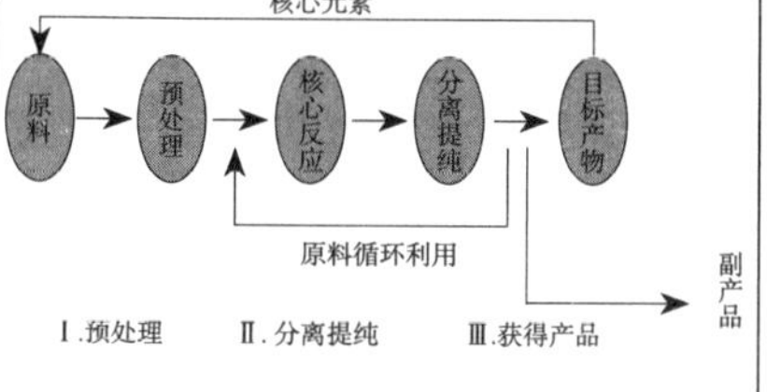
</td><td>8 min</td><td>讨论，展示，互评。</td><td>评价总结。</td><td>根据例题形成工艺流程模型，为下一步运用模型解决实际问题做准备。</td></tr>
</table>

续表

<table>
<tr><th colspan="6">题目：硼酸的制备——工艺流程专题复习</th></tr>
<tr><th>授课方式</th><th colspan="3">习题教学</th><th>计划学时</th><th>1</th></tr>
<tr>
<td>任务二：硼酸工艺流程流程方案的设计优化</td>
<td>合作探究：设计以铁硼矿为原料制备硼酸的工艺流程方案图。
硼及其化合物在工业上有许多用途。以铁硼矿（主要成分为$Mg_2B_2O_5 \cdot H_2O$和Fe_3O_4，还有少量的Fe_2O_3、FeO、CaO、Al_2O_3和SiO_2等）为原料制备硼酸（H_3BO_3）。
问题提示：
1. 目标产物如何获得？如何提高预处理的反应速率？
2. 杂质以什么形式除去？采用何种操作？
3. 获得产品的主要杂质是什么？如何进行提纯？
线索提示：
1. $Mg_2B_2O_5 \cdot H_2O+2H_2SO_4 = 2MgSO_4+2H_3BO_3$
2. 天然磁铁矿Fe_3O_4由于其特殊的晶型结构不溶于稀酸。
3. 三种离子的沉淀pH如表所示。
<table>
<tr><th>金属离子</th><th>Fe^{2+}</th><th>Fe^{3+}</th><th>Al^{3+}</th></tr>
<tr><td>开始沉淀的pH</td><td>6.5</td><td>1.5</td><td>3.3</td></tr>
<tr><td>完全沉淀的pH</td><td>9.7</td><td>3.7</td><td>5.2</td></tr>
</table>
4. 硼酸、硫酸镁都溶于水，溶解度曲线如图所示。
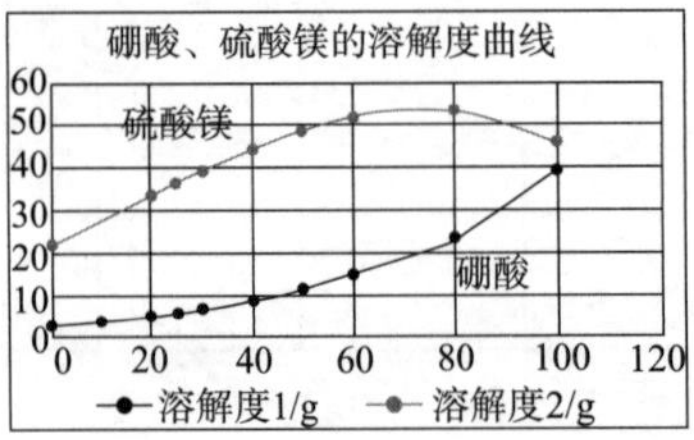

</td>
<td>20 min</td>
<td>讨论展示评价自主形成流程图并优化完善。</td>
<td>评价总结引导学生注意反应条件的控制以及模型各个环节的对应内容。</td>
<td>运用模型进行工艺流程图的设计，注意微粒观和转化观的引导，注重反应条件的控制，引导学生自主分析解决问题的意识。</td>
</tr>
</table>

续表

题目：硼酸的制备——工艺流程专题复习					
授课方式	习题教学			计划学时	1
任务三：对接高考	做2015年全国Ⅱ卷27题，进行交流。	8 min	做题，思考，交流。	评价总结工艺流程高考题的特点。	让学生认识到高考题是真情境真任务，日常学习关注实际的生产生活，注意问题的解决和分析。
课后小结	学习到的知识：工艺流程题模型、工艺流程题与实际生产相联系，是物质之间的转化。 思考：在工艺流程题中每个环节都有哪些设问角度？	3 min	交流，思考。	评价总结。	总结本节课学到的知识规律。教师对学生的掌握情况有所判断，为下节课“工艺流程题设问角度”的总结进行铺垫。

（二）学案

硼酸的制备
——工艺流程题专题复习

【学习目标】

（1）对化学工艺流程题有初步感悟，了解化学工艺流程题的常见题型。

（2）通过例题及化学生产知识，建立化学工艺流程模型。

（3）通过“以铁硼矿为原料制备硼酸”真任务的解决，能运用模型解决实际问题，能自主调用相关知识进行真实问题的解决。

（4）培养发散、联想、归纳、整合、提炼知识的能力，培养由被动解题到主动分析的意识。

【课前准备区】

（2018年全国Ⅱ卷）我国是世界上最早制得和使用金属锌的国家，一种以闪锌矿（ZnS，含有SiO_2和少量FeS、CdS、PbS杂质）为原料制备金属锌的流程如图3-5-10所示。

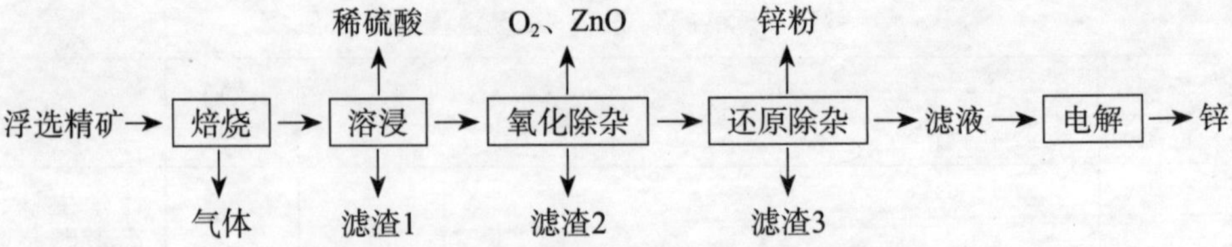

图3-5-10 由闪锌矿制备金属锌的工艺流程

相关金属离子［$c_0(M^{n+})=0.1\ mol\cdot L^{-1}$］形成氢氧化物沉淀的pH范围见表3-5-4。

表3-5-4 相关金属离子形成沉淀的pH范围

金属离子	Fe^{3+}	Fe^{2+}	Zn^{2+}	Cd^{2+}
开始沉淀的pH	1.5	6.3	6.2	7.4
沉淀完全的pH	2.8	8.3	8.2	9.4

回答下列问题：

① 焙烧过程中主要反应的化学方程式为__________。

② 滤渣1的主要成分除SiO_2外，还有__________；氧化除杂工序中ZnO的作用是__________，若不通入氧气，其后果是__________。

③ 溶液中的Cd^{2+}可用锌粉除去，还原除杂工序中反应的离子方程式为____________________。

④ 电解硫酸锌溶液制备单质锌时，阴极的电极反应式为____________________；沉积锌后的电解液可返回________工序继续使用。

【课内探究区】

总任务

硼及其化合物在工业上有许多用途。以铁硼矿（主要成分为$Mg_2B_2O_5\cdot H_2O$和Fe_3O_4，还有少量的Fe_2O_3、FeO、CaO、Al_2O_3和SiO_2等）为原料制备硼酸（H_3BO_3）。

如果你是一名化工工艺设计师，将从哪些方面进行硼酸制备的工艺流程设计？

任务一：建立化学工艺流程模型

（2018年全国Ⅱ卷）我国是世界上最早制得和使用金属锌的国家，一种以闪锌矿（ZnS，含有SiO_2和少量FeS、CdS、PbS杂质）为原料制备金属锌。

合作探究：

① 生产流程的目的是什么？生产原料是什么？

② 生产流程中每个环节的目的是什么？

③ 根据题目和化学知识，初步建立化工生产流程主线图。

展示交流。

任务二：硼酸制备工艺流程方案的设计优化

硼及其化合物在工业上有许多用途。以铁硼矿（主要成分为$Mg_2B_2O_5 \cdot H_2O$和Fe_3O_4，还有少量的Fe_2O_3、FeO、CaO、Al_2O_3和SiO_2等）为原料制备硼酸（H_3BO_3）。

合作探究：

设计以铁硼矿为原料制备硼酸的工艺流程方案图。

问题提示：

1. 目标产物如何获得？如何提高预处理的反应速率？

线索提示：

1. $Mg_2B_2O_5 \cdot H_2O+2H_2SO_4 = 2MgSO_4+2H_3BO_3$

2. 天然磁铁矿Fe_3O_4由于其特殊的晶型结构不溶于稀酸。

3. 硼酸、硫酸镁都溶于水，溶解度曲线如图所示。

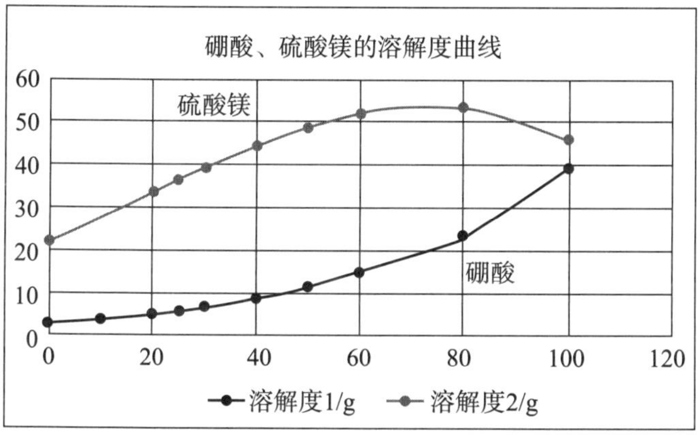

4.相关金属离子形成沉淀的pH范围见下表。

金属离子	Fe^{2+}	Fe^{3+}	Al^{3+}
开始沉淀的pH	6.5	1.5	3.3
完全沉淀的pH	9.7	3.7	5.2

任务三：对接高考

（2015年全国Ⅰ卷）硼及其化合物在工业上有许多用途。以铁硼矿（主要成分为$Mg_2B_2O_5 \cdot H_2O$和Fe_3O_4，还有少量的Fe_2O_3、FeO、CaO、Al_2O_3和SiO_2等）为原料制备硼酸（H_3BO_3）的工艺流程如图3-5-11所示。

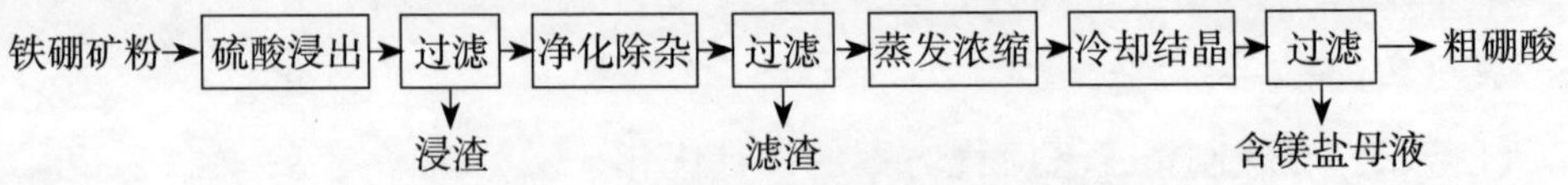

图3-5-11　以铁硼矿制备硼酸的工艺流程

回答下列问题：

① 写出$Mg_2B_2O_5 \cdot H_2O$与硫酸反应的化学方程式____________________。为提高浸出速率，除适当增加硫酸浓度外，还可采取的措施有__________、（写出两条）。

② 利用______的磁性，可将其从"浸渣"中分离。"浸渣"中还剩余的物质是______（写化学式）。

③ "净化除杂"需先加H_2O_2溶液，作用是__________。然后再调节溶液的pH约为5，目的是________________。

④ "粗硼酸"中的主要杂质是______（填名称）。

⑤ 以硼酸为原料可制得硼氢化钠（$NaBH_4$），它是有机合成中的重要还原剂，其电子式为_______。

⑥ 单质硼可用于生产具有优良抗冲击性能的硼钢。以硼酸和金属镁为原料可制备单质硼，用化学方程式表示制备过程：________________。

【课后巩固区】

（1）（2019年全国Ⅰ卷）硼酸（H_3BO_3）是一种重要的化工原料，广泛应用于玻璃、医药、肥料等工艺。一种以硼镁矿（含$Mg_2B_2O_5 \cdot H_2O$、SiO_2及少量Fe_2O_3、Al_2O_3）为原料生产硼酸及轻质氧化镁的工艺流程如图3-5-12所示。

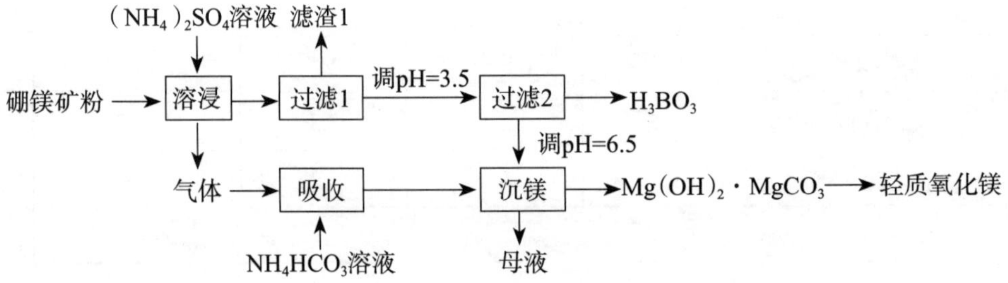

图3-5-12　以硼镁矿为原料生产硼酸和轻质氧化镁的工艺流程

回答下列问题：

① 在95 ℃“溶浸”硼镁矿粉，产生的气体在“吸收”中反应的化学方程式为________________。

② “滤渣1”的主要成分有__________。为检验“过滤1”后的滤液中是否含有Fe^{3+}离子，可选用的化学试剂是__________。

③ 根据H_3BO_3的解离反应：$H_3BO_3+H_2O \rightleftharpoons H^++B(OH)_4^-$　$K_a=5.81\times10^{-10}$，可判断H_3BO_3是______酸；在“过滤2”前，将溶液pH调节至3.5，目的是________________________________。

④ 在“沉镁”中生成$Mg(OH)_2\cdot MgCO_3$沉淀的离子方程式为______________________，母液经加热后可返回____________工序循环使用。由碱式碳酸镁制备轻质氧化镁的方法是__________________。

（2）分析之前做过的工艺流程题，尝试归纳总结工艺流程题的设问角度及答题规律。

第三课时　立德粉的制备

（一）教学设计

题目：立德粉生产厂的筹建			
授课方式	习题教学	计划学时	1
内容分析	化学工艺流程题是将化工生产中的生产流程用框图形式表示出来，并根据生产流程中有关的化学知识步步设问，是“无机框图”的创新。它以现代工业生产为基础，与化工生产成本、产品提纯、环境保护等相融合，考查物质的制备、检验、分离或提纯等基本实验原理在化工生产中的实际应用，具有较强的实用性和综合性，是近几年高考化学试题的常考题型。		
学情分析	经过前期的训练，学生基本了解工业流程题的设问角度和答题思路，形成了工业流程题的解题思路和模型，能应用模型进行陌生工业流程题的分析。 学生对陌生工业流程情境下问题的分析能力仍然需要提高，需要培养学生将问题解决转化为问题提出的能力，高屋建瓴的分析工业流程题。		
教学目标	知识目标： 1. 熟悉复习工业流程题的解题模型和设问角度与答题思路。 2. 通过“立德粉生产厂的筹建”真任务的解决，能运用模型解决实际问题，能自主调用相关知识进行真实问题的解决。		
	能力目标：培养发散、联想、归纳、整合、提炼知识的能力，培养由被动解题到主动分析的意识。		
	素养目标：通过对真问题“立德粉生产厂的筹建”的解决，发展学科关键能力和学科意识；通过建构和应用化学工艺流程模型，发展“证据推理与模型认知”素养；通过分析化合物的转化路径来解决问题，发展“宏观辨识与微观探析”素养；通过对反应条件的控制分析，发展“变化观念与平衡思想”素养；通过对工业生产中的污染物的处理和反应物的循环利用的认识，发展“科学态度和社会责任”素养。		

续表

<table>
<tr><td colspan="6">题目：立德粉生产厂的筹建</td></tr>
<tr><td>授课方式</td><td colspan="3">习题教学</td><td>计划学时</td><td>1</td></tr>
<tr><td>教学重点</td><td colspan="5">通过例题及化学生产知识学习，建立化学工业流程模型。
通过“以铁硼矿为原料制备硼酸”真问题的解决，学会运用模型解决实际问题，能自主调用相关知识进行真实问题的解决。</td></tr>
<tr><td>教学难点</td><td colspan="5">通过“以铁硼矿为原料制备硼酸”真问题的解决，学会运用模型解决实际问题，能自主调用相关知识进行真实问题的解决。</td></tr>
<tr><td>教学设计思路</td><td colspan="5">引导学生以“立德粉生产厂的筹建”工艺流程方案的设计（2019年高考题原型）为真实任务，运用工艺流程解题模型；合作探究运用模型解决真实问题，在真实问题的解决过程中注意反应条件的控制、化学方程式的书写等。</td></tr>
<tr><td colspan="6">教学过程</td></tr>
<tr><td>教学环节</td><td>教学内容</td><td>所用时间</td><td>学生活动</td><td>教师活动</td><td>设计意图</td></tr>
<tr><td>情境驱动</td><td>立德粉，俗称锌钡白，是ZnS和$BaSO_4$的混合物，常用作颜料和涂料，是我国传统的基础化工产品之一，我国的立德粉出口量占全球贸易量的90%。
立德粉根据ZnS含量的多少，分为不同等级；含ZnS越多，遮盖力越强，品质也越高。
立德粉最早是由法国科学家戴道海特最先发明的，此人在1847年用硫化钡溶液和硫酸锌溶液制得，并获得立德粉最早的技术专利权。此后的发展中涌现出多种立德粉的制备方法。
如果想筹建立德粉生产厂，需要怎么做呢？</td><td>3 min</td><td>提出生产原料、建厂地点、经济效益、绿色环保等问题。</td><td>聆听、评价。</td><td>提出学习任务，进行任务拆解。</td></tr>
<tr><td>任务一：原料选择和厂址选择</td><td>材料阅读：
材料1：中国重晶石的矿土分布；
材料2：锌精矿和菱锌矿的主要成分。</td><td>6 min</td><td>讨论，展示，互评。</td><td>评价、总结。</td><td>根据矿土分布选择厂址，分析不同矿石的成分，为工业流程设计提供思路铺垫。</td></tr>
</table>

续表

<table>
<tr><th colspan="6">题目：立德粉生产厂的筹建</th></tr>
<tr><td>授课方式</td><td colspan="3">习题教学</td><td>计划学时</td><td>1</td></tr>
<tr><td>任务二：工艺流程流程方案的设计</td><td>1. 复习工艺流程题的解题模型。
2. 学生自由思考，提出设计方案。
3. 教师评价引导。
（1）干法制立德粉。
（2）湿法制立德粉。
反应原理：
$BaS+ZnSO_4 = BaSO_4+ZnS$
问题组：
①如何制备硫化钡？
②如何制备硫酸锌？
<table>
<tr><th></th><th>$Mg(OH)_2$</th><th>$Zn(OH)_2$</th><th>$MgCO_3$</th><th>$CaCO_3$</th></tr>
<tr><td>开始沉淀的pH</td><td>10.4</td><td>6.4</td><td></td><td></td></tr>
<tr><td>沉淀完全的pH</td><td>12.4</td><td>8.0</td><td></td><td></td></tr>
<tr><td>开始溶解的pH</td><td></td><td>10.5</td><td></td><td></td></tr>
<tr><td>K_{sp}</td><td>5.6×10^{-12}</td><td></td><td>6.8×10^{-6}</td><td>2.8×10^{-9}</td></tr>
</table>
<table>
<tr><td>温度/℃</td><td>0</td><td>10</td><td>30</td><td>40</td><td>50</td><td>60</td><td>80</td><td>100</td></tr>
<tr><td>溶解度/g</td><td>2.88</td><td>4.89</td><td>10.4</td><td>14.9</td><td>21.4</td><td>27.7</td><td>49.9</td><td>60.3</td></tr>
</table>
</td><td>20 min</td><td>分小组进行工艺流程图的设计并进行交流评价。</td><td>评价总结，引导学生注意反应条件的控制以及模型各个环节的对应内容。</td><td>运用模型进行工艺流程图的设计，注意微粒观和转化观的引导，注重反应条件的控制，引导学生自主分析解决问题的意识。</td></tr>
<tr><td>任务三：设计评价方案优化</td><td>1. 废渣：锌灰中含有氧化锌含量30%~40%，SiO_2含量30%，还有具有重要回收利用价值的Fe、Al、Cr、Cu、Ni等。
废水：废水中含$BaCl_2$、BaS、Zn^{2+}、Pb^{2+}等。
3. 废气：废气主要是SO_2和H_2S。</td><td>6 min</td><td>小组合作优化工业流程。</td><td>评价总结工艺流程。</td><td>让学生认识到高考题是真情境真任务，日常学习关注实际的生产生活，注意问题的解决和分析。</td></tr>
<tr><td>对接高考</td><td>完成2019年高考题。</td><td>10 min</td><td>完成题目。</td><td>总结。</td><td>学生认识到高考题目注重真实问题的解决能力培养，综合考虑多方面因素影响。</td></tr>
</table>

续表

题目：立德粉生产厂的筹建					
授课方式	习题教学			计划学时	1
课后任务	随着矿石资源的日益减少，锌矿重晶石价格上涨，为了节约生产成本，研究人员发现，回收钢铁厂的烟囱灰等含锌废料能够生产立德粉，请同学们查阅资料，建立完整的工艺流程图。		交流，思考。	评价总结。	总结本节课做学到的知识规律。诊断学生对于解答工艺流程题的能力。

（二）学案

立德粉生产厂的筹建

【学习目标】

（1）熟悉复习工业流程题的解题模型和设问角度与答题思路。

（2）通过“立德粉生产厂的筹建”真任务的解决，能运用模型解决实际问题，能自主调用相关知识进行真实问题的解决。

【课前准备区】

硫酸锌用于制造立德粉，并用作媒染剂、收敛剂、木材防腐剂等。现欲用氧化锌矿（主要成分为ZnO，另含$ZnSiO_3$、$FeCO_3$、CuO等）为原料生产$ZnSO_4 \cdot 7H_2O$，工艺流程如图3-5-13所示。

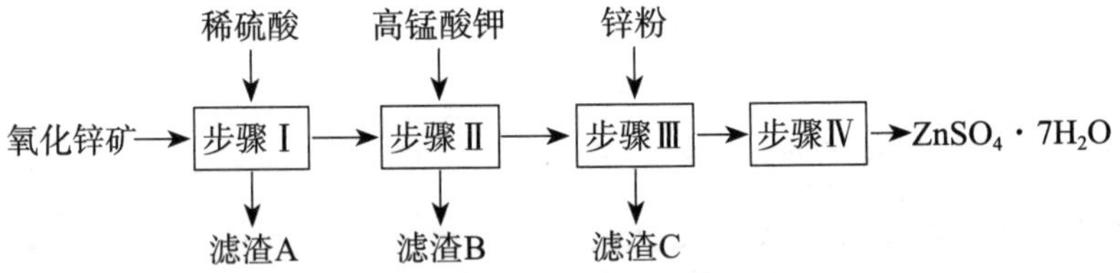

图3-5-13　以氧化锌矿为原料生产$ZnSO_4 \cdot 7H_2O$的工艺流程

（1）步骤I的操作是________，滤渣A的主要成分是________。

（2）步骤I加入稀硫酸进行酸浸时，需不断通入高温水蒸气，其目的是____

________________________。

（3）步骤Ⅱ中，在pH约为5.1的滤液中加入高锰酸钾溶液，生成$Fe(OH)_3$和$MnO(OH)_2$两种沉淀，该反应的离子方程式为________________________。

（4）步骤Ⅲ得到的滤液中，阳离子是________。（不考虑H^+）

（5）步骤Ⅳ中的烘干操作需在减压低温条件下进行，其原因是________。

（6）取28.70 g$ZnSO_4 \cdot 7H_2O$加热至不同温度，剩余固体的质量变化如图3-5-14所示。650 ℃时所得固体的化学式为________（填字母序号）。

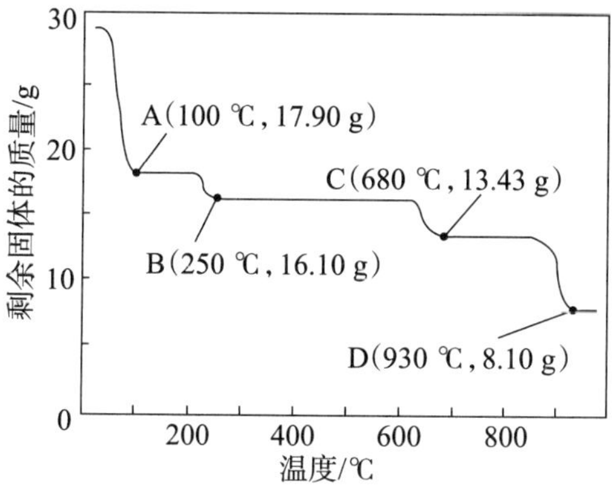

图3-5-14　不同温度下剩余固体的质量

a. ZnO　　b. $Zn_3O(SO_4)_2$　　c. $ZnSO_4$　　d. $ZnSO_4 \cdot H_2O$

【课内探究区】

总任务

立德粉，俗称锌钡白，是ZnS和$BaSO_4$的混合物，常用作颜料和涂料，是我国传统的基础化工产品之一，我国的立德粉出口量占全球贸易量的90%。

立德粉根据ZnS含量的多少，分为不同等级；含ZnS越多，遮盖力越强，品质也越高。

立德粉最早是由法国科学家戴道海特最先发明的，此人在1847年用硫化钡溶液和硫酸锌溶液制得，并获得立德粉最早的技术专利权。此后的发展中涌现出多种立德粉的制备方法。

如果你是一名化工工艺设计师，将从哪些方面进行立德粉生产厂的筹建?

任务一：原料选择和厂址选择

材料1：中国是世界上最大的重晶石生产国，年产量达300余万吨，约占世界总产量的45%。贵州省最多，保有储量占全国的60%；湖南、广西、湖北、陕西、福建省（区）次之，以上六个省（区）的储量占全国的80%。重晶石的主要成分是$BaSO_4$，含有杂质C、Fe_2O_3、MnO。

材料2：锌矿可以分为两类：硫化矿和氧化矿。我国的锌矿资源非常丰富，储量位居世界前列。锌矿主要集中在云南、内蒙古、甘肃、四川、广东、广西、湖南、河北、江西等省（区），这九个省（区）合计锌储量占全国锌储量的

79.2%。现已形成东北、湖南、两广、滇川、西北等五大铅锌采选冶和加工配套的生产基地，其铅产量占全国总产量的85%以上，锌产量占全国总产量的95%。

材料3：根据地域的不同，国内生产立德粉的原料有两种。一种是锌精矿（主要成分是ZnS，还含有少量的S、Pb、Fe、SiO_2）。一种是菱锌矿（主要成分是$ZnCO_3$、并含有少量Fe_2O_3、$FeCO_3$、MgO和CaO等）。

合作探究：

如何选择原料和厂址？

展示交流。

任务二：设计立德粉生产工业流程图

合作探究：

初步设计立德粉生产的工业流程。

展示交流：

① 干法制备立德粉；

② 湿法制备立德粉。

反应原理：

$$BaS+ZnSO_4 = BaSO_4+ZnS$$

部分金属离子沉淀的相关数据及BaS的溶解度见表3-5-5和表3-5-6。

表3-5-5 部分金属离子沉淀的相关数据

沉淀物	$Mg(OH)_2$	$Zn(OH)_2$	$MgCO_3$	$CaCO_3$
开始沉淀的pH	10.4	6.4		
沉淀完全的pH	12.4	8.0		
开始溶解的pH		10.5		
K_{sp}	5.6×10^{-12}		6.8×10^{-6}	2.8×10^{-9}

表3-5-6 BaS的溶解度

温度/℃	0	10	30	40	50	60	80	100
BaS的溶解度/g	2.88	4.89	10.4	14.9	21.4	27.7	49.9	60.3

问题组1：

（1）如何制备硫化钡？

（2）如何制备硫酸锌？

请分小组进行工艺流程图的设计并进行交流评价。

任务三：设计方案的评价与优化

（1）废渣：锌灰中含有氧化锌含量30%~40%，SiO_2含量30%，还有具有重要回收利用价值的Fe、Al、Cr、Cu、Ni等。

（2）废水：废水中含有$BaCl_2$、BaS、Zn^{2+}、Pb^{2+}等。

（3）废气：废气主要是SO_2和H_2S。

合作探究：根据三废优化工业流程图并展示交流。

【课堂巩固区】

立德粉ZnS·$BaSO_4$（也称锌钡白），是一种常用白色颜料。回答下列问题：

（1）利用焰色试验的原理既可制作五彩缤纷的节日烟花，亦可定性鉴别某些金属盐。灼烧立德粉样品时，钡的焰色为________（填标号）。

A. 黄色　　B. 红色　　C. 紫色　　D. 绿色

（2）以重晶石（$BaSO_4$）为原料，可按图3-5-15所示工艺流程生产立德粉：

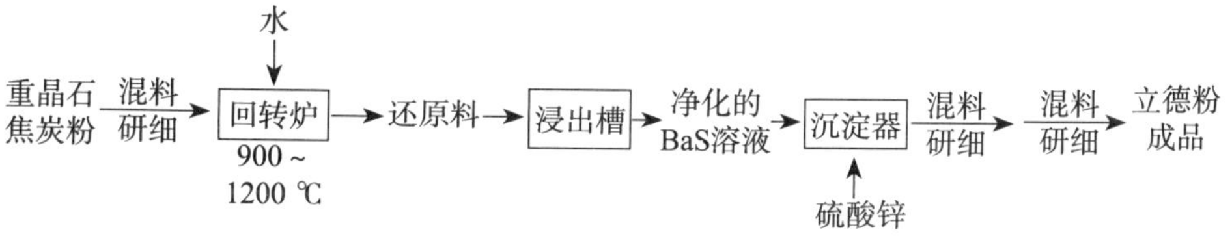

图3-5-15　以重晶石为原料生产立德粉的工艺流程

① 在回转窑中重晶石被过量焦炭还原为可溶性硫化钡，该过程的化学方程式为__________。回转窑尾气中含有有毒气体，生产上可通过水蒸气变换反应将其转化为二氧化碳和一种清洁能源气体，该反应的化学方程式为____________。

② 在潮湿空气中长期放置的“还原料”，会逸出臭鸡蛋气味的气体，且水溶性变差。其原因是“还原料”表面生成了难溶于水的________（填化学式）。

③ 沉淀器中反应的离子方程式为______________________________。

（3）成品中S^{2-}的含量可以用“碘量法”测得。称取m g样品，置于碘量瓶中，移取25.00 mL 0.1000 mol·L^{-1}的I_2–KI溶液于其中，并加入乙酸溶液，密闭，置暗处反应5 min，有单质硫析出。以淀粉溶液为指示剂，过量的I_2用

$0.1000\ mol \cdot L^{-1} Na_2S_2O_3$溶液滴定，反应式为$I_2+2S_2O_3^{2-} = 2I^-+S_4O_6^{2-}$。测定时消耗$Na_2S_2O_3$溶液体积$V$ mL。终点颜色变化为________________，样品中S^{2-}的含量为__________（写出表达式）。

随着矿石资源的日益减少，锌矿重晶石价格上涨，为了节约生产成本，研究人员发现，回收钢铁厂的烟囱灰等含锌废料能够生产立德粉，请同学们查阅资料，建立完整的工艺流程图。

参考文献

［1］董中保，石阔．理解“科学问题”概念的方法论问题［J］．辽宁工程技术大学学报（社会科学版），1999（03）：44-47.

［2］林定夷．科学问题与科学目标［J］．中国社会科学，1991（05）：29-38.

［3］幸小勤．“问题”及其构成要素的哲学考察［J］．重庆大学学报（社会科学版），2013，19（02）：141-145.

［4］杨承印，杨宝，杨帆．“结构不良问题”：中学理科教材不应忽视的问题构造取向［J］．湖南师范大学教育科学学报，2013，12（05）：17-20.

［5］高峰．基础教育阶段对学生高阶思维培养的理念与做法［J］．人民教育，2019（Z2）：67-70.

［6］贾义敏．学习的未来：学会解决问题——戴维乔纳森教育技术思想研究［J］．现代教育技术，2009，19（03）：5-9.

［7］张鑫．波普尔知识增长四段图示理论的思考［J］．广西民族师范学院学报，2010（8）.

［8］李恒熙，李恒威．简论里贝特的意识理论［J］．心理科学，2014，37（04）：1016-1023.

［9］赵泽林，高新民．埃德尔曼等人关于意识的“惊人假说”［J］．自然辩证法通讯，2006（01）：103-108+112.

［10］刘俊哲．“人的意识不仅反映客观世界，并且创造客观世界”辨析［J］．西南民族学院学报（哲学社会科学版），1988（04）：7-11.

［11］姚本先．论学生问题意识的培养［J］．教育研究，1995（10）：40-43.

［12］李妍．乔纳森建构主义学习环境设计理论的系统研究与当代启示［J］．开放教育研究，2006（06）：50-56.

［13］俞国良，侯瑞鹤．问题意识、人格特征与教育创新中的创造力培养［J］．复旦教育论坛，2003，1（04）：11-15.

[14] 房寿高，吴星. 到底什么是问题意识 [J]. 上海教育科研，2006（01）：24-25.

[15] 贾莉莉. 习近平倡导的“问题导向”思维方式刍议 [J]. 东北农业大学学报（社会科学版），2018，16（04）：1-5.

[16] 杨杰. 红旗渠及红旗渠精神的现实意蕴——基于问题导向和创新的视域 [J]. 安阳工学院学报，2017，16（05）：1-5.

[17] 李丹. 《习近平谈治国理政》第三卷宣讲提纲 [J]. 理论与当代，2020（12）：51-56.

[18] 韩金鑫，刘庆军. 提高公众媒介素养的紧迫性与现实路径 [J]. 新闻前哨，2021（02）：23-24.

[19] 王刚. 条件原创特色：理解《习近平谈治国理政》第三卷的三个视域 [J]. 理论与评论，2021（01）：46-56.

[20] 龚晨. 问题导向中推动全面从严治党向纵深发展 [J]. 中共云南省委党校学报，2017，18（06）：54-59.

[21] 景梦瑶. 历史学的问题意识与马克思主义 [J]. 学理论，2021（01）：70-71.

[22] 《中国社会科学》编辑部. 理论是问题之树盛开的花朵——《中国社会科学》2021年重点选题构想 [J]. 中国社会科学，2021（01）：4-11.

[23] 谭璐. 浅论美术教育的特征及非智力因素开发 [J]. 科技信息，2010（34）：301-302.

[24] 丁丽琼. 声乐学习中性格的重要性 [J]. 艺海，2013（05）：197-198.

[25] 朱艳凤. 以“问题”式教学之法攻新课标下高中物理教学之玉 [J]. 中国科技信息，2012（11）：268.

[26] 欧庭宇. 网络民粹主义思潮下大学生价值观教育及应对策略 [J]. 学术探索，2021（01）：135-142.

[27] 黄道祥. 一以贯之 层层推进 成就精彩 [J]. 基础教育研究，2011（07）：45-46.

[28] 孙建辉. 培养“全面发展的人”，关键在实践落实——专访北京师范大学林崇德教授 [J]. 中国教师，2016（09）：25-28.

[29] 尹金金，孙志河. 关键能力的内涵比较与反思 [J]. 中国职业技术教育，2006（12）：26-27.

[30] 素质教育经典语录 [J]. 西部素质教育，2015，1（03）：6.

[31] 辛自强. 面向教育实践的心理发展理论——再论林崇德教授的学术思想 [J].

中国教育科学（中英文），2019，2（06）：16-27.

［32］郭元祥，马友平. 学科能力表现：意义、要素与类型［J］. 教育发展研究，2012，32（Z2）：29-34.

［33］刘知新. 现代知识观与科学教育［J］. 化学教育（中英文），2018，39（09）：13-14.

［34］韩明友，潘国力. 能力结构的数理证明与结论［J］. 吉林教育科学，1997（03）：25-28.

［35］晏玉荣. 也论“知识即美德”——用复杂视域中的知识观重新解读苏格拉底的伦理命题［J］. 淮北煤炭师范学院学报（哲学社会科学版），2005，26（5）：85-87.

［36］郭晓明，蒋红斌. 论知识在教材中的存在方式［J］. 课程教材教法，2004（04）：3-7.

［37］胡庆芳. 学习科学发展的历史轨迹概论［J］. 当代教育论坛，2006（1）：27-29.

［38］姚建平. 真实问题情境驱动下的高中物理教学案例——以“单摆”为例［J］. 新课程导学，2017（5）：58-59.

［39］袁传明，韩璐. 试论杜威的教学过程本质观［J］. 集美大学学报（教育科学版），2020，21（04）：54-58.

［40］杨季冬，王后雄. 高中化学关键能力的内涵及构成要素研究［J］. 化学教学，2019（4）：3-6+12.

［41］张丙香，毕华林. 化学三重表征的含义及其教学策略［J］. 中国教育学刊，2013（02）：73-76.

［42］莫雷. 西方两大派别学习理论发展过程的系统分析［J］. 华南师范大学学报（社会科学版），2003（4）：103-110.

［43］沈兆刚. 基于证据的推理：内涵、意义及培养路径［J］. 化学教育（中英文），2019，40（15）：48-52.

［44］李成林. 论《实践论》《矛盾论》的方法论意义［J］. 中共济南市委党校学报，2020（02）：99-102.

［45］胡忠国. 高三复习中“模型教学”的实践和思考［J］. 湖南中学物理，2011（08）：11-13.

［46］刘儒德. 论问题解决过程的模式［J］. 北京师范大学学报（社会科学版），1996（1）：22-29.

[47] 唐学德. 高中数学分层次问题教学理论与实践 [J]. 教育艺术，2012（11）：22-23.

[48] 杨春英. 问题思维理论在化学新课程中的应用 [J]. 新教育，2010（1）：50.

[49] 安方明. 论问题教学对教学论改革的意义 [J]. 首都师范大学学报（社会科学版），1996（4）：117-125.

[50] 杨青，王玲. 创新教育的途径——“问题”式教学方法的角度 [J]. 高等教育研究学报，2005（3）：85-88.

[51] 张天宝，牟晓青，冀贞友. 当代国外教学组织形式改革的主要特征及其发展趋向 [J]. 中国冶金教育，1998（5）：78-83.

[52] 谢云，陈芳芳，钟志贤. 基于问题求解的微课程设计模式研究 [J]. 中国远程教育，2015（5）：48-54.

[53] 季燕. 卢梭与蒙台梭利儿童学习观之述评 [J]. 内蒙古师范大学学报（教育科学版），2004（12）：59-62.

[54] 刘儒德. 论问题解决过程的模式 [J]. 北京师范大学学报（社会科学版），1996（1）：22-29.

[55] 潘启富. 西部民族地区欧盟资助项目中“参与式方法”教育原理分析 [J]. 中央民族大学学报（哲学社会科学版），2006，33（5）：58-63.

[56] 赵妍妍. 问题阅读教学策略的使用摭谈 [J]. 语文知识，2016（21）：75-76.

[57] 李荣玲. 基于问题解决理论的“数学分析”概念教学模式探究——以“曲率”概念教学为例 [J]. 文山学院学报，2020，33（06）：79-81.

[58] 刘敏卿. “问题解决”数学课堂教学模式探析 [J]. 成才之路，2020（23）：114-115.

[59] 袁维新. 国外创造性问题解决模型研究 [J]. 外国教育研究，2010，37（07）：6-11.

[60] 樊志姜. 基于地理核心素养的“情境问题解决教学模式”探究 [J]. 中学教学参考，2020（25）：83-86.

[61] 金鑫. 科学大概念教学的缘起、价值及实践路径 [J]. 教学与管理，2019（24）：8-10.

[62] 赵康. 大概念的引入与教育学变革 [J]. 教育研究，2015（02）：33-40.

[63] 许秋璇，杨文正，卢雅，周琴英. 融入“大概念”的STEM整合课程设计模型构建与应用研究 [J]. 电化教育研究，2020，41（07）：86-93.

［64］李刚，吕立杰. 国外围绕大概念进行课程设计模式探析及其启示［J］. 比较教育研究，2018，40（09）：35-43.

［65］邵朝友，崔允漷. 指向核心素养的教学方案设计：大观念的视角［J］. 全球教育展望，2017，46（06）：11-19.

［66］伍红林. 论指向深度学习的深度教学变革［J］. 教育科学研究，2019（01）：55-60.

［67］郭元祥. 论深度教学：源起、基础与理念［J］. 教育研究与实验，2017（03）：1-11.

［68］阎乃胜. 深度学习视野下的课堂情境［J］. 教育发展研究，2013，33（12）：76-79.

［69］吴孙富，秦丽，张圣涛. 例谈深度学习与深度教学的关系［J］. 化学教学，2016（05）：22-26.

［70］许立. 探究式教学理念在思想品德教学中的实践［J］. 教学与管理，2009（09）：137-138.

［71］傅海香. 通过生物科学史的教学，培养学生的科学方法［J］. 生物学教学，2006，31（07）：8-10.

［72］张润，史立英. 美国探究式教学实施历程及启示［J］. 教学与管理（理论版），2017（1）：122-124.

［73］侯国英. 浅析职业教育中的项目教学［J］. 冶金管理，2019（23）：161-162.

［74］洪长礼. 项目教学法的培训效果初探［J］. 管理与效益，1998（04）：42.

［75］赵玲玲，王才章. 项目教学法在社会工作专业教学中的运用探究——以《医务社会工作》课程教学为例［J］. 中国社会工作，2018（30）：30-34.

［76］夏惠贤. 多元智力理论与项目学习［J］. 全球教育展望，2002，31（09）：20-26.

［77］宋建卫，陈慧洁，宋羽，焦增玉，成亚伟. BIG6模式融入高校思想政治理论课研究［J］. 石家庄学院学报，2021（1）：109-113.

［78］吴举宏. 中学生物学教学研究趋势展望——由美国《科学教师教育标准》引发的思考［J］. 教育理论与实践，2014，34（08）：48-50.

［79］林崇德. 论学科能力的建构［J］. 北京师范大学学报（社会科学版），1997，（1）：5-12.

［80］常生龙. 加强关键能力的培养［J］. 上海教育，2019，（15）：58.

［81］张掌然. 问题的基本功能［J］. 哲学评论，2006（1）：263-271.

[82] 任红艳. 化学问题解决及其教学的研究 [D]. 南京师范大学，2005.

[83] 杨艳苏. 陈述性知识和数学信念在问题解决中的影响研究 [D]. 华东师范大学，2006.

[84] 谢杰姝. 初中科学问题生成与解决策略研究 [D]. 延边大学，2010.

[85] 朱继美. 高中地理“问题解决”学习模式的应用研究 [D]. 长春师范学院，2010.

[86] 刘冀瀛. 高中物理问题解决教学策略研究 [D]. 东北师范大学，2009.

[87] 贾飞云. 化学问题解决教学设计的研究 [D]. 四川师范大学，2006.

[88] 任蓓华. 小学低年级学生数学问题意识的调查研究 [D]. 上海师范大学，2019.

[89] 周春艳. 我国小学生的问题意识及其培养研究 [D]. 华中师范大学，2006.

[90] 张婷. 初中历史教学中学生问题意识的培养 [D]. 宁夏大学，2013.

[91] 邵潇野. 初中数学教学中培养学生问题意识的实践研究 [D]. 东北师范大学，2011.

[92] 朱惠芳. 初中语文教学中学生问题意识培养研究 [D]. 苏州大学，2011.

[93] 乔春娇. 培养初中学生问题意识策略的实验研究 [D]. 云南师范大学，2015.

[94] 詹传玲. 中学数学项目活动的开发 [D]. 华东师范大学，2007.

[95] 杨洁. 多元智力理论视野下的项目学习 [D]. 上海师范大学，2004.

[96] 张掌然. 问题论 [D]. 武汉大学，2005.

[97] 刘国增. 如何激发学生学习语文的兴趣 [C]//2014年12月现代教育教学探索学术交流会论文集. 北京：《现代教育教学探索》组委会，2014：21.

[98] 邱滋培.《行知纵横》的办刊实践与思考 [C]//第三届“立德树人 铸魂育人”中青年教师报告会论文集. 成都：成都市陶行知研究会，2021：6.

[99] 朱继东. 始终把人民放在心中最高位置 [N]. 贵州日报，2021-03-03（010）.

[100]《马克思恩格斯全集》[M]. 第40卷，北京：人民出版社，1982年，289-290.

[101] 刘忠全. 独立思考应成青年品质 [N]. 贵州政协报，2017-08-17.

[102] 郭路军. 企业“算账文化”的哲学思考 [N]. 长治日报，2021-03-17（007）.

[103] 王舒傲，古梁. 完整准确全面贯彻新发展理念 [N]. 解放军报，2021-03-17（007）.

任重道远 砥砺前行

（后记）

书稿完成，即将付梓印刷。细读各篇，回顾写作过程中的点点滴滴，一些感动与思考溢于心间，索性写下，与诸君分享。

从教多年，深知耕耘于教学一线，既要细致对待日常教学工作，又要认真反思各个教学过程，这样才能精准有效地运用各种教育教学方法，取得事半功倍的教学效果。自化学课程标准颁布以来，如何根据化学课程标准的要求，将学科核心素养培养落地于化学课堂，成为一线教师亟待解决的问题。在学校组织的教学改革活动中，我们先后进行过校本课程和课题化教学的尝试，尤其是参与了学校与北京师范大学合作的项目式教学研究，使我们对于新课程视域下的化学教育有了更深刻的认识。项目式教学是以问题解决为导向的教学，学生在“真情境”下“真解决”“真问题”所带来的课堂教学的生命力让我们欣喜不已。

发展学生的学科核心素养尤其是培养学生的关键能力，是课堂教学要达成的最终目标，而要实现这一目标，问题解决教学是一条有效途径。化学学科问题与生产生活联系紧密，化学教学又以实验为基础，实施问题解决教学更具优势；再加上新高考的命题更加重视对学生问题解决能力的考查，实施问题解决教学势在必行。

在项目式教学的基础上，我们以学科核心素养的发展尤其是学科关键能力的培养为导向，研究化学课程标准、新教材和高考题，进行了一系列关于高中化学学科的问题解决教学研究。在研究的过程中，我们面向一线教学实际，以问题解决教学理论为指导，进行了项目式教学、研究性学习、实验教学、情境教学、习题教学等的理论探讨和实践研究，关注化学教学各领域的问题解决模式及其对学生学习的影响，形成了针对不同课型、不同年级、不同知识模块的行之有效的问题解决课堂教学策略，取得了良好的教学效果。

我们的研究过程持续了三年多，其中遇到了许多意想不到的困难，也收获了很多惊喜。最难得的是，在一次次的课堂实践中，学生由原来被动的听课，变得爱思考了、爱质疑了、爱表达了，这对于我们来说是最大的欣慰。

为了总结研究心得，与同人们交流，以共同促进高中化学的问题解决教学的实施，我们撰写了这本《问题解决教学与关键能力培养——基于学科核心素养发展的高中化学教学研究》。此书的完成离不开专家和同人们的帮助与支持。在此，深深感谢北京师范大学王磊教授团队高屋建瓴的指导、中国海洋大学海洋文化教育研究中心课程教材教法研究所刘宗寅先生的具体指导、青岛市教育科学研究院乔艳冰老师的支持，感谢青岛三十九中积极向上的教学教研环境和化学组全体老师的鼎力相助；另外，还要感谢青岛“未来之星”工程高端人才培养计划的经费支持、山东科学技术出版社的大力支持。

化学教学任重道远，化学同人砥砺前行。热爱化学教育教学的化学人兢兢业业、上下求索的精神和成果，时时在感动着我们，我们也必将在自己的岗位上不断努力，为学生的健康成长尽一份绵薄之力。

刘　翠

2021年10月8日